Schirner Verlag

Karin und Michael Manthey

SternenEnergie®

Das Anwenderbuch

Schirner Verlag

ISBN 978-3-8434-1122-6

Karin und Michael Manthey:
SternenEnergie®
Das Anwenderbuch
© 2013 Schirner Verlag,
Darmstadt

Umschlag: Murat Karaçay, Schirner
Satz: Simone Leikauf, Schirner
Redaktion: Sarah Neumann und Sandra Frey, Schirner
Printed by: ren medien, Filderstadt, Germany

www.schirner.com

1. Auflage Oktober 2013

Wenn man den Sternenhimmel betrachtet,
steht eine Schönheit vor uns auf,
die uns entzückt und beseligt.
Und es wird ein Gefühl in unsere Seele kommen,
das alle unsere Leiden und Bekümmernisse
majestätisch überhüllt und verstummen macht
und uns eine Größe und Ruhe gibt,
der man sich andächtig und dankbar beugt.

Adalbert Stifter (1805–1868),
österreichischer Erzähler, Roman-
schriftsteller, Novellist und Maler

Hinweis

SternenEnergie® ersetzt keinen Arzt, Therapeuten oder den Einsatz notwendiger Medikamente.

Vor jeder wichtigen gesundheitlichen Entscheidung sollten Sie einen Arzt Ihres Vertrauens konsultieren!

SternenEnergie® ist kein Heilversprechen, und alle als Heilbehandlungen beschriebenen Methoden verstehen sich als Denkanstoß zur Aktivierung der Selbstheilungskräfte.

Widmung

Für Malunkas und alle, die Ähnliches erleben mussten.
Mögen alle ihre SternenEnergie® finden.

Inhalt

Vorwort

Von Aldo Berti

Als ich von Michael und Karin gebeten wurde, das Vorwort für ihr gemeinsames Buch über die SternenEnergie® zu schreiben, musste ich nicht lange überlegen. Es ist mir eine Ehre, Ihnen, liebe Leser, dieses Buch ans Herz zu legen. Ich darf die beiden schon seit vielen Jahren auf ihrem gemeinsamen Weg begleiten und kann sagen, dass ich kaum ehrlichere, authentischere und liebevollere Menschen kennengelernt habe als Karin und Manny (so nennt er sich selbst am liebsten). Seit die beiden 2006 ein Seminar bei mir besucht haben, sind wir gute Freunde. Ich durfte die Anfänge der SternenEnergie®-Arbeit miterleben und fördern. Mein Buch »Ich liebe dich! – Lebe!« habe ich im letzten Jahr umgeben von Mannys SternenEnergie®-Bildern geschrieben. Ich habe an dem Buch seit einigen Jahren gearbeitet und war nie zufrieden. Getragen und inspiriert durch die Bilder, floss mir der Text für das Buch aus den Fingern, und es ist so geworden, wie ich es mir gewünscht habe. Die Anwendungsmöglichkeit von SternenEnergie® ist sehr vielfältig. In meiner Praxis hängt z.B. ein SternenEnergie®-Bild zur Unterstützung von Heilungsprozessen. Wenn ich mich auf dieses Bild konzentriere, dann ist es für mich wie ein Fenster zum Weltall. Die Patienten sprechen mich regelmäßig auf die wundervolle Wirkung an. So wünsche ich von Herzen, dass Sie, liebe Leser, von diesem Buch und der SternenEnergie® ganz individuell profitieren. Harmonie, Gesundheit, Glück und Erfolg sowie allezeit der Segen des einen Gottes mögen Sie begleiten. Dieses Buch kann ein Stückchen dazu beitragen.

Aldo Berti, Mai 2013

Von Jeanne Ruland

»Liebe das Unbekannte, dann kann die Liebe dich in neue Dimensionen des ›All-eins-Bewusstseins‹ führen.«

Michael und Karin hatten auf den Schirner Tagen 2011 zusammen mit Aldo Berti den Stand gegenüber von meinem Mann Murat und mir. Ihre Sternenbilder sprachen mich sofort an, da Murat und ich uns schon lange für Astronomie begeistern und sich unsere Blicke weit über die Erde hinaus in unbekannte Ebenen und Dimensionen erheben. Wir sind mit den Sternen verbunden, einige unserer geistigen Heimaten liegen fernab dieses Sonnensystems, der Blick ins All ist uns nicht fremd.

Auf den Schirner Tagen 2012 freute ich mich sehr, Michael und Karin wiederzusehen, da sie abermals den Stand gegenüber von uns belegten. Der 21.12.2012 war für mich, wie für viele andere, ein sehr bedeutsames Datum in der Zeitenwende. Für mich war klar, dass wir jetzt in die All-Verbundenheit zurückkehren und unseren Blick in neue Dimensionen und Räume erheben würden. Das Unbekannte zu lieben, bedeutet, neue Frequenzen, Erfindungen, Impulse und Lösungen auf die Erde zu bringen.

Ein Sternenbild, das auf Michaels Stand in den Raum strahlte, sprach mich im ersten Moment an. Ich betrachtete es genauer. Ich grokkte mich geistig in dieses System hinein und was ich dort wahrnahm, veranlasste mich, ein anderes Bild zu wählen, das Sternbild der Plejaden. Ich erzählte Michael Manthey von dem seltsamen geistigen Erlebnis, und wir kamen in ein sehr interessantes und aufschlussreiches Gespräch. Mir wurde ein Einblick in die wertvolle Arbeit von Michael und Karin gewährt, und es beruhigte und berührte mich, dass ich meine erlebte Erfahrung mit Michael in einem genialen Fachgespräch abgleichen konnte. Wir beschlossen, gemeinsam zu dem Vortrag über den 21.12.2012 auf die Bühne zu gehen, da die Öffnung in den All-Raum genau jetzt der Weg in eine neue Zeit ist. Die persönlichen und gruppenübergreifenden Erfahrungen mit den Sternenbildern später in Zürich berührten mich sehr.

Michael und Karin sind ihrer Zeit vorausgeeilt und dem Ruf ihres Herzens gefolgt, um jetzt vielen Menschen den Weg in eine größere Verbindung, neue Weiten und Dimensionen des Alls zu eröffnen. Die beiden sind nicht nur rein technisch und wissenschaftlich genauestens informiert, sondern auch geistig in diese All-Räume hineingereist und haben viele praktische, erstaunliche und kraftvolle Erfahrungen zu den einzelnen Sternen, Galaxien, Nebeln … in ihrer gründlichen Feldforschung mit vielen anderen Menschen gesammelt. Diese SternenEnergie® verbindet und erweitert herkömmliche Fakten mit praktischen und geistigen Erfahrungen. Ich freue mich sehr darüber, dass Ihr Buch jetzt in die Welt geht. Möge es vielen Menschen neue unbekannte Räume öffnen und uns mit den Frequenzen neuer und unbekannter Dimensionen und Ebenen verbinden. Auf diese Weise kann das gesamte seelische Potenzial in Resonanz mit dem All-Raum gehen und in uns erwachen. Wir sind der Wandel, den wir uns wünschen. Durch uns kommen neue Impulse in die Welt. Lieber Michael und liebe Karin, danke für euren tollen Einsatz und viel Segen für dieses Projekt.

Jeanne Ruland, Juni 2013

SternenEnergie®

Makro- und Mikrokosmos

Bis ins Altertum lässt sich die Vorstellung nachweisen, dass die **kleine Welt** der Menschen und die **große Welt** des Universums miteinander in Wechselwirkung stehen. Zu allen Zeiten ahnte der Mensch die unzertrennlichen Beziehungen zwischen Makro- und Mikrokosmos. Was auf der Erde existierte, musste im Himmel bereits vorhanden oder vorgeformt sein. Also »**so wie oben, so auch unten**«.

Zahlreiche Bauten wurden in unterschiedlichen Kulturen dem Kosmos gewidmet. Dabei versuchten die Menschen, es dem Makrokosmos gleichzutun und die Gebäude so zu bauen, dass sie der kosmischen Harmonie entsprachen. So entstanden Steinkreise, Tempelanlagen, Klöster und Kirchen. Jeder Tempel und jeder Altar ist ein Ort, um mit dem Kosmos oder allen Seinsebenen zu kommunizieren oder zu meditieren.

Die höchste Aufgabe, gemäß dem Konfuzianismus (Konfuzius, 551–479 v. Chr.), besteht darin, sein persönliches Tun dem himmlischen anzugleichen und damit die Harmonie zwischen Makro- und Mikrokosmos herzustellen.

In Ostasien gab es zahlreiche Symbole, die alle Lebens- und Seinsbereiche mit dem Kosmos in Beziehung brachten. Den Göttern und Herrschern wurden kosmische Symbole zugeordnet, die ihre Macht über die Welt repräsentieren sollten. Einen Sternenmantel zu tragen, bedeutete frei übersetzt, dass die Person vom Universum die Macht erhalten hatte, über die Welt zu regieren. Andere Symbole waren Radkreuze, kosmische Reifen, die Erdkugel als Schemel, Schilde mit Tierkreiszeichen, der Reichsapfel und vieles mehr.

In der Astrologie wird dieses Wissen seit Jahrhunderten weitergegeben. Im hellenischen Zeitalter (336–30 v. Chr.) war es ein vertrauter Gedanke, dass der Mensch ein Abbild des Tierkreises sei. Stellt man die menschliche Gestalt in den Zodiakus, ergibt sich die Zuordnung einzelner Tierkreisbilder zu den Körperteilen, wie sie in der astrologischen Medizin eine Rolle spielt. Dabei liegen der Kopf im Widder, im Krebs die weiblichen Brüste, in der Waage die Nieren und Lenden, im Steinbock das Knie und in den Fischen die Füße, um nur einige zu nennen.

Selbst in den Religionen findet sich das Makrokosmos-Mikrokosmos-Prinzip, wie z.B. Gott im Himmel, der den Menschen nach seinem Ebenbild erschaffen haben soll.

Im christlichen Mittelalter erkannte die Benediktinerin und Universalgelehrte Hildegard von Bingen (1098–1179), dass der Mensch eine eigene kleine Welt für sich ist. Er besitzt alle 4 Elemente: Luft zum Atmen und Hören, Feuer zum Wärmen und Bewegen, Wasser für den Speichel und das Blut und die Erde als Fleisch und Knochen. Die 7 Öffnungen des Kopfes wurden mit den damals 7 sichtbaren Planeten in Verbindung gebracht. Auch Paracelsus (vermutlich 1493–1541), der als Arzt, Alchemist und Astrologe viel Wissen erlangte, war überzeugt von den Zusammenhängen des Makro- und Mikrokosmos. Er war ein Arzt, der nicht nur die Krankheit betrachtete, sondern auch das Große und Ganze. Paracelsus' ganzheitliche Betrachtungen werden heute noch gelehrt.

SternenEnergie®

Wir erweitern mit SternenEnergie® das Wissen über den Makro- und Mikrokosmos. Mit unseren Bildern des weit entfernten Universums stellen wir einen Bezug zum Menschen her. Dabei sehen wir den Kosmos als Spiegel unserer Seele. Indem wir ein Himmelsbild auswählen, wird uns aufgezeigt, welche Prozesse für uns im Moment wichtig sind und wie wir diesen Entwicklungsgang einfach meistern können. Die fernen, bunten Sternentstehungsgebiete, Galaxien und Nebel, symbolisieren unseren Lebenszyklus (Gleiches heilt Gleiches). Ihre Kräfte und Energien sind so enorm, dass wir diese leicht für uns erspüren können.

Heute wissen wir, dass wir überall, wo wir uns wohlfühlen, meditieren können. Jeder Platz ist geeignet, denn jeder Platz wurde durch den Kosmos angelegt und uns zur Verfügung gestellt. Überall, wo wir sind, können wir die kosmische Energie fühlen, die uns umgibt. Egal, ob in der Natur, zu Hause im Zimmer, im Geschäft, an der Kasse beim Einkaufen oder auf einem großen Platz in einer Stadt. Manchmal ist diese Energie kaum zu spüren, an anderen Orten werden wir regelrecht davon überflutet. Wir können uns überall mit der kosmischen Energie aufladen oder mit ihr in Kommunikation treten. Dies tun wir, indem wir beten, uns entspannen, meditieren, unsere Konzentration lenken, einfach offen sind oder ein SternenEnergie®-Bild betrachten. Dabei verbinden wir uns mit Gott oder anderen Götterwesen, Engelwesen, Einhörnern, Krafttieren, Mana, der Energie unseres höheren Selbst, oder was auch immer. Durch diese Kommunikation erhalten wir Klarheit, Ausgeglichenheit und viel wunderbare Energie. Wir fühlen uns vitaler und können freier denken und handeln.

Alle Bewohner dieses Planeten und jede Blume, jeder Baum, Stein, alles stammt aus dem Kosmos. Er ist unser aller Zuhause. Nicht nur die Erde ist unser Zuhause, sondern das ganze Universum. Die SternenEnergie®-Bilder erzählen von Kräften, Energien, dem Leben und Sterben, wobei genau das die Themen sind, die alle interessieren. Im Universum gehört alles zusammen und doch ist jede Galaxie, jeder Stern, jeder Planet und jedes Leben einzigartig. Durch dieses Wissen und Erkennen erschaffen wir Räume mit neuen, aktivierenden, belebenden und heilenden Schwingungen. Wir haben dieses Bewusstsein als SternenEnergie® bezeichnet.

Die SternenEnergie® begleitet uns bereits das ganze Leben, denn wir sind aus Sternenstaub und Teil eines riesigen, komplexen, harmonischen Universums. Deshalb erkennen auch unser Körper und Unterbewusstsein die SternenEnergie® des jeweiligen Himmelsobjekts wieder.

Jedes Kind träumt davon, wie es wäre, auf einem anderen Planeten zu sein, oder macht Fantasiereisen zu fernen Galaxien. Warum sind die »Star Wars«-/»Raumschiff Enterprise«-Filme so beliebt? Ist es das Unbekannte? Oder ist es uns vielleicht gar nicht so unbekannt, wie wir meinen? Sehnen wir uns nach dem Universum? Was will uns dieses Verhalten zeigen? Wir wissen, dass wir jetzt in einer Zeit leben, in der das kosmische Wissen wieder lebendiger wird. Z. B. berichten die Medien zunehmend über neue Forschungsergebnisse aus dem Weltraum. Personen besuchen vermehrt Observatorien und Sternwarten. Die Menschen werden neugieriger auf das, was außerhalb dieser Erde ist oder sein könnte.

Wir sprechen vom Spiegel unserer Seele, den wir im Kosmos finden. Michael hat seine Fotos ebenfalls mit einem Spiegel eingefangen. Seine großen Teleskope halten damit die eindrücklichen Bilder und Energien fest, sodass wir unsere eigenen Spiegelbilder mithilfe der Karten und Himmelsbilder im Universum suchen können.

SternenEnergie® für dich persönlich

Durch die SternenEnergie® erkennst du das Große und Ganze. Durch sie wird dir gespiegelt, was du in diesem Moment brauchen kannst. Das Universum weiß es und gibt dir das Bild als Botschaft.

Mit den SternenEnergie®-Himmelsbildern werden dein persönliches Potenzial und deine persönliche Lebensqualität gesteigert. Du fühlst dich zufriedener, erfüllter und hast ein freudvolles Leben im Hier und Jetzt. Nehmen wir die Bilder in uns auf, werden sich unser Bewusstsein und das Unterbewusstsein mit der kosmischen Energie auseinandersetzen. Kleine Veränderungen sind spürbar und können sogar sichtbar werden. Durch diesen Prozess wirst du dein Umfeld anders wahrnehmen, so wie es auch dich anders wahrnimmt. Dies löst wiederum eine Veränderung auch bei den dich umgebenden Personen aus. Diese Kettenreaktion wird sich ausbreiten. So wie sich eine Kettenreaktion bei der Entstehung eines Sterns bildet.

Urvertrauen

Seit Jahrtausenden versuchen uns Philosophen, Astrologen, Schamanen und zahlreiche andere Gelehrte zu vermitteln, wie wir zu einem erfüllten Leben finden. Dabei weisen viele auf das Urvertrauen hin. Doch was heißt das, und wie finden wir dieses Urvertrauen?

Das Urvertrauen entsteht bereits bei der Zeugung eines Kindes. Dabei ist entscheidend, wie die Eltern zueinander stehen. Findet der Sexualakt in gegenseitigem Einverständnis und aus bedingungsloser Liebe zueinander statt, ist eine gute Basis für das Urvertrauen des Kindes gelegt. Wächst es im Bauch der Mutter, nimmt es bereits dort ihre Ängste wahr, was sich ebenfalls auf das Vertrauen des Kindes auswirkt. Hat das Kind das Licht der Welt erblickt, ist die Fürsorge der Eltern und gegebenenfalls der Geschwister das Wichtigste. In den ersten Jahren des Lebens entscheidet sich grundlegend, wie später mit Vertrauen umgegangen wird. In dieser ersten Zeit muss sich das Kind bereits auf die Mutter verlassen können, da es von ihr die Nahrung erhält, die es braucht. Die bedingungslose Liebe und sorgende Zuwendung der Eltern geben dem Kind Geborgenheit und Sicherheit. Sie befähigen das Kind später, Vertrauen in seine Umgebung und zu anderen Menschen zu haben, ohne dabei Angst zu verspüren.

Es gibt drei Ebenen von Vertrauen:

Vertrauen zu sich selbst. Es beinhaltet das Selbstwertgefühl und die Fähigkeit, zu lieben.
»Ich liebe mich.«
»Ich fühle mich geborgen.«
»Ich bin es wert, geliebt zu werden.«

Vertrauen in andere, in Partnerschaft und Gemeinschaft.
»Ich vertraue dir.«
»Ich weiß, du bist für mich da.«
»Ich fühle mich verstanden und angenommen.«

Vertrauen in das Ganze, in die Welt.
»Es lohnt sich, zu leben.«
»Ich freue mich auf morgen.«
»Ich weiß, es wird gut.«

Vernachlässigung, Lieblosigkeit oder Misshandlung irritieren die Vertrauenskette, und unser Urvertrauen ist gestört und kann nur schwer wieder aufgebaut werden. Beziehungs- und Bindungsprobleme können im Erwachsenenalter auftreten, ebenso wie Misstrauen, Depressionen, Angstzustände und anderes. Viele Kinder gewinnen einen Teil des Vertrauens wieder, wenn sie in einem unterstützenden Umfeld aufwachsen. Dabei spielen Nachbarn, andere Kinder und die Verwandtschaft eine wichtige Rolle.

Mit SternenEnergie® haben wir ein Werkzeug in der Hand, mit dem wir unser Urvertrauen stärken können. Der Kosmos, der über Milliarden von Jahren bereits existiert und uns wundervolle Bilder zeigt, in denen alles zu stimmen scheint, berührt jeden von uns. Alles ist im Einklang, und alles ist harmonisch aufeinander abgestimmt. Diese Abermilliarden von Sternen, Sonnen und Galaxien zeigen uns, wie klein wir sind und wie kurz unser Leben eigentlich ist. Was uns Angst macht, braucht uns nicht zu ängstigen. Die Furcht erscheint uns wichtig und groß, aber ist sie das wirklich? Durch den Kosmos erhalten wir unbeschränktes Wissen. Dieses Wissen steht uns jederzeit zur Verfügung. Wir müssen nur suchen und uns von irdischen Glaubenssätzen befreien. Ähnlich einer Eingebung wird uns der Weg aufgezeigt, und wir müssen nur den Mut aufbringen, uns zu entscheiden. Wollen wir das Problem wirklich lösen? Dann folgt der erste und schwierigste Schritt. Wir müssen unsere Ängste überwinden und darauf vertrauen, dass es gut wird. Wenn wir wissen, dass es gut wird, haben wir ein Stück Urvertrauen bereits wiedergewonnen, und der Rest fällt uns einfach zu. Mithilfe der SternenEnergie® ist es uns ein Leichtes, dieses kosmische Wissen anzuzapfen und für unsere Wege zu nutzen.

Das Wissen der frühen allgemeinen Astrologen und Philosophen

Bereits die frühen griechischen Philosophen und Astrologen entwickelten bis 5000 v. Chr. anhand der Himmelszeltbewegung Methoden und Modelle zur Messung der Zeit. Für sie waren Sonnenuhren kein Fremdwort. Dieses Wissen wurde bei den Sumerern (ca. 3000 v. Chr.) für die Navigation in der Schifffahrt ausgebaut. Aufgrund der Bestimmung der Sternpositionen konnten die Seefahrer sicher durch die Meere fahren. Die Felder wurden im Zusammenspiel mit dem Mondzyklus bewirtschaftet. Die Landwirte zählten die Anzahl der Leermonde und bestimmten damit im Frühjahr die Saatzeit. Die Ernte folgte ungefähr drei Mondphasen später. Ebenfalls war zu jener Zeit bereits bekannt, dass die Gezeiten (Ebbe und Flut) der Meere sich nach dem Mond richten. Sternbilder wurden erkannt, benannt und in die Mythologien aufgenommen. Viele Bauten wurden nach den Sternbildern ausgerichtet. Steinkreise dienten als Observatorien, um den Sonnen- und Mondstand genau zu verfolgen. An Wendepunkten dieser Gestirne wurden Feste gefeiert. Die Menschen erkannten sogenannte Wandelsterne, Sterne, die nicht wie die anderen fest am Himmelszelt standen, sondern sich schneller bewegten und damit vor dem Hintergrund zu wandern schienen (heutige Planeten, Kometen und Monde). 2137 v. Chr. wurde in China die erste Sonnenfinsternis aufgezeichnet. Um 2000 v. Chr. haben die Ägypter das Zusammenspiel des gemeinsamen Aufganges von Sonne und Sirius in Verbindung mit der alljährlich wiederkehrenden Nilflut fest in ihren Kalender aufgenommen. Um 1680 v. Chr. wurden die Venusbewegungen am Himmelszelt in Tontafeln dokumentiert (Venus-Tafeln des Ammi-saduqa).

Um 350 v. Chr. kam es zur ersten Abspaltung einer Gruppe von Wetterbeobachtern aus dieser allgemeinen Astrologie, und die Wetterkunde (heutige Meteorologie) wurde entwickelt. Diese beschäftigte sich explizit mit den Sternen in Bezug auf das Wetterverhalten auf der Erde. In dieser Zeit wurde erkannt, dass sich die Erde um die eigene Achse innerhalb des feststehenden Himmelszeltes drehen muss. Diese Idee wurde hundert Jahre später aufgegriffen, und man sprach von einer zentralen, runden, im Raum stehenden Sonne, um die sich alles zu drehen scheint.

Die frühe Astrologie (Stern*deutung*) wurde ausgereifter. Neue Erkenntnisse zeigten auf, dass es möglich war, am Himmel belegbare Informationen zum Leben und über die Lebensaufgabe zu erhalten. Sogar Krankheiten konnten mit den neuen philosophischen Erkenntnissen geheilt werden. Daraus entwickelte sich die Sterndeuterkunst, die heutige Astrologie. Erstmals hatte der deutsche Arzt Heinrich Cornelius Agrippa von Nettesheim (1486–1535) über solche Zusammenhänge geschrieben.

Im 14./15. Jahrhundert, als es noch keine Lichtverschmutzung gab, haben sich die Astrologen und Philosophen mit dem schwarzen Himmel und den darauf leuchtenden Sternen beschäftigt. Es war auffällig, dass sich die Gebilde bewegen und die Wandelsterne (Planeten) immer auf derselben gedachten Linie der Sonne und dem Mond folgen. Die Berechnungen von Sonnen- und Mondfinsternis lagen den Astrologen bereits von früher vor. Es wurden Spekulationen über die auffälligsten Objekte angestellt.

In der Frühen Neuzeit (Ende 15./Anfang 16. Jahrhundert) entstand die heutige Astronomie (Sternen*kunde*) als Abspaltungsgruppe aus der bis dahin allgemeinen Astrologie. Die neue Gruppierung begann, sich mit dem Aufbau des Universums und seiner Herkunft auseinanderzusetzen.

1608 gelang es dem holländischen Brillenmacher Hans Lipperhey (um 1570–1619) ein Fernrohr zu entwickeln. In der darauffolgenden Zeit baute Galileo Galilei (1564–1642) diese Erfindung weiter zum Galilei-Fernrohr aus, welches er 1609 in Venedig vorstellte. Mit dieser neuen Technologie beobachteten die damaligen Astronomen und Philosophen die Planeten und erkannten, dass es Planetenphasen gibt, die den bekannten Mondphasen entsprechen. Viele weitere Entdeckungen folgten.

Zwischen 1714 und 1747 dokumentierte Joseph-Nicolas Delisle (1688–1768) die Verfinsterungen der Jupitermonde. Die erste Astronomieschule wurde 1725 von ihm in St. Petersburg gegründet. Einige Jahre später beauftragte er seinen Schüler, den Astronomen Charles Messier (1730–1817), den Halleysche Komet zu suchen, den Messier dann auch 1759 fand. In dieser Zeit legte sich Messier einen Katalog mit 110 nebligen Objekten an, um Verwechslungen auszuschließen und um keine Zeit auf ähnliche Objekte zu verschwenden. Insgesamt hat Charles Messier in seiner Laufbahn als Astronom 20 Kometen gefunden.

Das erste Objekt, M 1 (Krebsnebel) im Messier-Katalog, wurde von ihm 1758 katalogisiert. Diese Supernova im Sternbild Stier wurde von einem Mönch in Flandern am 11. April 1054 erstmals wahrgenommen und dokumentiert. 1844 gab der irische Astronom Lord Rosse (1800–1867) dem Himmelsobjekt seinen heutigen Namen »Krebsnebel«. Lord Rosse sah bereits damals in seinem Teleskop Ähnlichkeiten zwischen der Struktur dieses Nebels und dem Krebstier.

Die frühen Astronomen erkannten in den markanten Himmelsobjekten Erdenobjekte und vergaben dementsprechende, symbolische Namen. Philosophen stellten die Himmelsobjekte den griechischen Göttersagen gleich.

Einige Beispiele für diese Symbolik finden wir in diesen Himmelsobjektnamen wieder:

Name	Nummer
Blauer Schneeball	NGC 7662
Entennebel/Thors Helm	NGC 2359
Eulennebel	M 97
Herznebel	NGC 896
Hexenkopfnebel	IC 2118
Jupiters Geist	NGC 3242
Katzenaugennebel, Katzenauge	NGC 6543

Name	Nummer
Wildentenhaufen	M 11
Schildkrötennebel	NGC 6210
Schlüssellochnebel	NGC 3372
Schmuckkästchen	NGC 4755
Schneeflockennebel	NGC 2264
Sonnenblumen-Galaxie	M 63
Omeganebel/ Hufeisennebel	M 17

Diese Liste zeigt auf, dass Namen aus den Mythologien, aus der Natur, von menschlichen Körperteilen und von Gegenständen aus dem täglichen Leben vergeben wurden. Die einen aufgrund der visuellen Verknüpfung, die anderen auf Grundlage der wissenschaftlichen Erkenntnis. Hier spiegelt sich das Zusammenspiel von Makro- und Mikrokosmos. Die Namensgebungen führte den frühen Astronomen und Philosophen die Verbindung zwischen dem großen Universum und dem kleinen Erdenbürger vor Augen.

Der Durchbruch zur Veranschaulichung der Himmelsobjekte und Gestirne erfolgte 1838 durch die Erfindung des (Foto-)Aufnahmeverfahrens nach Louis Daguerre (1787–1851). Daguerre hatte schon vor der Veröffentlichung des Verfahrens Aufnahmen vom Mond gemacht. Die damaligen Astronomen waren von der neuen Technologie so begeistert, dass schon im frühen 19. Jahrhundert der Sternenhimmel fast komplett fotografiert war. So konnten sie nun beginnen, die bekannten visuellen Himmelskörper zu erkunden und zu erforschen.

Dabei wurden ältere Fotos mit neuen verglichen und Veränderungen über die Jahrzehnte sichtbar gemacht.

Das Wissen der heutigen Astronomen

Die heutigen Astronomen sind Stern*erkunder*, die das Universum deutungsfrei beobachten. Sie erfassen den Sternenhimmel mathematisch und im kleinsten Detail. Mit riesigen Hightech-Teleskopen arbeiten sie von der Erde oder direkt aus dem All und versuchen dabei, physikalische Gesetze zu finden, die auch hier auf der Erde gelten. Dabei versuchen sie zu verstehen, wie die Erde und das Universum überhaupt entstanden sind und warum. Viele weitere Aspekte, wie z.B. die Frage: Was ist Zeit? oder die Erschaffung von Materie, sind ebenso wichtige wissenschaftliche Herausforderungen. Bei all dem geht es aber auch darum, eine Lösung zu finden, wie die Menschheit in sehr weiter Zukunft auf fernen Gestirnen existieren könnte.

Heute sind die Astronomen mit ihren unbemannten Sonden schon über unsere Sonnensystemgrenze hinausgeflogen. Die Projekte Voyager1 und Voyager2 erfüllten ihre Mission bereits im Jahr 2004 und 2007, als die Sonden unsere Heliosphärenwolke verlassen haben und über deren Konsistenz Auskunft gaben. Wir haben mit diesen Daten mehr über unsere Sonne, ihre Sonnenwinde und die zentrale Atmosphärenstruktur erfahren.

Das Wissen der heutigen Astrologen

Durch die Trennung der alten Astronomie von der Philosophie ist die heutige Astrologie entstanden. Sie befasst sich mit der Deutung von Zusammenhängen bekannter oder berechneter astronomischer Ereignisse und Gestirns-Konstellationen. Dabei wendet sie das uralte Wissen an, das über die Jahrhunderte weitergegeben wurde. Dieses Wissen wiederum hilft uns, das Leben besser zu verstehen. Astrologie lässt sich nicht nur auf Personen anwenden, sondern auch auf Tiere, Firmen und Projekte.

Früher wurden die Astrologen bezüglich vieler Ereignisse oder Vorhaben befragt. Heute lesen wir ihre Deutungen noch täglich in der Zeitung. Lassen wir für uns persönlich ein Geburtshoroskop erstellen, sind wir überrascht, wie treffend die Deutungen sind.

Und jetzt?

Den kurzen geschichtlichen Überblick über die Astrologie und Astronomie haben wir vorherig gegeben, weil wir verdeutlichen wollten, dass seit Menschengedenken der Himmel, ja der ganze Kosmos, für uns Menschen schon immer eine wichtige Rolle spielte und auch in Zukunft spielen wird. Das Bewusstsein der Menschen hat sich in den letzten Jahren stark verändert. Viele denken internationaler und weltumfassender. Das haben wir größtenteils auch den heutigen Technologien zu verdanken. Vor allem über das Internet lassen sich Ideen, Geschichten, Informationen, Visionen und Ereignisse blitzschnell über den ganzen Erdball verteilen. Was wir heute noch nicht wissen, können wir morgen in unseren E-Mails, auf Facebook oder in anderen digitalen Medien lesen, hören oder sogar sehen. Wir geben diese Informationen mit unseren mobilen Geräten weiter. Die unheimliche Informationsflut, die auf uns Menschen hereinbricht, fordert uns auf, umzudenken und zu handeln. Wir brauchen mehr Raum, um diese Informationen unbewusst verarbeiten zu können. Dabei unterstützt uns das Universum. Es zeigt uns neue Möglichkeiten auf, mit dem Weltgeschehen umzugehen.

Viele Menschen lassen sich immer mehr für das Universum, den Kosmos, begeistern. Sie wissen, dass da etwas ist, das wir nicht zu fassen vermögen. Aber es ist da und begleitet uns jeden Tag. Es ist die kosmische Energie, die uns immer mehr in den Bann zieht. Sie zeigt uns, wie wir uns öffnen können, um die Liebe zu leben. Es werden feinstoffliche Tore geöffnet, um unsere Welt in ein neues Bewusstsein zu bringen. Auf der ganzen Welt werden immer mehr Meditationen zum gleichen Zeitpunkt durchgeführt. Je mehr Menschen dabei mitmachen, umso schneller wird die Erde heilen, und unser aller Bewusstsein wird sich ändern. Wir beginnen, kosmisch zu denken, und erkennen die Energie und Liebe in allem. Das Ziel eines friedvollen Planeten ist nah.

Da sich immer mehr Menschen für das Universum und die kosmischen Energien interessieren, wirkt SternenEnergie® immer stärker auf uns, unsere Umwelt und unseren Planeten. Überall ist der Kosmos spürbar und füllt uns mit neuer Energie. Jeder weiß unbewusst, dass diese kosmische Denkweise keine Illusion ist, sondern existiert.

SternenEnergie® ist ein Hilfsmittel, um den Spiegel aus dem Universum zu erkennen und kosmische Kraft zu tanken.

In den letzten Jahrhunderten sind bedeutende Schritte durch die Astrologen, Astronomen und Historiker gemacht sowie wichtige Erkenntnisse gewonnen worden. Ihre Arbeit wird unerlässlich bleiben und uns in Zukunft neues Wissen eröffnen. SternenEnergie® ist ein weiterer Baustein, der in Betrachtung der Ganzheit (Körper – Seele – Geist) berücksichtigt werden kann.

Körper	Astronomie	Wir nehmen das Universum wahr und lernen, es zu verstehen.
Seele	Astrologie	Wir erkennen unseren Charakter und unseren Weg im Leben.
Geist	SternenEnergie®	Wir erhalten die kosmische Kraft und das Urvertrauen.

Um SternenEnergie® zu erfahren, braucht es keine Vorkenntnisse. Bereits Kinder arbeiten völlig selbstverständlich mit ihr im Alltag. Sie suchen sich ein Bild aus, schauen es sich an, kommen zur Ruhe, werden neugierig, die Fantasie wird angeregt. Sie staunen. Große und kleine Probleme sind vergessen. Erfüllt mit neuer Energie geht das Kind wieder motiviert an die Schularbeiten oder zum Spielen. Es braucht kein Wissen und es braucht nicht zwingend Deutungen. Das Kind macht seine eigenen Deutungen. Es sieht, was es will und was ihm guttut. Auch wir Erwachsenen wählen intuitiv das richtige SternenEnergie®-Bild für uns oder für unsere Umgebung. Wir lassen uns darauf ein und nehmen unsere Gedanken dazu an. Der Erfolg wird an positiven Veränderungen sichtbar.

Anwendung

Wie wende ich SternenEnergie® an?

SternenEnergie® führt viele der uns bekannten Themen zusammen und gibt dem Anwender bewusst oder unbewusst die nötige Motivation für Aufgaben, Veränderungen und Optimierungen, mit dem Ziel, den persönlichen Weg erfolgreich zu beschreiten.

Was können das für Themen sein? Im Großen und Ganzen alles, was dir einfällt und was du verändern möchtest. Beispielsweise einen bestimmten Erfolg erzielen, eine Unstimmigkeit mit einer anderen Person lösen, eine gesundheitliche Disbalance wieder ausgleichen oder einfach die eigene Persönlichkeit und das damit verbundene Auftreten in der Öffentlichkeit stärken. Denn die Veränderung kommt von innen heraus und beginnt im Normalfall bei dir selbst. Die kosmischen Bilder geben dir Kraft und eine natürliche Balance, um Ängste und Energieblockaden zu lösen oder sogar um psychische und physische Schmerzen zu lindern.

Manchmal kann es hilfreich sein, den Blick in die Ferne schweifen zu lassen. Doch wir blicken nicht nur aus dem Fenster zum Nachbarhaus, sondern schauen Lichtjahre zurück in die Vergangenheit oder auch Zigmillionen Kilometer in den Raum hinein. Beim Betrachten eines SternenEnergie®-Bildes wird uns bewusst, wie klein, aber doch einzigartig wir sind. Wir beginnen, uns im Bild zu verlieren, und suchen nach Lösungen für unsere alltäglichen Probleme und Blockaden, die wir zum Erfüllen unseres persönlichen Weges erkennen und lösen wollen. Wir möchten dir zeigen, dass es Abermillionen Lichtblicke gibt, für die es sich lohnt, sich zu verändern und mit positiver Energie weiterzuleben. Deine Probleme rücken in die Ferne, verlieren an Gewicht und Schwere. Alles wird leichter, luftiger, ja transparenter. In der Weite zeichnen sich neue Lösungen ab.

Was uns am bewussten Verändern oft hindert, ist die Angst, das Nichtwissen, das Gefühl, dadurch eventuell jemandem zu schaden oder selbst Schaden zu erleiden. SternenEnergie® löst diese Angst auf und macht Mut, den ersten, schwierigsten Schritt zu wagen. Durch den Spiegel im Makrokosmos verlieren wir die Angst unbewusst aus dem Blickfeld. Sie erscheint uns unwichtig und verliert an Macht. Deine Veränderung kann unbewusst, im harmonischen Umfang und in der Geschwindigkeit, die für dich und deinen persönlichen Prozess optimal ist, von innen heraus wachsen. Oft müssen wir uns in Geduld üben. Aber da ist uns das Universum ein Spiegel. Die Welt ist nicht an einem Tag erschaffen worden.

Mit der Unterstützung des gespiegelten Mikrokosmos durch den Makrokosmos können wir mit diesen Sternebildern unseren Alltag optimieren. Sei es durch eine Optimierung des Schlafbereiches für einen motivierten Start in den neuen Tag oder indem wir im Privat- und Berufsleben einen neuen Standpunkt beziehen, der uns so mit neuem Schwung an die Sache herangehen lässt. Mit SternenEnergie® finde ich die natürliche Balance, um mit den täglichen Situationen besser umzugehen.

Wir haben im Alltag immer wieder Entscheidungen zu treffen. Die meisten Entscheidungen können wir rational, über die Logik, oder auch aus unserem Bauchgefühl heraus bzw. mit dem Herzen treffen. Die Karten unterstützen uns durch Symbolik, Spiegelbilder oder die Förderung des Urvertrauens in unsere Bestimmung bei der Entscheidungsfindung.

Immer mehr Menschen leben in Großstädten. Heute ist man sich bewusst, dass in diesen Gebieten Naturplätze und Parks vorhanden sein müssen, um Depressionen und aggressives Verhalten auf einem Minimum zu halten. Den Menschen in den Städten fehlt aber ebenso der natürliche Ausgleich des nächtlichen Sternenhimmels, welcher durch die immer stärkere Lichtverschmutzung, durch die Reflektion der Smogglocke über der Stadt keine Wirkung auf uns ausüben kann. Mit den SternenEnergie®-Himmelsbildern können wir durch gezielte Raumfeldenergien dieses fehlende Wirken in unserem Zuhause ausgleichen.

SternenEnergie®-Raumbilder

In unserem Alltag haben wir für die verschiedensten Aufgaben und Erholungsphasen unterschiedliche Räume zur Verfügung. Unter diese Räume zählen wir Schlafzimmer, Kinderzimmer, Büro, Gemeinschaftsräume wie Ess-, Wohnzimmer und den Flur. All diese Räume nutzen wir für bestimmte Handlungen, welche unser Leben prägen. Mit einem SternenEnergie®-Bild können wir den Wirkungsbereich des Raumes verstärken und eine Atmosphäre schaffen, die uns bei unserem jeweiligen Aufgabenbereich behilflich ist. Willst du eine große (Lebens-)Aufgabe angehen, kannst du dir ein Bild in deinem Raum aufhängen. Das Bild wird dich über eine längere Zeit unterstützend begleiten.

Raumbilder werden auch eingesetzt, um mehrere Personen gleichzeitig am Veränderungsprozess teilhaben zu lassen. Die energetische Schwingung eines Raumes wird verändert und dadurch auch das Wirken der darin befindlichen Personen. Unbewusst nehmen wir die Veränderungen wahr und passen uns dem neuen Raumklima an. Der Vorteil an den Raumbildern ist, dass wir den Menschen keine Erklärung abzugeben brauchen. Wir hängen ein schönes Bild auf, um die Atmosphäre im Raum zu verbessern. Wie bei der Homöopathie nimmt sich jede Person das, was sie braucht, unbewusst aus dem Bild heraus und startet damit für sich selbst einen Prozess.

Raumbilder können überall eingesetzt werden. Ob in Familien, Schulen, Unternehmen, Praxen oder Gastro-Betrieben, die Wirkung entfaltet sich überall. Wir geben unserem Bewusstsein Platz, um sich entfalten zu können. Informationen werden schneller be- und verarbeitet.

Im Anhang haben wir zu verschiedenen Räumen passende Bilder aufgelistet. Es sind jedoch keine Vorgaben, sondern aus unseren Erfahrungen entstandene Möglichkeiten. Wähle dein eigenes Bild für deinen Raum. Es ist mit Bestimmtheit richtig, auch wenn es nicht in jener Liste steht.

Wie gehe ich vor, um zum richtigen Bild zu kommen?

Es gibt verschiedene Wege, um das unterstützende Bild zu finden. Vielleicht entdeckst du für dich weitere Möglichkeiten. Alles ist erlaubt, und alles ist richtig.

Karte ziehen

Die einfachste Methode ist das intuitive Ziehen einer SternenEnergie®-Karte aus dem verdeckten Kartenstapel, oder nutze eine dir persönlich bekannte Kartenziehtechnik.

Möchtest du ein Bild zu einer Problemstellung, so konzentriere dich auf das Problem und ziehe mit dem Gedanken daran eine Karte aus dem verdeckten Kartenset.

Eine andere Möglichkeit besteht darin, mit deinem Coach oder Berater ein aktuelles Ziel zu definieren. Anschließend kannst du mit dem Gedanken daran eine Karte aus dem verdeckten Kartenset ziehen.

Bild mithilfe des Buches auswählen

Du hast ein bestimmtes Ziel definiert. Suche anschließend in der Zielliste den entsprechenden oder einen ähnlichen Begriff. Schlage im Buch das dazu angegebene Bild auf.

Lasse das Bild einen Moment auf dich wirken. Konzentriere dich darauf, lasse alle Gedanken, die dir in den Sinn kommen, zu. Stelle dir folgende Fragen:

- Was erkenne ich?
- Welche Form hat das Objekt?
- Was löst das Bild in mir aus?

Lies erst danach den Text zum Bild. Das, was im Buch steht, ist keine abschließende Deutung. Der Kosmos hält noch viele Geheimnisse bereit, sodass auch deine eigenen Deutungen Raum finden und ihre Richtigkeit haben.

Auch ein Himmelsbild, das dir auf Anhieb nicht gefällt oder sogar Angst bereitet, hat seine Berechtigung. Setze dich in dem Fall mit deinen Gefühlen und den Themen, die zu diesem Bild beschrieben werden, auseinander. Lasse das Bild wirken, und schaue es dir immer wieder an. Wenn du dich mit dem Thema des Bildes beschäftigst, wirst du merken, wie dir das Bild hilft und dich wie einen Freund unterstützt.

Lasse deinen Ideen freien Lauf, und du erhältst immer eine Erkenntnis. Die von dir gezogene Karte wird dich einige Zeit begleiten. Stelle dir die Karte im Büro, Wohnzimmer oder in der Küche auf, damit du sie immer wieder einmal bewusst oder unbewusst wahrnehmen kannst. Das Mitführen von SternenEnergie®-Karten im Alltag kann so normal werden, dass der Fokus darauf verloren geht. Ab diesem Moment arbeitet das Unterbewusstsein für dich mit den SternenEnergie®-Bildern.

Im Anhang findest du einige Beispiele, wie du SternenEnergie® einsetzen kannst.

Bedanken

Es ist immer wichtig, sich für jede Unterstützung, die man erhält, zu bedanken. Dies gilt auch für die SternenEnergie®. Die Karten haben dir in einer Situation etwas aufgezeigt oder dir Unterstützung gegeben. Je mehr du die Liebe des Universums erfährst, umso selbstverständlicher wird es für dich werden, dich beim Kosmos oder Universum zu bedanken.

Einfaches Beispiel:

> »Ich danke von ganzem Herzen für
> deine Unterstützung.«

Ersetze »deine Unterstützung« durch eigene, für dich passende Begriffe. Selbstverständlich kannst du dich auch auf deine eigene Art oder mit einem anderen Satz bedanken. Einfach so, dass es in dir eine ehrliche Dankbarkeit erweckt. Wenn du dich beim Kosmos bedankst, löst das in dir ein Glücksgefühl aus. Du fühlst dich dankbar für das, was du erreichst hast und erreichen wirst.

Kartenverknüpfung auflösen

Hattest du eine Karte längere Zeit in Verwendung, so empfehlen wir, die Verknüpfung aufzulösen. Besonders Karten, die für Schulfächer benutzt werden, sollten wieder vom Schulfach losgelöst werden. Du machst das nicht wegen der SternenEnergie®, denn die könnte damit umgehen. Aber für dich persönlich gibt es einen Abschluss, und die Karte ist wieder frei für ein neues Schulfach.

Falls Kinder eine Kartenauflösung machen möchten, empfehlen wir, die Übung unter Betreuung eines Erwachsenen zu machen.

- Stelle eine Kerze auf einen Tisch, und zünde sie an.
- Lege die Karten, deren *Schulfach*-Verknüpfung du auflösen möchtest, zwischen die Kerze und dich.
- Nimm die oberste Karte. Bedanke dich für die Unterstützung und Inspiration.
- Lege die Karte auf die andere Tischseite, sodass die Kerze zwischen dir und der Karte ist.
- Mache das für alle Karten, deren *Schulfach*-Verknüpfung du auflösen möchtest.
- Bedanke dich am Schluss nochmals beim Kosmos/Universum für die Unterstützung.
- Puste die Kerze aus.

Natürlich kannst du auch eine andere Übung machen. So, wie du möchtest und so wie es für dich stimmt. Wichtig dabei ist, dass du die Karte wieder für andere Sachen nutzen kannst, ohne dabei gleich wieder an das, was einmal war, zu denken.

Bilderkatalog

Einführung

Die auf den Folgeseiten gezeigten Himmelsobjekte sind alle von der Nordhalbkugel aus ersichtlich. Je nördlicher wir jedoch gehen, desto weniger gut sind die südlichen Himmelsobjekte sichtbar.

Die beschriebenen Auffassungen sind für den deutschsprachigen Raum zusammengestellt. Dies ist insofern wichtig, da die in diesem Buch verwendete Numerologie auf die deutsche Namensgebung der Objekte abgestimmt ist. In Frankreich verwendet man zum Beispiel für die gleichen Objekte französische Namen, welche in der Numerologie eine andere Zahl bekommen würden (siehe Zahlen im Nachschlageteil, S. 231).

Wir haben versucht, das Buch möglichst ohne Fachbegriffe zu schreiben, sodass auch »Nichtastronomen« astronomische Zusammenhänge verstehen können. Es gibt jedoch einige Texte, in denen es sich nicht vermeiden ließ. Die dort vorkommenden Begriffe sind im Anhang beschrieben (siehe S. 278).

Wir möchten darauf hinweisen, dass alle Entfernungs- und Größenzahlen nur ungefähre Angaben sind. Bei unseren Recherchen sind wir auf viele unterschiedliche Zahlenangaben gestoßen, und es ist schwer herauszufinden, welche die genauesten Zahlen sind.

Aufbau der nächsten Seiten

Astronomische Daten	Fakten und Zahlen zum Objekt. Sie entsprechen dem letzten Stand der Forschung.
Astronomischer Steckbrief	kurzgehaltene Erklärungen zu Themen wie z. B. Entstehung, Aufbau, Zusammensetzung, Alter und Besonderheiten. Sie entsprechen dem letzten Stand der Forschung.
Mythen/Geschichten/Erzählungen	Geschichten von der Entdeckung bis heute. Warum trägt das Objekt diesen Namen (Namensgebung)?
Wirkung auf den Menschen	Beschreibt die Wirkung, die das Bild auf den einzelnen Menschen haben kann. Wir geben Gedankenanstöße und lassen Raum für zusätzliche eigene Interpretationen.
Wirkung im Raum	Beschreibt die Wirkung eines in einem Raum aufgehängten Bildes auf einzelne und mehrere Personen. Dabei kann auch eine ganze Familie bzw. Firma mit einbezogen werden. Wir geben Gedankenanstöße und lassen Raum für zusätzliche eigene Interpretationen.

Sternbild (Beispiel McNeil's Nebel)

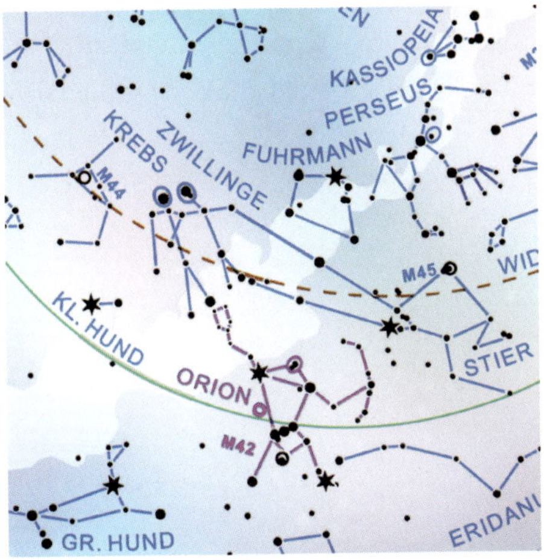

Der violette Kreis in der Abbildung zeigt an, wo am Sternenhimmel das Himmelsbild gefunden werden kann. Das dazugehörige Sternbild ist ebenfalls **violett** hervorgehoben.

Die grüne Kreislinie beschreibt unseren südlichen Horizont. Je nördlicher wir uns befinden, desto kleiner wird der grüne Kreis.

Alle Planeten, Sonne und Mond, durchlaufen ±10° entlang dieser rot gestrichelten Kreislinie die Tierkreiszeichen am Himmel. Man nennt diese Linie Ekliptik.

Die hellgelbe Wolke stellt die Milchstraße dar.

Symbol-Zuordnungen

Unter jede Beschreibung des Sternenbildes haben wir eine Tabelle gesetzt, in der symbolische Zuordnungen gemacht werden. Personen, die sich noch weiter mit dem Bild auseinandersetzen möchten, können mithilfe dieser Symbole weitere Auslegungen machen. Im Nachschlageteil sind die Symbole und ihre Deutung kurz beschrieben (siehe S. 226).

Astronomisches Symbol	Numerologie
8 verschiedene Symbole ordnen die Bilder in die jeweilige astronomische Objektkategorie ein. Diese lassen eine grobe Deutung des Objekts zu.	Jedem Objekt werden aufgrund seiner Sichtbarkeit und seiner Namen bis zu drei Zahlen von 1 bis 9 zugeordnet. Diese Ziffern ermöglichen nach Pythagoras weitere Deutungsmöglichkeiten in der Numerologie.

Sternhaufen

Galaxie

Nebel

Sonne

Planet

Mond

Doppelstern

Komet

1

2

3

4

5

6

7

8

9

Ziffer unterstrichen = »starke Zahl«

|| = Abgrenzung zwischen zwei Objektbezeichnungen

Chakra	Farben
Die SternenEnergie®-Bilder, die wir aussuchen, aktivieren und stärken unbewusst unsere Chakren.	Dem Objekt wurden nach seinem Aussehen die Farben zugeordnet. Farben sind ein wichtiger Bestandteil unseres Alltags. Je nachdem, welche Farbe übermäßig vorkommt, fühlen wir uns besser oder weniger gestärkt. Im Universum gibt es das ganze Farbspektrum.
Alle Chakren	rot
Scheitel-Chakra	gelb
Stirn-Chakra	grün
Hals-Chakra	hellblau
Herz-Chakra	blau
Solarplexus-Chakra	violett
Nabel-Chakra	braun
Wurzel-Chakra	grau
	weiß

Adlernebel

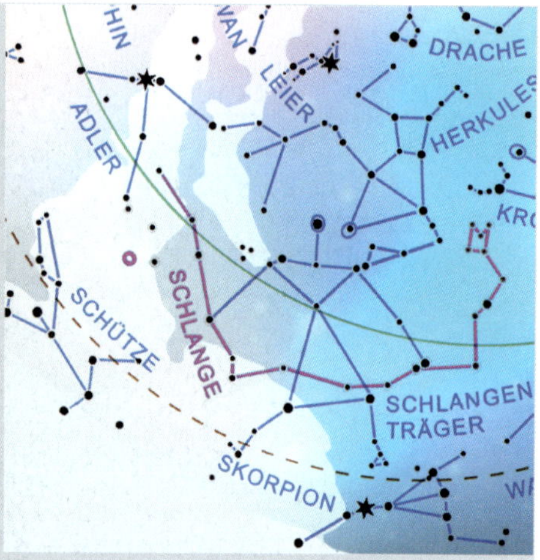

Astronomische Daten

Objektbezeichnung	Adlernebel
Messier-Katalog	M 16
New General Catalogue	NGC 6611
IC Katalog	IC 4703
Objektart	Emmisionsnebel/ Sternhaufen
Sichtbarkeit	ganzjährig
Sternbild	Schlange
Helligkeit (visuell)	6,4 mag
Entfernung	7000 Lichtjahre
Größe/Ausdehnung	15–20 Lichtjahre
Masse/Gewicht	-
Anzahl Satelliten	-
Entdecker	1745, Jean-Philippe de Chéseaux (CH, 1718–1751)

Astronomischer Steckbrief

Es handelt sich hier um einen offenen Sternhaufen, der von einem Emissionsnebel umschlossen ist. Diese Nebelregionen sind sehr undurchsichtig. Das Himmelsobjekt ist mit seinen ca. 800 000 Jahren ein sehr junges System.

Im Zentrum des Adlernebels haben sich riesige Staubsäulen (9,5 Lichtjahre hoch) gebildet, an deren Spitze sich neue Sterne entwickeln. Darum wurden sie »Säulen der Schöpfung« genannt.

Mythen/Geschichte/Erzählungen

Der Schweizer Astronom Jean-Philippe de Chéseaux hat während der Kartografierung von Nebeln den Adlernebel entdeckt. Erst 18 Jahre später hat Charles Messier dieses Objekt mit der Nummer 16 in seinen Katalog aufgenommen. Der Name Adlernebel ist abgeleitet von der mit etwas Fantasie erkennbaren Gestalt eines Greifvogels.

Das Hubble-Weltraumteleskop machte 1995 Aufnahmen dieser Region. Dabei gelangen detaillierte Einblicke ins Zentrum des Adlernebels, und es entstand das wohl bekannteste astronomische Foto von den »Säulen der Schöpfung«.

Wirkung auf den Menschen

Mithilfe des Adlernebels lernen wir, unser Herz immer wieder zu öffnen, und erspüren so den ewigen Funken des Lebens in uns. In einem Meer aus dunklen Wolken, Nebel und Staub können wir Licht sein. Wir lernen, unsere Flügel auszubreiten und unserem Ziel mit viel Liebe entgegenzustreben.

Der Adlernebel befreit unsere Kraft und Ausdauer und bestärkt uns in unserem Denken. Wie ein Phönix aus der Asche können wir uns erneuern oder neu erfinden. Wir werden zum Schöpfer unseres Lebens.

Probiere Neues aus, und genieße die Freiheit und den Blick von oben auf die ganze Schöpfung. Verbinde dich im Fluge des Glücks mit dem All-Raum, und erkenne die Liebe, die überall existiert.

Achte aber auf den Hochmut, denn dieser wird deine Pläne zu Fall bringen. Also behalte das Ziel vor Augen und den Mut, Pläne zu verwirklichen. Dein gerechter Charakter sorgt dafür, dass dein Höhenflug ausbalanciert bleibt. Dann werden alle deine Mitmenschen einen Gewinn und Nutzen haben.

Astronomisches Symbol	
Numerologie	3 | 8
Chakra	
Farben	

Wirkung im Raum

Der Adlernebel unterstützt uns dabei, Dinge aus anderen Perspektiven zu betrachten und uns frei äußern zu können. Dabei kommt Licht ins Dunkel. Die Wahrheit führt uns zum Erfolg.

Diese Energie bewirkt, dass wir unsere Herzen öffnen und der Raum mit Liebe, Wärme und Geborgenheit gefüllt wird. Die Menschen fühlen sich, wie in einem Nest, gut aufgehoben. Dies wiederum fördert das Vertrauen und das Ansprechen schwieriger Themen.

Andromeda-Galaxie

Astronomischer Steckbrief

Die Andromeda-Galaxie ist das entfernteste Objekt, das in klaren Nächten an dunklen ländlichen Standorten noch gut mit bloßem Auge gesehen werden kann.

Als unsere nächste Nachbargalaxie enthält sie etwa eine Billion Sterne und ist damit das größte Mitglied der lokalen Gruppe. Mehr als zehn kleinere Satellitengalaxien umkreisen die Andromeda-Galaxie. Sie selbst dreht sich in ca. 250 Millionen Jahren einmal um die eigene Achse.

Der Halo der Andromeda-Galaxie, also der für uns sichtbare Lichtkreis, hat einen Radius von 70 000 Lichtjahren. Berechnungen zufolge beeinflusst die Andromeda-Galaxie jedoch sogar Sterne, die 500 000 Lichtjahre von ihrem Zentrum entfernt sind.

Da die Andromeda-Galaxie unserem Milchstraßensystem sehr ähnlich ist und so nah ist, wird unser Nachbar seit Langem sehr genau untersucht. Es ist einfacher, ein System von außen zu betrachten als von innen.

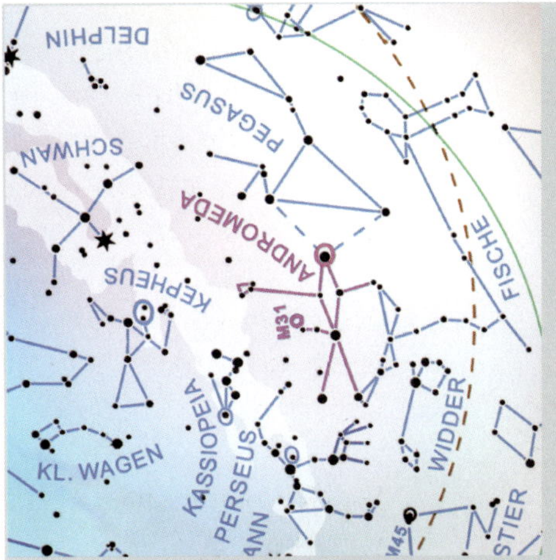

Astronomische Daten

Objektbezeichnung	Andromeda-Galaxie
Messier-Katalog	M 31
New General Catalogue	NGC 224
IC Katalog	-
Objektart	Spiralgalaxie
Sichtbarkeit	Anfang August–Ende Februar
Sternbild	Andromeda
Helligkeit (visuell)	3,5 mag
Entfernung	2,5 Mio. Lichtjahre
Größe/Ausdehnung	~ 140 000 Lichtjahre
Masse/Gewicht	200–400 Mrd. Sonnenmassen
Anzahl Satelliten	mehr als 10 Satellitengalaxien
Entdecker	1612, Simon Marius (IT, 1573–1624)

Mythen/Geschichte/Erzählungen

In der griechischen Sagenwelt ist Andromeda die Tochter von Kassiopeia. Sie wurde als Opfer angeboten, um den Meeresgott Poseidon zu beschwichtigen, nachdem Kassiopeia geprahlt hatte, dass sie und Andromeda schöner seien als die Götter. Andromeda wurde von dem Helden Perseus gerettet.

Das Sternbild Andromeda ist eines der klassischen Sternbilder der Antike, die vom Griechen Claudius Ptolemäus um ca. 120 n. Chr. beschrieben wurden. Im 10. Jahrhundert n. Chr. wurde die Andromeda-Galaxie erstmals vom persischen Astronom Al-Sufi mit der Bezeichnung »Die kleine Wolke« versehen. Später wurde die Galaxie nach dem Sternbild benannt, in dem sie sich befindet.

Erste Fotos von der Andromeda-Galaxie wurden bereits um 1900 angefertigt.

Viele Science-Fiction-Romane und -Filme, wie »Perry Rhodan« oder »Raumschiff Enterprise«, haben Handlungsplätze in der Andromeda-Galaxie.

Wirkung auf den Menschen

Als Spiegel unserer eigenen Milchstraße wirkt die Andromeda-Galaxie auf viele Menschen sehr ansprechend. Schnell fühlen wir uns beim Betrachten dieses Bildes wohl, weil wir indirekt unsere eigene Heimat anschauen. Jede einzelne Zelle erkennt sich in diesem Spiegelbild wieder. Jedoch haben wir die Möglichkeit, das Ganze von außen zu beobachten. Betrachte deine Heimat, deine Situation auch einmal von außen, von einem anderen Standpunkt aus. Du wirst die Schönheit des Systems, in dem du leben darfst, erkennen und dafür dankbar sein.

Unsere Sonne wäre in der Andromeda-Galaxie so winzig klein, dass sie nicht einmal als Pünktchen sichtbar wäre. Machen wir nicht zu oft aus einer Mücke einen Elefanten? Sind wir wirklich so wichtig? Sind unsere Probleme tatsächlich so groß und mächtig? Zugleich wäre die Andromeda-Galaxie nicht so groß, gäbe es da nicht Billionen von winzigen kleinen Pünktchen.

Jede Sonne, egal, wie hell sie strahlt, ist für das Gesamtbild der Andromeda-Galaxie erforderlich, und nur durch die unwahrscheinliche Kraft des mächtigen schwarzen Loches kann die große Kraft entstehen, die eine solch anmutige Galaxie zum Rotieren bringt.

Durch die schiefe Rotation der Galaxie erkennen wir, dass es aus unserer Sicht immer wieder Hoch- und Tiefphasen gibt. Auch unser Leben wird permanent durch Hochs und Tiefs beeinflusst. Aber wir stellen auch fest, dass auf schlechte Zeiten immer erneut gute folgen und umgekehrt. Das liegt daran, dass auch unser Sein eine andauernde Rotation durchlebt. Wichtig ist immer, was wir aus Tiefphasen machen und wie wir mit ihnen umgehen. Lernen wir aus ihnen und erkennen daraus neue Chancen, rücken wir dem Zentrum näher, und die nächste Tiefphase erscheint uns nicht mehr so schlimm.

Das Zentrum der Andromeda-Galaxie nimmt auf fast unglaubliche Distanzen Einfluss auf seine Umgebung. Diesen sehr weiten Wirkungskreis nehmen wir in der SternenEnergie® unbewusst wahr. Wenn wir lernen, mit den Hochs und Tiefs umzugehen, können wir unseren Wirkungsbereich ausdehnen und nehmen weiter entfernte Elemente wahr. Ohne uns wirklich der Macht bewusst zu sein, üben wir sanft Einfluss auf diese fernen Dinge aus.

Wirkung im Raum

Durch das Aufhängen eines Andromeda-Galaxie-Bildes bleiben die Hoch- und Tiefphasen zwar nicht aus, werden aber durch die Wirkung des Bildes immer unspektakulärer. Es entsteht eine leichte, fast ausbalancierte, wiederkehrende Wellenbewegung.

Bei Vorstellungsgesprächen zeigt das Bild dem Bewerber, dass die Firma für seine Person als Ganzes Platz hat, und er fühlt sich willkommen. Die Firma ist offen für seine Ideen.

Ein Himmelsbild der Andromeda-Galaxie in einem Großraumbüro fördert den Zusammenhalt und das Zusammengehörigkeitsgefühl und unterstützt die Teambildung. Es gibt allen, die dort arbeiten, das Gefühl: Gemeinsam sind wir ein starkes Team. Jede Person fühlt sich dazugehörig.

In Sitzungszimmern gibt die Andromeda-Galaxie Stabilität und Festigkeit. Die Galaxie hilft uns, wie in einem großen Rat über wichtige, ernstzunehmende Situationen zu reden und gemeinschaftlich Lösungen zu finden.

Durch den enormen Wirkungskreis des Andromeda-Galaxie-Zentrums nimmt der Hauptsitz einer Firma die Unterstützung jeder ihrer weit verstreuten Filialen wahr. Der Zusammenhalt und die Teamförderung sowie die Gemeinschaft innerhalb der gesamten Firma werden gefördert.

Im Privatbereich gibt dieses Bild den einzelnen Familienmitgliedern Raum für ihr Wirken, prägt dabei aber auch den Familienzusammenhalt und schenkt Verwandten und Freunden das Gefühl, willkommen zu sein.

Astronomisches Symbol	
Numerologie	7 | 4
Chakra	
Farben	

Antaresregion

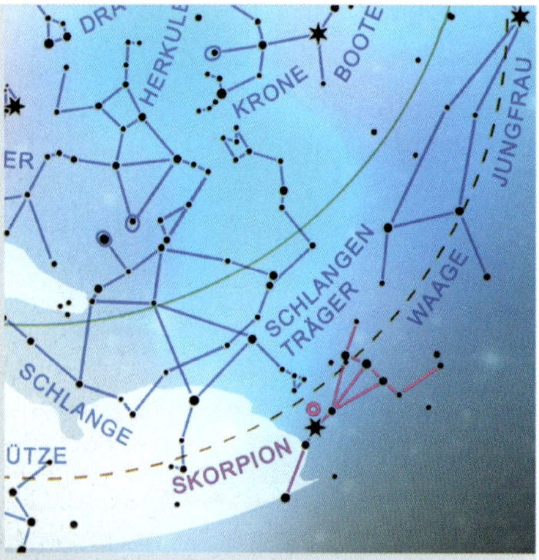

Astronomische Daten

Objektbezeichnung	Antaresregion
Messier-Katalog	-
New General Catalogue	-
IC Katalog	-
Objektart	Nebel und Sternhaufen
Sichtbarkeit	Juni–September
Sternbild	Skorpion
Helligkeit (visuell)	9,5 mag im Mittel
Entfernung	~ 600–27 000 Lichtjahre
Größe/Ausdehnung	~ 80 Lichtjahre
Masse/Gewicht	-
Anzahl Satelliten	-

Astronomischer Steckbrief

Die Antaresregion des Sternbilds Skorpion ist die farbenreichste Gegend des Nordhimmels. Die Beobachtung dieser Region ist nur im Sommer möglich, wobei sie immer sehr nahe am südlichen Horizont bleibt. Der goldgelbe Antares ist der Hauptstern des Sternbilds Skorpion. Von Mitteleuropa aus sehen wir vom Skorpion aber nur seinen nördlichen Teil vom Kopf bis zum Rücken.

Antares ist einer der größten Sterne, die uns bekannt sind. Er ist etwa 800-mal größer als unsere Sonne und bereits an seinem Lebensende angekommen. Seine Kernfusion kommt langsam zum Erliegen, weil sein Inneres schon ein massiver Kern aus Eisen ist. Antares wird in einer gewaltigen Explosion, genannt Supernova, sein Leben beenden und als planetarischer Nebel ausglühen. Wann das sein wird, ob in 20 000 Jahren oder ob es vielleicht schon stattgefunden hat, weiß niemand genau. Diese Nachricht aus Licht braucht ungefähr 600 Jahre, bis sie bei uns ankommt. Für unsere Erde dürfte das Ereignis nicht wirklich gefährlich werden.

Der Wiener Professor Adam Freiherr von Burg entdeckte 1819 einen blauen

Begleitstern von Antares, welcher 878 Jahre benötigt, um Antares einmal zu umrunden.

Neben den gewaltigen Reflexionsnebeln (blau und gelb), Emissionsnebeln (rot) und Dunkelwolken befinden sich auch die Kugelsternhaufen M 4 und M 80 auf dieser Aufnahme. Das Bild zeigt jede Art von Nebel, die wir im All kennen, und stellt ein außergewöhnliches buntes Staub-Bild dar.

Mythen/Geschichte/Erzählungen

Bei den Sumerern wurde Antares im ersten Jahrtausend v. Chr. von der Göttin Lisin repräsentiert.

Die Bezeichnung Antares stammt aus dem Griechischen und bedeutet »gegen Ares«. Der griechische Gott Ares entsprach dem römischen Gott Mars, sodass es also auch »gegen Mars« heißen kann. Der Planet Mars und der Stern Antares sind sich, aus unserer Sicht, in Farbe und Helligkeit sehr ähnlich, weshalb die beiden Objekte oft miteinander verwechselt werden.

Zahlreiche Buchautoren haben sich von dieser Himmelsregion inspirieren lassen und Geschichten bzw. Science-Fiction-Romane über Antares und mögliches Leben in jenem System geschrieben.

Wirkung auf den Menschen

Die Antaresregion aktiviert unseren Energiehaushalt. Die farbigen Nebel und Strahlen reinigen und harmonisieren unser gesamtes Energiefeld. Wir fühlen uns belebt, munter und voller Tatendrang. Wie die Sonne schenkt uns Antares Licht, das uns wärmt und froh macht.

Mit der Antaresregion bringen wir viel Licht ins Dunkle – egal, ob in Alltagssituationen, bei Projekten oder auch in Beziehungen. In Situationen, in denen uns eigentlich schon länger nicht mehr wohl ist, erkennen wir einen Sinn dahinter. Alles erscheint uns bunter und fröhlicher. Es gibt kaum etwas, das wir nicht schaffen können, und wenn es trotzdem nicht mehr geht, kommt irgendwo ein Licht her. Haben wir Hoffnung, so denken wir positiv und haben ein Ziel vor Augen. Die Hoffnung stirbt zuletzt.

Sind wir von einem Ereignis oder einer Entdeckung enttäuscht, zeigt uns die Antaresregion, wie wir damit umgehen sollen. Jede Begebenheit hat einen Sinn in unserem Leben, sei es, um etwas zu lernen oder auch um eine Bestätigung zu erhalten. Trotz Enttäuschungen ist unser Leben dank der Antaresregion schnell wieder im Lot, und wir können uns anderen Dingen widmen.

Diese Region heilt dich, indem du dir deiner tief im Inneren verborgenen Gefühle bewusster wirst. Lasse deine Gefühle zu, und sei du selbst. Dann wird sich der Nebel um dich lichten. Du nimmst die Umwelt bewusster und bunter wahr. Du fühlst dich gestärkt durch die Liebe und das Wunderbare im All. Dabei entdeckst du deine eigenen Farben und Vielseitigkeit, die du dann optimal einzusetzen weißt. Dein Umfeld wird sich wundern, weil es neue Seiten an dir entdeckt.

Mit diesem universellen SternenEnergie®-Bild hältst du ein gesammeltes Paket der ultimativen Lösungs- und Heilenergie in Händen. Genieße die Prozesse der Liebe, Vergebung und Heilung, in die dich die Antaresregion führen wird.

Wirkung im Raum

Die Antaresregion bestärkt jeden in seinem Tun. Sie zeigt uns, dass alles immer eine Gratwanderung zwischen Gut und Böse, Hochs und Tiefs, Erfolg und Misserfolg ist. Wir alle tragen Schatten in uns, und jeder entscheidet sich mit jeder Sekunde selbst für Schatten oder Licht. Wichtig ist, zu erkennen, dass die Entscheidungen für alle klar sein müssen, egal, welches Ziel verfolgt wird.

In allen Räumen unterstützt uns das Bild der Antaresregion dabei, dass wir uns gegenseitig akzeptieren. Jeder darf die Farbe ausspielen, die für ihn persönlich stimmig ist. Dabei wird erkannt, dass jede Farbe von Nutzen sein kann, und somit ist jede Person wichtig. Das Selbstbewusstsein jedes Individuums wird gestärkt. Gerade diese Vielseitigkeit bringt Leben in die Räume.

In Firmen fördert die Antaresregion nicht nur die Fantasie und das Selbstbewusstsein der Mitarbeiter, sondern stellt die dort hergestellten Produkte unter das richtige Licht und sorgt für die gewünschte Aufmerksamkeit.

In Sitzungszimmern fördert Antares die Entschlossenheit. Schnell werden Bestimmungen und Ziele festgelegt. Gerade heute merken wir immer wieder, wie nur wenige Menschen in Firmen Verantwortung übernehmen wollen. Antares hilft dabei, den Mut für Entscheidungen zu finden und für diese auch einzustehen.

Astronomisches Symbol	
Numerologie	5
Chakra	
Farben	

Antennen-Galaxie

Astronomischer Steckbrief

Die Antennen-Galaxie besteht aus zwei Galaxien, die sich gegenseitig beeinflussen und verschmelzen. Es sind nicht sie, die kollidieren, sondern ihre riesigen Wolken aus Gas und Staub. In diesen Stürmen entstehen neue Sterne. Die hellen Knoten sind nicht etwa die Zentren der Galaxien, sondern eben diese Sternentstehungsgebiete in den Spiralarmen.

Durch die enormen Kräfte des Zusammenpralls der Wolken wurde der kosmische Trümmerhaufen bogenförmig weit weggeschleudert, und es bildeten sich die Antennen.

Mythen/Geschichte/Erzählungen

Der englische Astronom William Herschel entdeckte die beiden Galaxien am 7. Februar 1785. Durch ihre charakteristischen Arme bekam die Antennen-Galaxie ihren Namen. Weil diese Antennen ähnlich wirken wie die uns bekannten Massenkräfte bei Ebbe und Flut, nennen die Astronomen diese Arme auch Gezeitenarme.

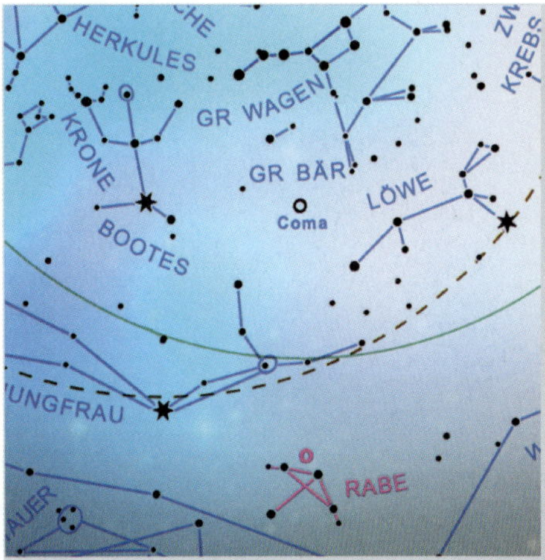

Astronomische Daten

Objektbezeichnung	Antennen-Galaxie
Messier-Katalog	-
New General Catalogue	NGC 4038, NGC 4039
IC Katalog	-
Objektart	Galaxie
Sichtbarkeit	Februar–Mai
Sternbild	Rabe
Helligkeit (visuell)	10,3 mag
Entfernung	~ 88,2 Mio. Lichtjahre
Größe/Ausdehnung	~ 77 000 Lichtjahre
Masse/Gewicht	-
Anzahl Satelliten	-
Entdecker	1785, William Herschel (GB, 1738–1822)

Wirkung auf den Menschen

Manchmal ist es hilfreich, etwas Staub aufzuwirbeln, auch wenn dies für andere anfangs schwer sein kann. Aber schlussendlich kann daraus viel Neues und Wunderbares entstehen.

Wir müssen unsere Antennen ausfahren und hellhörig werden für das, was aus der Zukunft auf uns zukommt. Sensibilisieren wir uns für die Umwelt, können wir viel Neues wahrnehmen und in uns aufnehmen. Unsere Antennen bereichern unser Leben und machen uns stark für die Bewältigung großer Aufgaben.

Möchten wir eine Verbindung mit jemandem eingehen, ist es immer gut, auch mit dem Umfeld dieser Person auszukommen. Ansonsten wirbeln wir zu viel Staub auf, und die Verbindung könnte auseinanderbrechen. Wichtig dabei ist immer, den anderen mit Offenheit und Respekt gegenüberzutreten. Nur so kann die Verbindung in der Gemeinschaft Neues erschaffen und erfolgreich sein.

Der Antennennebel hilft uns bei Entscheidungen, alle Pros und Kontras zu finden und aus diesen Faktoren eine Entscheidung zu treffen, die für uns nachhaltig ist und aus dem Herzen heraus gelebt werden kann.

Wirkung im Raum

Es ist wichtig, im Leben ein Netzwerk von Menschen um sich zu haben, auf das in gewissen Situationen Verlass ist. In Räumen, in denen dieses Bild hängt, wird es einfach, bleibende Kontakte zu knüpfen, denn wir fühlen uns mit jedem auf die eine oder andere Weise verbunden. Sind wir nicht alle Teil von etwas ganz Großem?

Offene Gespräche in diesem Raum fallen nicht schwer. Durch die Verbundenheit und den Respekt gegenüber den Mitmenschen erhalten wir Sicherheit und Stärke. Zudem sensibilisiert uns die Antennen-

Galaxie dafür, ein Thema aus zwei oder mehreren Richtungen zu betrachten.

Beim Zusammentreffen verschiedener Kulturen kann das Bild helfen, den nötigen gegenseitigen Respekt zu wahren, beide Seiten klar und differenziert zu betrachten und Verständnis füreinander zu zeigen. Dabei kann eine Lösung entstehen, die erfolgreich dem Ganzen dienen kann.

In Schulen unterstützt es jeden Schüler, den Mut zu haben, im Mittelpunkt zu stehen. Dabei wird jeder Einzelne respektiert. Die Antworten der Schüler werden klarer und selbstbewusster. Das Lernen wird demnach für die ganze Klasse einfacher und spielerischer. Theorie und Praxis lassen sich erkennbarer verbinden.

Astronomisches Symbol	
Numerologie	8 | 9
Chakra	
Farben	

Blasennebel

Astronomischer Steckbrief

Der Blasennebel ist eine Wolke aus heißem, selbstleuchtendem Gas. In seinem Inneren entstehen über einen Zeitraum von einigen Millionen Jahren neue Sterne.

Wie entstand diese Blase? Es gibt Sterne mit enormer Masse. Verlieren diese Sterne ihre äußere Hülle, entsteht mit dem Inneren eine Reaktion, ähnlich einer Explosion, die über mehrere tausend Jahre hinweg andauert. Materie wird in die Umgebung geschleudert, und es entstehen Sonnenwinde. Der Blasennebel entstand durch eben solche Sonnenwinde, wobei hier der Sternkern immer noch existiert.

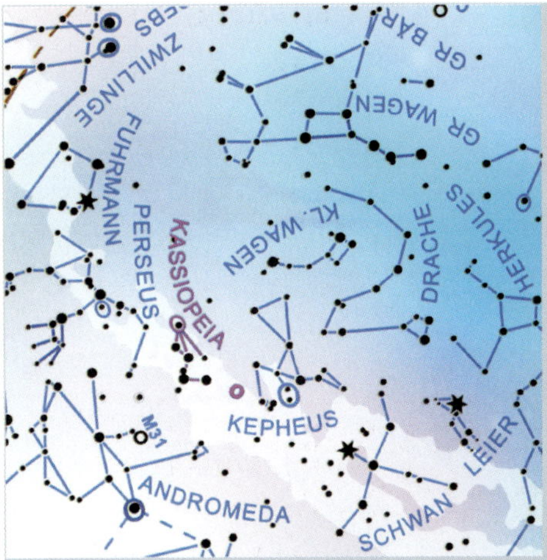

Astronomische Daten

Objektbezeichnung	Blasennebel
Messier-Katalog	-
New General Catalogue	NGC 7635
IC Katalog	-
Objektart	Emissionsnebel
Sichtbarkeit	ganzjährig
Sternbild	Kassiopeia
Helligkeit (visuell)	7,8 mag
Entfernung	7100 Lichtjahre
Größe/Ausdehnung	~ 10 Lichtjahre
Masse/Gewicht	-
Anzahl Satelliten	-
Entdecker	1787, William Herschel (GB, 1738–1822)

Mythen/Geschichte/Erzählungen

Der diesem Emissionsnebel zugewiesene Name Blasennebel (Bubble-Nebula) leitet sich von seiner markanten Blase ab, die durch den oben beschriebenen Sonnenwind entstanden ist.

Wirkung auf den Menschen

Aus Alt mach Neu! Wie der Blasennebel aus alter Materie neue Sterne entstehen lässt, kannst auch du alte Muster in dir auflösen und einen Neubeginn wagen. Schatten im Leben werden sichtbar und sollten geklärt werden.

Dieser Nebel hilft dir, dich als etwas Besonderes zu erleben, und gibt dir die Möglichkeit, dich selbst zu erkennen. Neues wird entstehen und sichtbar gemacht. Der Blasennebel bestärkt uns darin, das neu erkannte Potenzial, welches durch das Leuchten des Sternes im Inneren dieser Blase besteht, zu nutzen. Dabei haben wir das Gefühl, dies schon immer angewendet zu haben, weil es uns vertraut ist.

Achte mehr auf den Bauch, und trainiere deine Intuition. Denn handeln wir aus unserer Mitte heraus, kann wundervolles Neues entstehen. Auch der Blasennebel arbeitet aus seiner Mitte heraus und bringt so neue Sterne zum Leuchten.

Als Geburtsort für Neues bestärkt der Blasennebel unsere Kreativität und macht unsere verborgensten Träume wahr.

Wirkung im Raum

Der Blasennebel unterstützt uns in der effizienten Lösungsfindung. Schnell werden die guten Ideen aus dem Brainstorming erkannt und wird Unterstützung bei der Umsetzung zugesichert. Aber Achtung, schnell kann die Blase platzen. Deshalb ist immer eine Absicherung erforderlich. Bei diesem Objekt wird diese Absicherung durch die Beleuchtung des Sterns von außen symbolisiert. Unbewusst werden wir unterstützt, das Ganze immer von außen zu betrachten, um uns zu jeder Zeit abzusichern.

Probleme oder Gedankenknoten werden in diesen Räumen schnell gelöst, da wir die gesamte Aufgabenproblematik erkennen und Gedanken klarer und greifbarer sind.

Das Bild hilft uns bei der Bildung einer neuen gemeinsamen Struktur. Der Blasennebel gibt allen ein sicheres, geborgenes und warmes Gefühl. Die Akzeptanz der Personen untereinander wird gefördert, sodass alle auf ihre Weise auftreten können und geschätzt werden. Außenseiter werden durch dieses Bild wieder integriert.

Astronomisches Symbol	
Numerologie	7 | 6
Chakra	
Farben	

Bode's Galaxien

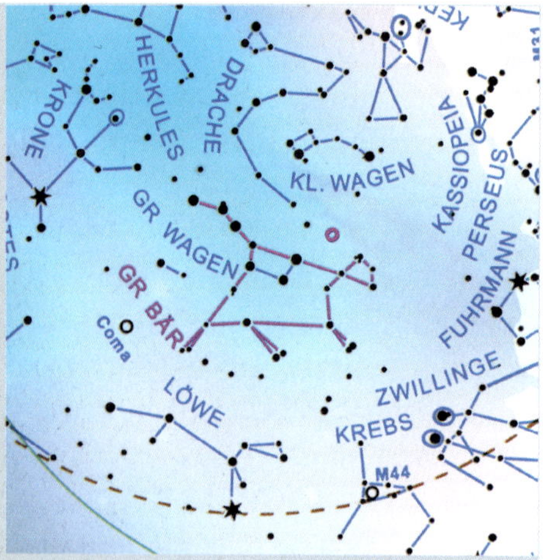

Astronomische Daten

Objektbezeichnung	Bode's Galaxien
Messier-Katalog	M 81/M 82
New General Catalogue	NGC 3031/NGC 3034
IC Katalog	-
Objektart	Spiralgalaxien
Sichtbarkeit	ganzjährig
Sternbild	Großer Bär
Helligkeit (visuell)	7,0 mag/8,6 mag
Entfernung	11,8 Mio. Lichtjahre
Größe/Ausdehnung	95 000 Lichtjahre
Masse/Gewicht	-
Anzahl Satelliten	M 81 hat eine kleine Satellitengalaxie
Entdecker	1774, Johann Elert Bode (DE, 1747–1826) 1779, Pierre Méchain (FR, 1744–1804)

Astronomischer Steckbrief

Außerhalb unserer Lokalen Gruppe befinden sich weitere Galaxiengruppen. Zu einer davon gehören Bode's Galaxien, welche das Zentrum einer Einheit bilden. In dieser Gruppe gibt es über 60 Galaxien, wovon 7 besonders groß sind.

Am Nordhimmel erscheint uns M 81 nach der Andromeda- und der Triangulum-Galaxie am größten und hellsten unter den sichtbaren Galaxien. Sie besitzt einen sehr großen, hellen Kern und lockere Spiralarme, welche sich im Uhrzeigersinn um den Kern drehen.

Das Galaxien-Paar ist physikalisch aneinander gebunden. Als die beiden Galaxien sich vor etwa 500 Millionen Jahren sehr nahe kamen, hat sich die Galaxie M 82 dramatisch verändert. Sie hat viel Energie in ihrem Zentrum erhalten, nun produziert sie mehr Sterne, als es für ihre Größe üblich ist. Diesen Effekt nennt man Starburst Galaxy. Weil die Leuchtkraft dieser jungen Sterne vom Staub aufgesogen wird, lassen sie ihre Energie im Infrarot abstrahlen. Als Folge des Sternenausbruchs entstehen durch Supernovaexplosionen turbulente Gasbewegungen, die senkrecht zur Galaxie-Ebene beobachtet werden können (rot).

Bereits mit einem Fernglas ist M 81 gut erkennbar, und M 82 nimmt man als kleinen feinen Strich wahr.

Mythen/Geschichte/Erzählungen

Die beiden Galaxien M 81 und M 82 wurden von Johann Elert Bode entdeckt. Nur ein paar Jahre später entdeckte sie auch der französische Astronom Pierre Méchain, ohne zu wissen, dass sie bereits entdeckt worden waren. Méchain ließ die Galaxien von Charles Messier prüfen und in dessen Katalog aufnehmen. Sie werden als Bode's Galaxien bezeichnet, da Bode sie nach ihrer Entdeckung, im Rahmen seiner astronomischen Arbeit, offiziell erforschte.

Wirkung auf den Menschen

Diese beiden Galaxien zeigen uns, dass nicht jede Begegnung, die wir erfahren, für immer bestehen muss, und sie erinnern uns daran, dass diese eine Veränderung in uns auslösen kann. Sei es durch Bestätigung, Erkenntnis oder Enttäuschung. Der Sinn jeder Begegnung ist es, uns auf unserem Weg zu unterstützen.

Das Galaxienpaar weist uns darauf hin, liebevoll und kritisch einander Rückmeldung zu schenken. Für jeden von uns ist es wichtig, ehrliche Reaktionen zu unserem Verhalten, unserer Arbeit und unserem Sein zu erhalten. Die Art, wie du damit umgehst, kann in dir das Gefühl von Verstärkung, Neutralität oder Misserfolg hervorrufen. Je nachdem hilft dir das Bild, dich mit deinen Gefühlen und deinen Reaktionen auseinanderzusetzen, um daraus zu lernen und zu wachsen.

Durch Rückmeldungen ändert sich unser Energiehaushalt. Wie gehen wir mit Freude oder Niederlage um? Wollen wir es besser machen? Halten wir an unserem Tun fest und machen es das nächste Mal wieder genauso?

Bode's Galaxien helfen uns, nicht zu egoistisch zu denken. Oft ist es nötig, anderen Menschen in unserem Umfeld zu helfen und ihnen etwas Energie abzugeben. Aber nur so viel, dass wir weiterhin existieren und weiter unseren Weg gehen können. Schenken macht Freude, wenn es von Herzen kommt. Dies wirkt sich in unserem Leben wieder aus, wir fühlen uns besser und ausgeglichener. Durch Freiwilligenarbeit in Altersheimen, Vereinen oder in der Jugendförderung können wir viel geben, fühlen uns verbunden und erhalten viel Dankbarkeit und Freude zurück.

Durch Bode's Galaxien wird uns bewusst, welche Auswirkungen wir auf unser Umfeld haben. Ist es Zerstörung, oder lassen wir Gesichter erstrahlen? Hinterlassen wir ein Trümmerfeld oder ein Feld der Liebe und Freude?

Wirkung im Raum

Die Bode's-Galaxien-Bilder im Raum zeigen uns, dass wir nicht egoistisch denken und handeln sollen. Wir nehmen unser Umfeld wahr und erkennen, wo wir etwas tun können, um anderen zu helfen. Dabei werden Wissen und gegenseitiger Respekt ausgetauscht. In Büros hilft das Bild, die Zusammenarbeit in Teams zu fördern.

In Unternehmen ist es wichtig, dass die Mitarbeiter Rückmeldung über ihre Tätigkeit erhalten. Es steigert ihre Produktivität und führt dazu, dass sie gerne arbeiten.

In Familien hilft das Bild, die Kommunikation zu fördern. Am Familientisch wird erzählt, was wer wie tagsüber erlebt hat. Jeder nimmt am Leben der anderen teil. So wird schnell erkannt, wenn sich Probleme anbahnen, und es wird gegenseitige Hilfe angeboten.

Bode's Galaxien fördern den respektvollen Umgang mit uns selbst und unserem Umfeld.

Astronomisches Symbol	
Numerologie	7 | 1 | 2
Chakra	
Farben	

Centaurus A

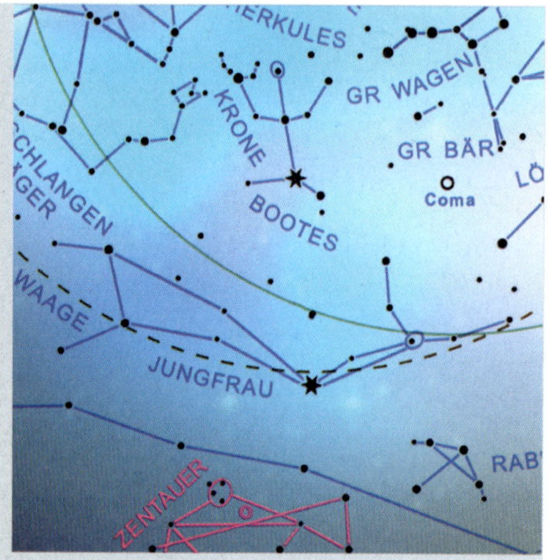

Astronomische Daten

Objektbezeichnung	Centaurus A
Messier-Katalog	-
New General Catalogue	NGC 5128
IC Katalog	-
Objektart	elliptische Radiogalaxie
Sichtbarkeit	Februar–April
Sternbild	Zentaur
Helligkeit (visuell)	6,6 mag
Entfernung	12 Mio. Lichtjahre
Größe/Ausdehnung	150 000 x 120 000 Lichtjahre
Masse/Gewicht	1 Billion Sonnenmassen
Anzahl Satelliten	-
Entdecker	1826, James Dunlop (GB, 1793–1848)

Astronomischer Steckbrief

Die Galaxie Centaurus A ist eine riesige, elliptische Radiogalaxie, deren Zentrum sehr massereich ist. Um eine Radiogalaxie handelt es sich deshalb, weil sie intensive Strahlungen im Radiobereich aussendet. Wie bei den meisten Galaxien verhindert ein dichter Staubstreifen die Sicht auf das Zentrum. Aber doch ist sie eines der meistuntersuchten Objekte am Himmel.

Mit Radio- und Röntgenteleskopen haben Wissenschaftler ein seltsames Schauspiel entdeckt. Besonders an diesem Objekt ist, dass es sich um galaktischen Kannibalismus handelt. Schöner ausgedrückt heißt das, dass die Galaxie Centaurus A eine andere Spiralgalaxie verschlungen hat. Mithilfe von Röntgen- und Radioteleskopen sind deutlich die verschluckte Galaxie und ein sogenannter Jet zu sehen, der aus dem Zentrum senkrecht zur Galaxie-Ebene herausfließt. Damit eine Galaxie rotieren kann, braucht sie Energie. Centaurus A hat sich die Energie geholt, indem sie die kleinere Spiralgalaxie in sich aufgenommen und diese völlig entleert hat. Die enormen Gasbildungen bringen das ganze System in Schwung, lassen neue Sterne entstehen und fließen ins Zentrum, von wo das nicht gebrauchte Gas herausgeschleudert wird, was als Jet sichtbar wird.

Mythen/Geschichte/Erzählungen

Als James Dunlop 1826 Centaurus A entdeckt hatte, wusste er noch nicht, welch spektakulären Fund er gemacht hatte. 1847 nahm John Herschel die Galaxie als außergewöhnlich aussehenden Nebel in seinen Katalog auf.

Im Jahre 1949 lokalisierten Australier die Galaxie als eine der ersten kosmischen Radioquellen. Durch das neue Bild, das die Astronomen von der Galaxie erhielten, erkannten deutsche Astronomen und Astrophysiker 1954, dass die außergewöhnliche Gestalt aus der Vereinigung zweier Galaxien resultiert.

Der Name Centaurus A stammt aus dem Radiobereich und bedeutet die hellste Radioquelle (A) im Sternbild Zentaur.

Wirkung auf den Menschen

Im Leben haben wir es nicht immer einfach. Viele Sorgen und Ängste wiederholen sich und beeinflussen unser Leben. Centaurus A unterstützt uns, anzuerkennen, dass wir Hilfe bedürfen und Hilfe annehmen können. Hilfe kommt nicht von selbst. Kein Mensch weiß, wie es dir wirklich geht, wenn du dich niemandem anvertraust. Wenn wir Hilfe brauchen, müssen wir ein Signal aussenden. Wird dieses gehört und wird diese Sprache verstanden, erhalten wir Hilfe. Der Centaurus A macht uns klar, dass wir Hilfe jeglicher Art annehmen dürfen. Dabei dürfen wir aber nicht fordern, sondern sollten das Angebot anderer abwarten und uns danach entscheiden. Denn Entscheiden und Handeln müssen wir selbst, auch wenn es schwerfällt. Dieser Prozess stärkt und zeigt uns, dass wir Kraft haben werden, um für uns zu kämpfen und zu handeln.

Centaurus A stärkt unsere Wirbelsäule. Wir lernen durch die Galaxie, wie wichtig es ist, ein gutes, stabiles Rückgrat zu haben. Ein aufrechter Gang strahlt Selbstbewusstsein aus, und wir werden weniger angegriffen.

Centaurus A lässt uns unsere Mitte einfacher finden. Wie ein Sog zieht es uns zu unserem inneren Zentrum. Da dürfen wir uns nehmen, was wir brauchen, und was überflüssig ist, atmen wir aus unserem Körper hinaus.

Die Staubwolke in Centaurus A ist wie unser Lebensfluss. Wir kommen, werden sichtbar, erstrahlen in unserem Zentrum, gehen wieder und verschwinden in der Dunkelheit. Geht dein Weg aufwärts oder abwärts? Versuche dir vorzustellen, wie es ist, den Weg andersherum zu gehen. Was fühlt sich besser an?

Wirkung im Raum

Die Galaxie Centaurus A unterstützt uns, Hilfe anzunehmen. Wichtige Tipps und Hinweise werden dankbar angenommen. Auch gemeinsames Analysieren von Problemstellungen fällt leicht, und schnell werden Lösungen gefunden und können umgesetzt werden. Gerade in Therapieräumen und Praxen macht dieses Bild sehr viel Sinn.

In Firmen stärkt die Galaxie die Geschäftsleitung. Durch das Bild hält die Firma großen wirtschaftlichen Schwankungen stand und kann sich weiterhin gut auf dem Markt behaupten. Die Firma bleibt aktiv.

Firmen, welche fusionieren, hilft Centaurus A, alles im Gleichgewicht zu halten und das Neue gut in bestehende Strukturen einzugliedern. Die dazukommende Firma bringt neuen Aufschwung und neue Energie.

Astronomisches Symbol	
Numerologie	6 | 4
Chakra	
Farben	

Cirrusnebel

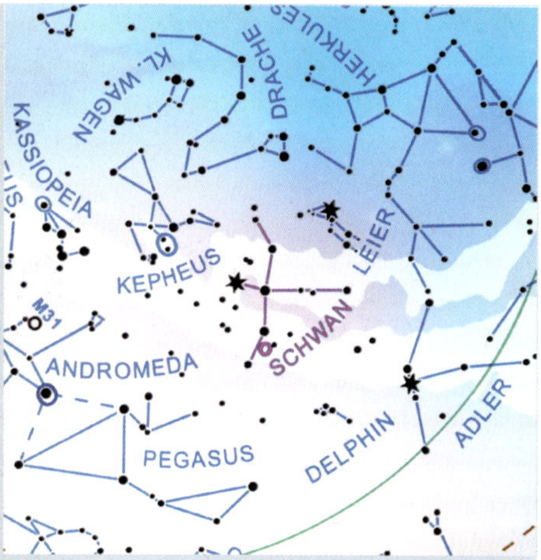

Astronomische Daten

Objektbezeichnung	Cirrusnebel
Messier-Katalog	-
New General Catalogue	NGC 6992 und NGC 6995
IC Katalog	IC 1340
Objektart	Emissions- und Reflexionsnebel
Sichtbarkeit	Sommer
Sternbild	Schwan
Helligkeit (visuell)	7,0 mag
Entfernung	1470 Lichtjahre
Größe/Ausdehnung	100 Lichtjahre
Masse/Gewicht	-
Anzahl Satelliten	-
Entdecker	1784, William Herschel (GB, 1738–1822)

Astronomischer Steckbrief

Der Cirrusnebel wird auch Schleiernebel genannt. Es handelt sich hier um einen Emissions- und Reflexionsnebel, der nur 1500 Lichtjahre von uns entfernt ist und seinen Ursprung einer Supernova, die vor 18 000 Jahren stattfand, verdankt. Die sichtbare Ausdehnung des Nebels beläuft sich auf die dreifache scheinbare Größe des Vollmondes.

Mythen/Geschichte/Erzählungen

Lange war man der Überzeugung, dass die gleiche Supernova, durch die der Cirrusnebel entstand, auch der Impulsgeber zur Aktivität unserer Sonne war. Heute wissen wir, dass eine andere Supernova dieser Qualität unsere Sonnenaktivität angestoßen hat.

Wirkung auf den Menschen

Der Cirrusnebel zeigt uns, dass nichts vergänglich ist. Es bleibt immer eine Erinnerung, ein Geheimnis oder etwas anderes zurück. Sogar wenn ein Stern als Supernova stirbt, ist immer noch etwas da.

Lüften wir unseren Schleier, werden wir die Welt mit neuen Augen sehen und neue Geheimnisse entdecken. Wir brauchen nicht den Mantel der Angst zu tragen, sondern dürfen uns öffnen und

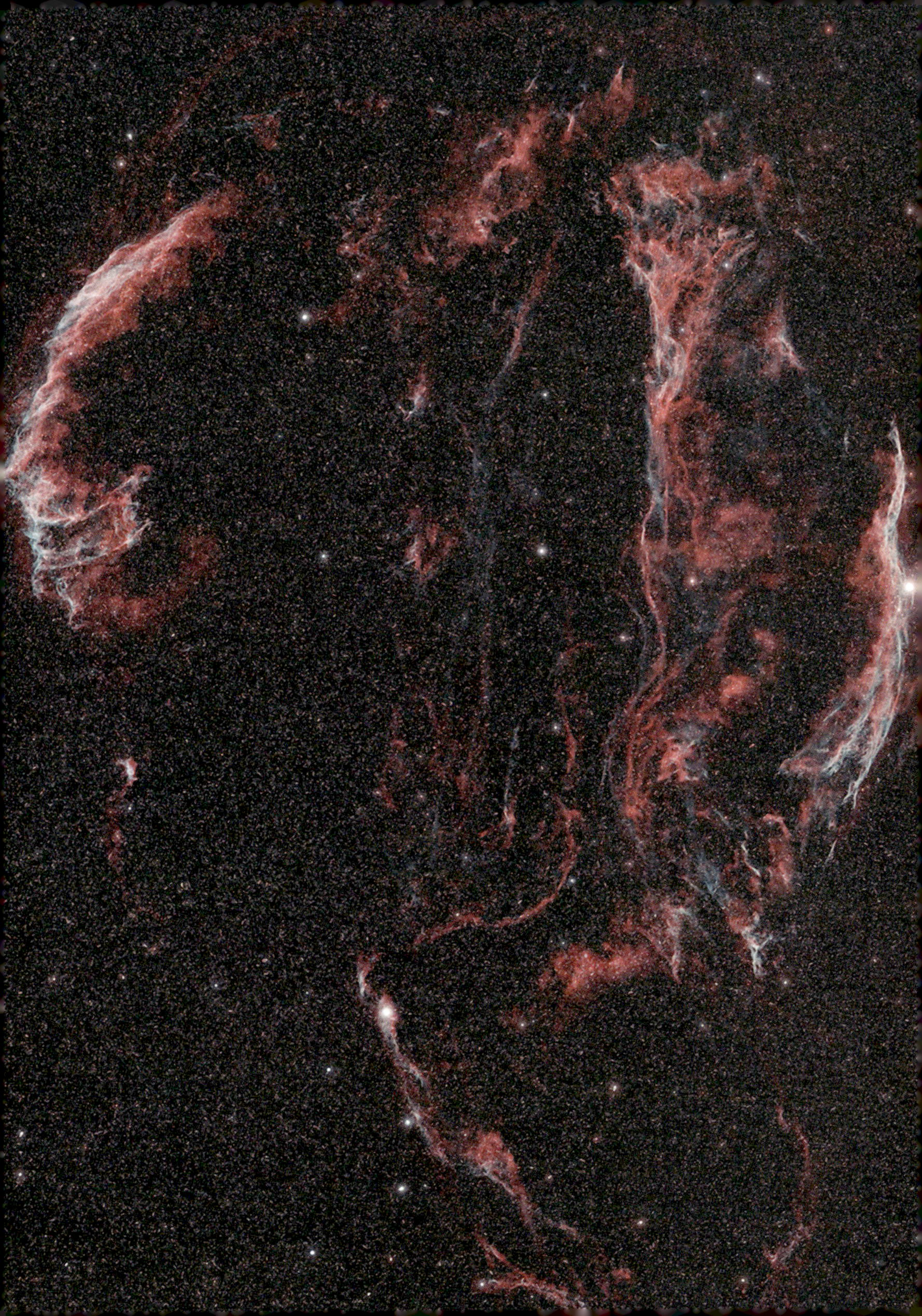

neue Chancen wahrnehmen, unsere Lage wird sich ohne ihn verbessern. Wir brauchen nicht unzählige Schutzschichten. Denn sie führen uns in die Einsamkeit und Verlassenheit. Der Cirrusnebel lehrt uns, uns zu öffnen und Mut zu haben, auch einmal aus der Reihe zu tanzen. Er befreit uns von Klischees und zu engen gesellschaftlichen Normen. Mit seinen bunten Schimmern gibt der Nebel uns die Kraft und den Mut, zu uns selbst zu stehen und unser Leben so zu leben, wie wir es uns im Grunde wünschen.

Die Kraft des Bildes stärkt unsere Energie. Das liegt zum Teil daran, dass die enthaltenen Farbspektren unsere Chakren anregen und demzufolge unseren Energiehaushalt wieder auf das Niveau des gewohnten Flusses bringen. Unser Energiesystem wird homogenisiert, da der Cirrusnebel unsere Aura symbolisiert und so diese unbewusst stärkt. Das Meditieren mit dem Himmelsbild fällt leicht, da unsere Chakren belebt werden und die Kommunikation mit allem und jedem so einfacher stattfindet.

Wirkung im Raum

Der Cirrusnebel ist impulsgebend und gibt so dem einzelnen Individuum zur richtigen Zeit den richtigen Anstoß, um sich in die Gruppe einzubringen.

In Räumen, in denen man schnell müde wird, vor allem, wenn diese zu einem Innenhof hin liegen oder nur kleine bzw. keine Fenster haben, hilft dieses Bild, die Energien zu aktivieren. Wir fühlen uns wieder lebendiger, freier und kreativer. Auch in Großraumbüros kann dieses Bild zu einer erhöhten Produktivität führen.

Der Aufbau des Nebels mit der hellsilberblauen Farbe in der Mitte und dem warmen Rot darum, gibt uns das Gefühl von Geborgenheit. So kann das Bild in Sitzungszimmern die Qualität des Raumes so optimieren, dass auch schwierige Themen offen, klar und frei angesprochen werden können.

Bei den Kunstschaffenden im Atelier unterstützt dieses Bild die Ideenfindung und anschließende Umsetzung.

Im Querformat zeigt sich ein Schwan, der für Stolz, Reinheit und Ehre steht. Hochformatig aufgehängt kann das Gebilde wie ein Heißluftballon wirken, der uns hilft, an andere Orte zu kommen. Diese Ausrichtung gibt uns Kraft und Energie.

Astronomisches Symbol	
Numerologie	8 | 4 | 7
Chakra	
Farben	

Der dunkle Turm

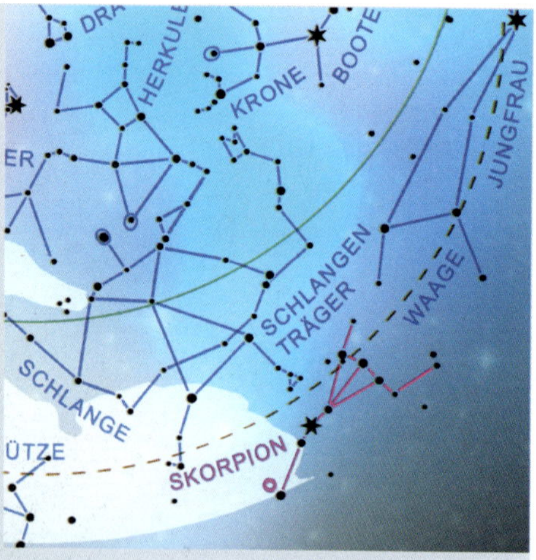

Astronomische Daten

Objektbezeichnung	Der dunkle Turm
Messier-Katalog	-
New General Catalogue	NGC 6231
IC Katalog	-
Objektart	offener Sternhaufen, Emissionsnebel
Sichtbarkeit	Juni–Juli
Sternbild	Skorpion
Helligkeit (visuell)	Sternhaufen 2,6 mag Gesamtfläche 8,7 mag
Entfernung	~ 5000 Lichtjahre
Größe/Ausdehnung	~ 160 Lichtjahre
Masse/Gewicht	-
Anzahl Satelliten	-
Entdecker	1654, Giovanni Battista Hodierna (IT, 1597–1660)

Astronomischer Steckbrief

Es handelt sich hier um eine Mischung aus einem offenen Sternhaufen (NGC 6231) und einem Emissionsnebel aus heißem Wasserstoff. Der offene Sternhaufen ist ca. 3 Millionen Jahre alt, und das dicht gefüllte Sternfeld enthält um die 250 000 Sterne.

Der dunkle Turm ist ungefähr 40 Lichtjahre hoch, und es wird angenommen, dass er Klumpen aus Staub und Gas beinhaltet, die kollabieren und neue Sterne bilden.

Mythen/Geschichte/Erzählungen

Leider gibt es keinen katalogisierten Namen für dieses Objekt. Nur der Sternhaufen in der Bildecke wird als NGC 6231 bezeichnet und der Nebel einfach als Emissionsnebel. Wir haben uns auf die Suche nach einem Namen gemacht und sind im Starobserver (Onlineportal mit astronomischen Fotos) auf die treffende Beschreibung »Der dunkle Turm« gestoßen. Wir wollen hier bei dieser Bezeichnung bleiben.

Wirkung auf den Menschen

Der dunkle Turm hilft uns, wachsam zu sein, und lehrt uns Geduld. Vielleicht bist du enttäuscht, weil es dir schwerfällt, deinen Beruf auszuüben. Du bist ein winziges Teilchen im ganzen Universum. Nutze die Zeit, die Welt zu lieben und zu beobachten, lasse deinen Gedanken freien Lauf, philosophiere und meditiere, um deinen Horizont zu erweitern. Zweifle nicht an dir, sondern vertraue dir selbst, und überwinde kleine und große Abgründe. Es ist ein Weg zum Innehalten und Lernen. Unzählige Sterne leuchten am Himmel, lassen dich erstrahlen und sind stolz auf das, was du tust. Erkenne den Wegweiser und die ungeahnten Möglichkeiten. Lasse dir vom Licht der Sterne deinen Weg zeigen, dann kann etwas Großartiges gelingen.

Frauen gibt der dunkle Turm in Verbindung mit dem Mond, Männern in Verbindung mit dem Mars, die Kraft für den ersten und schwierigsten Schritt.

Wirkung im Raum

Der dunkle Turm mit den unzähligen Sternen rundherum bringt jeden Betrachter dieses Bildes zum Staunen. Es zeigt unsere wahre Größe und die Liebe zur Ordnung im System.

Das Bild bringt viel Wärme und Weite in den Raum und wirkt ermutigend und impulsgebend. Es zeigt, dass jede Aktivität, auch wenn sie noch so klein und aus unserer Sicht unbedeutend ist, gesehen wird und Auswirkungen auf ein ganzes, riesiges System hat.

In Sitzungszimmern hilft der dunkle Turm, den Horizont zu erweitern und Grundgedanken neu zu ordnen. Als Ziel dient der offene Sternhaufen, der uns die ungeahnten Möglichkeiten erkennen lässt.

In großen Firmen kann dieses Bild helfen, dem Ganzen und jeder einzelnen Person darin einen Sinn zu geben. Die Mitarbeiter fühlen sich wertgeschätzt, weil sie erkennen, dass sie etwas zur Gesamtheit beitragen können. Dadurch kann eine Vertrauensbasis und Herzlichkeit aufgebaut werden. Die Individualität, das Wissen und die Fähigkeiten eines jeden helfen, das System zu erhalten und zu fördern.

Astronomisches Symbol	
Numerologie	8 | 4
Chakra	
Farben	

Embryonebel

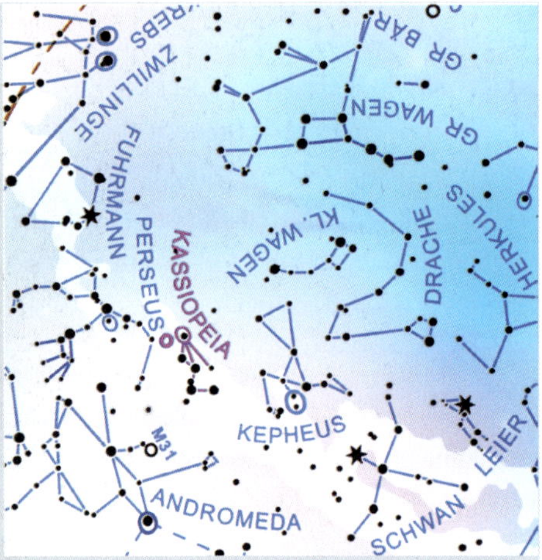

Astronomische Daten

Objektbezeichnung	Embryonebel oder Seelennebel
Messier-Katalog	-
New General Catalogue	-
IC Katalog	IC 1848
Objektart	Emissionsnebel
Sichtbarkeit	September–Januar
Sternbild	Kassiopeia
Helligkeit (visuell)	6,5 mag
Entfernung	~ 7500 Lichtjahre
Größe/Ausdehnung	~ 120 Lichtjahre
Masse/Gewicht	-
Anzahl Satelliten	-
Entdecker	-

Astronomischer Steckbrief

Der Embryo- oder Seelennebel bildet mit dem Herznebel (nicht im Bild) ein großes Sternentstehungsgebiet innerhalb unserer Milchstraße, in dem viele neue Sterne geboren werden. Die meisten sind weniger als ein paar Millionen Jahre alt, also richtige »Babys« im Vergleich zu unserer Sonne, die fast 5 Milliarden Jahre alt ist. Und unsere Sonne hat noch nicht einmal die Halbzeit ihres Daseins erreicht.

In diesem Nebel befindet sich eine Radioquelle, die von einem Pulsar (schnell rotierender Neutronenstern) gebildet wird. Daraus erhalten die Wissenschaftler Informationen über diesen Stern und den vorderen Nebel.

Mythen/Geschichte/Erzählungen

Als die zwei Nebel entdeckt wurden, erkannte man in dem einen sofort die organische Herzform. Der kleinere, unförmige Nebel daneben wurde damals Seelennebel genannt. Jahre später, als die Bildqualitäten besser wurden, erkannte man in der unförmigen Wolke den Embryo. Deshalb wurde der Seelennebel in Embryonebel umbenannt. Heute sind immer noch beide Namen in Gebrauch.

Wirkung auf den Menschen

In diesem Nebel schlummern alle Möglichkeiten, die am Anfang des Seins stehen. Alles steht dir offen.

Es wird etwas Neues geboren. Vielleicht eine Idee, ein Projekt, ein neuer Lebensabschnitt oder sogar ein Baby. Manchmal muss man den Nebel etwas beiseiteschieben, um das Neue zu entdecken. Es ist da und wird deine ganze Aufmerksamkeit verlangen. Jeder Samen braucht Erde, Wasser, Sonne, Schutz und Pflege, um eines Tages in voller Pracht als blühende Pflanze dazustehen.

Oft landen wir im Alltagstrott, werden unter Druck gesetzt, leiden unter fehlender Anerkennung, geraten in Stress und bekommen eventuell Depressionen. Das Bild des Embryonebels hilft uns, uns unseres wiederkehrenden Wandels bewusst zu werden. Jeder Tag ist ein Neuanfang. Unser Körper verändert sich fortwährend, denn es ist erwiesen, dass sich die Körperzellen eines erwachsenen Menschen durchschnittlich alle sieben bis zehn Jahre erneuern.

Der Embryonebel steht ebenfalls für die Kreativität. Versuche, in deine täglichen Arbeiten etwas Kreativität hineinzubringen. Dann entsteht Lebensfreude, und das Gehirn wird aktiviert, was wiederum zu mehr Gesundheit und Lebensqualität führt.

Auch wenn der Herznebel auf diesem Bild nicht sichtbar ist, wirkt auch seine Kraft auf uns. Gehe mit Herz und Seele an deine neuen Projekte.

Wirkung im Raum

Uns überrascht es immer wieder, dass Kinder bis etwa zum achten Lebensjahr dieses Bild begeistert. Fragt man nach dem Grund, kommt als Antwort: »Das ist doch ein Bär.« In Kinderzimmern gibt dieses Bild dem Kind Geborgenheit und Schutz, ob durch den starken Bären oder durch die Erinnerung an Mamas Bauch. Zugleich fördert es die Kreativität und bereitet gute Laune.

In privaten Räumen kann das Bild unterstützend bei der Erfüllung des Kinderwunsches wirken und das Paar zu einem gemeinsamen neuen Projekt führen. Das Vertrauen zueinander wird gestärkt, und am Partner werden neue Seiten entdeckt.

Wird ein solches Bild in Firmen aufgehängt, kann es die Kreativität fördern und neue Entwicklungen vorantreiben.

Astronomisches Symbol	
Numerologie	6
Chakra	
Farben	

Erde

Astronomische Daten

Objektbezeichnung	Erde
Objektart	Planet
Sichtbarkeit	ganzjährig
Sternbild	-
Helligkeit (visuell)	-
Entfernung	149 597 Mio. km zur Sonne
Größe/Ausdehnung	12 713 km
Masse/Gewicht	5974 Trillionen Tonnen
Temperatur	–90° C bis +58° C
Umlaufzeit um die Sonne	365 Tage, 6 Stunden, 9 Minuten und 9,54 Sekunden
Umlaufzeit um eigene Achse	23 Stunden, 56 Minuten und 4,09 Sekunden
Anzahl Satelliten	1 Mond

Astronomischer Steckbrief

Die Erde ist vom Zentralstern, der Sonne, her gesehen der dritte Planet. Ihr Alter wird auf 4,6 Milliarden Jahre geschätzt.

Die Erde hat eine aus 77 % Stickstoff, 21 % Sauerstoff und ein wenig Wasser und Kohlendioxyd bestehende Atmosphäre.

Ihr Kern aus einem Nickel-Eisen-Gemisch ist von einem flüssigen Mantel umgeben. Eine dicke Kruste aus verschiedenen Gesteinsarten macht die Erde zu einem festen Planeten. Dabei schwimmen Teile der Kruste als große Platten auf dem flüssigen Mantel. Reibungen zwischen den Platten können starke Erdbeben verursachen, oder die Platten schieben sich gegenseitig nach oben, sodass Gebirge entstehen. Auch der Ausbruch von Vulkanen, die Material aus dem flüssigen Mantel auf die Erdoberfläche spucken, sind das Resultat der Plattenbewegungen.

Die Erdoberfläche ist sehr vielgestaltig. Sie besteht zu $^1/_3$ aus Land und zu $^2/_3$ aus Wasser. Durch das Wasser und die Wärme der Sonne entstehen Wetter und Winde, die die Oberfläche der Erde prägen. Die Erdachse ist im Vergleich zur Sonne um etwa 23° geneigt und zeigt während der Umrundung der Sonne

immer in die gleiche Richtung. Dies führt dazu, dass auf dem Planeten Erde Jahreszeiten entstehen.

Durch das komplexe Zusammenspiel vieler chemischer und physikalischer Prozesse auf der Erde ist Leben möglich. Deshalb ist sie Heimat vieler Lebewesen.

Die Erde hat einen Mond als Satelliten. Seine Anziehungskraft verursacht in den Wasser- und Landmassen sogenannte Gezeiten (Ebbe und Flut). Ebenfalls beeinflusst der Mond das Wetter und lässt manchmal die Sonne verschwinden (Sonnenfinsternis).

Die Sonne hat großen Einfluss auf die Erde und damit auch auf ihre Zukunft. Wenn die Sonne in etwa 7 Milliarden Jahren heller und größer wird, wird es auf der Erde zu heiß werden, und das Leben auf diesem Planeten wird nicht mehr möglich sein.

Mythen/Geschichte/Erzählungen

In den meisten Mythologien wurde die Erde als weibliche Gottheit verehrt. Oft ging man davon aus, dass sie vom Himmel befruchtet wurde, weshalb sie symbolisch der Gebärmutter zugeordnet wurde. Die Erde ist Geburtsort und Grabstätte alles Lebens, in die alles Vergängliche zurückkehrt. Daher wurde die Erde oft als »Große Mutter« bezeichnet.

In der griechischen Mythologie ist Gaia die personifizierte Erde und die Urmutter, die als Erste dem Urchaos entsprang. Gaia war die gebärende Göttin, die Uranos, den Himmel, das Meer und das Gebirge hervorbrachte. Aus dem Namen Gaia leitet sich das Kürzel »Geo« ab. Geologie bedeutet die Wissenschaft von der Erde (Erdkunde).

In der römischen Mythologie wurde die Göttin der Erde Tellus genannt, was so viel wie fruchtbarer Boden bedeutet. Aus Tellus leitet sich das Wort Terra ab. Ein Wort, das heute häufig für die Erde benutzt wird.

Die Erde ist der einzige Planet, der keinen Namen aus der griechischen oder römischen Mythologie hat. Ihr Name leitet sich von griechisch »éra« ab. Im Germanischen wurde daraus »Ero«, dann »Erdo« und »Ertha« und später »Erde«.

Bis ins 20. Jahrhundert gab es keine Landkarte der gesamten Planetenoberfläche. Erst Satelliten ermöglichten eine genaue Kartografie des Planeten. Diese Satelliten liefern uns

Bilder aus dem Weltraum, mit denen wir das Wetter vorausbestimmen, Informationen auf dem ganzen Erdball verteilen können und vieles mehr. Auch das Foto im Buch und Kartenset entstand durch einen solchen Satelliten.

Wirkung auf den Menschen

Die Erde als unsere Heimat ist der Ort, an dem wir uns verwirklichen. Sie zeigt uns unsere Identität und macht uns bewusst, dass wir wir selbst sein müssen, um uns verwirklichen zu können. Die Erde macht uns bewusst, dass wir unsere Ideen materialisieren sollen.

Das Bild zeigt uns die Realität und bringt uns auf den Boden der Tatsachen zurück. Wir erkennen, wie wichtig es ist, im Hier und Jetzt zu leben. Unsere Gedanken werden auf den Alltag gelenkt. Das Bild der Erde unterstützt uns dabei, alltägliche kleine Probleme anzugehen.

Die Erde zeigt uns, wie behutsam wir mit ihr umgehen sollen, denn der Planet erscheint aus dem Weltraum fast zerbrechlich. Frage dich, wie deine Beziehung zur Erde und zur Umwelt ist. Durch die Betrachtung der Welt von außen wird uns klar, wie klein, aber doch reich beschenkt wir sind.

Als »Große Mutter« zeigt uns die Erde, wie wir für uns und alle Lebewesen Sorge tragen können. Sie schenkt uns Nahrungsmittel und lässt uns im Kleinen immer wieder die Schönheit ihrer Natur erkennen. Dies öffnet unser Herz und macht uns glücklich und dankbar. Durch sie wird uns bewusst, wie viel Glück wir haben, auf einem so wundervollen Planeten leben zu dürfen.

Wirkung im Raum

Mit dem Bild der Erde fühlen wir uns wohl, gut aufgehoben, sicher und geliebt.

Mithilfe der Erde verwirklichen wir lang gehütete Ideen. Sie unterstützt uns bei der realistischen Planung unserer nächsten Entwicklungsschritte. Dabei werden alltägliche Probleme miteinbezogen. Die Erträge unserer Arbeit sind von vornherein klar und berechenbar. Wir wissen also ganz genau, was uns erwarten wird.

Wir beginnen, unser Tun zu hinterfragen, und werden durch die Antworten unseren Horizont erweitern, um zukünftige Aufgaben aus einer anderen Sichtweise angehen zu können. Schaue die Welt von außen an.

Das Bild der Erde in Sitzungszimmern fördert die Bodenständigkeit. Vieles, was für uns alltäglich und selbstverständlich ist, kann dank dieses Bildes eine viel tiefere Bedeutung für uns bekommen. Wir sind uns unseres Heimatplanetens bewusst und tragen in unseren Projekten Sorge für die Umwelt.

Astronomisches Symbol	
Numerologie	2
Chakra	
Farben	

Hantelnebel

Astronomischer Steckbrief

Der Hantelnebel ist ein planetarischer Nebel. Der explodierte Stern, der dieses Gebilde erschuf, ist noch mit einer Helligkeit von 14 mag im Zentrum vorhanden.

Der Nebel besteht aus Materien und Gasen, die der Stern bei seiner Explosion ausgestoßen hat.

Mythen/Geschichte/Erzählungen

Es ist der erste planetarische Nebel, der dokumentiert wurde. Durch die längliche Form, die er in den noch ungenaueren älteren Teleskopen hatte, bezeichnete Sir William Herschel den Nebel als Hantelnebel.

Der Hantelnebel ist mit dem Fernglas gerade noch erkennbar, und im Teleskop werden weitere Strukturen sichtbar. Der Halo ist jedoch so feinstofflich, dass wir ihn nur auf Fotografien sehen können.

Astronomische Daten

Objektbezeichnung	Hantelnebel
Messier-Katalog	M 27
New General Catalogue	NGC 6853
IC Katalog	-
Objektart	planetarischer Nebel
Sichtbarkeit	Juli–September
Sternbild	Fuchs
Helligkeit (visuell)	7,5 mag
Entfernung	~ 1400 Lichtjahre
Größe/Ausdehnung	~ 3 Lichtjahre
Masse/Gewicht	-
Anzahl Satelliten	-
Entdecker	1764, Charles Messier (FR, 1730–1817)

Wirkung auf den Menschen

Der Hantelnebel ist ein sehr starkes Objekt. Es bringt viel Kraft in unser Leben.

Die Kommunikation mit unserem höheren Selbst wird geschult, sodass wir lernen, intuitiver zu handeln, und uns besser und verständlicher ausdrücken können.

Der Hantelnebel als ultimative Wunschbox ermöglicht uns, alles, was wir möchten, zu wandeln und zu formen. Träume, die dich plagen, erscheinen weniger angsteinflößend oder verschwinden ganz. Lege in Gedanken Ereignisse in die Wunschbox hinein, die dich trostlos, niedergeschlagen oder depressiv machen. So fühlst du dich befreiter und ausgeglichener, und es ist wieder Platz für Lebensfreude, Liebe und Heilung.

Der Hantelnebel gibt uns Kraft und Mut, loszulassen und uns auch einmal auf Überraschungen einzulassen. Denn das Leben besteht aus lauter wunderschönen Dingen, die es noch zu entdecken gibt.

Wirkung im Raum

Der Hantelnebel hebt das gesamte Energiespektrum an. In einem Raum mit diesem Bild fühlt man sich in jeder Situation frei und in der eigenen Mitte.

Im Empfangsbereich einer Firma kann dieses Bild für Offenheit, Verständnis und Umsetzungsvielfalt stehen und dem Kunden ein Gefühl von Entgegenkommen und Geborgenheit schenken.

Kein Potenzial der Mitarbeiter geht mit diesem Bild verloren. Das Team behält den Plan wie eine Zielscheibe vor Augen. Alle wollen ins Zentrum treffen und arbeiten kraftvoll und mit viel Begeisterung daran.

Bei der Arbeit mit Kindern wird deren Kreativität gefördert. Die Lehrer sind offen und aktiv bei der Weiterentwicklung des Lehrplans dabei. Der Weg wird frei gemacht für neue Lehrmethoden, die zum Wohle der Kinder beitragen.

Im **Schlafzimmer** wirkt das Bild wie ein Traumfänger. Es nimmt die Ängste und Sorgen in sich auf, damit wir Platz für positive Gedanken haben. Wir wachen mit mehr Lebensfreude auf und fühlen uns ausgeruhter.

Es handelt sich um ein auf allen Ebenen unterstützendes Bild.

Astronomisches Symbol	
Numerologie	5 | 1 | 7
Chakra	
Farben	

Helixnebel

Astronomischer Steckbrief

Der Helixnebel ist der uns zweitnächste planetarische Nebel. Da er sich einfach beobachten lässt, ist er für die Wissenschaftler ein beliebtes Objekt und wurde schon oft mithilfe des Hubble-Weltraumteleskops erforscht.

Der explodierte Stern hinterließ eine wunderschöne, bunte Gashülle. Im Zentrum befindet sich noch immer der heiße Überrest des Sterns, welcher noch heute 13,4 mag zu leuchten vermag. Seine intensive Strahlung bringt die unterschiedlichen Gase und Materialien zum Leuchten.

Man vermutet, dass der Stern unserer Sonne von seiner Größe und Masse her sehr ähnlich war.

Mythen/Geschichte/Erzählungen

Die beiden spiralförmigen äußeren Nebelzonen erinnern an die Helixstruktur, die Ähnlichkeit mit der Draufsicht auf eine Spirale, Wendeltreppe oder einen Korkenzieher hat.

Der Helixnebel wird oft als das »Auge Gottes« bezeichnet. Im Jahre 2003, als das Bild des NASA-Teleskops ins Internet gestellt wurde, wurde fälschlicherweise gesagt, man könne dieses »Auge« nur alle 3000 Jahre sehen.

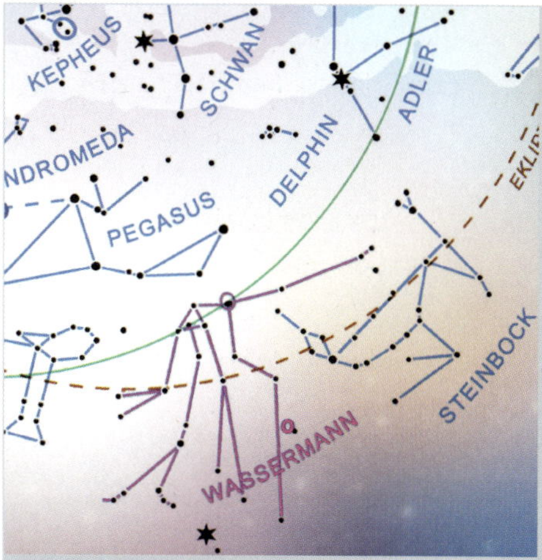

Astronomische Daten

Objektbezeichnung	Helixnebel
Messier-Katalog	-
New General Catalogue	NGC 7293
IC Katalog	-
Objektart	planetarischer Nebel
Sichtbarkeit	August–November
Sternbild	Wassermann
Helligkeit (visuell)	6,3 mag
Entfernung	~ 650 Lichtjahre
Größe/Ausdehnung	~ 6 Lichtjahre
Masse/Gewicht	-
Anzahl Satelliten	-
Entdecker	1824, Karl Ludwig Harding (DE, 1765–1834)

Wirkung auf den Menschen

Der Helixnebel hilft, unser Blickfeld auf die Umwelt auszuweiten. Unser Scharfsinn scheint ausgeprägter, und für uns Wichtiges lassen wir nicht aus den Augen. Dabei lernen wir, gut zu beobachten, und fokussieren, was für unseren weiteren Weg wichtig ist.

Das Nebel-Auge lenkt unsere Wahrnehmung zudem nach innen zu unserer Seele. Was geschieht in und mit uns? Was benötigt unsere Seele, um glücklich zu sein?

Wir erkennen schwierige Situationen und können diese mit anderen Augen sehen und dabei für uns und andere Hilfestellungen abgeben.

Außerdem sollten wir uns fragen, ob wir eher eine rosa Brille tragen oder alles schwarz sehen. Der Helixnebel hilft uns, eine realistische Sicht anzunehmen, um uns vor Niederlagen zu schützen.

Es gibt Situationen, die wir nicht verstehen und die zu akzeptieren uns schwerfällt. Durch den Helixnebel erhalten wir die Erkenntnis, wann es sinnvoll ist, über unseren eigenen Schatten zu springen.

Du bist nicht verloren, sondern du wirst gesehen und geschätzt. Schön, dass es dich gibt.

Wirkung im Raum

Der Helixnebel schützt vor schlechten Einflüssen. Durch unsere Wachsamkeit können wir viel Verborgenes sehen, beobachten und hervorheben. Dabei verlieren wir Wichtiges nicht aus den Augen.

In Unternehmen deckt der Helixnebel Intrigen auf, und versteckte Ziele werden offen auf den Tisch gelegt. Situationen werden analysiert und Probleme gelöst. Dadurch fühlen sich die Mitarbeiter wohler und befreiter. Es wird wieder klarer, was in der Firma läuft, und die Angestellten können sich besser auf ihre Tätigkeiten konzentrieren.

In Sitzungszimmern hilft der Helixnebel, vertrauliche Angelegenheiten unter vier Augen zu besprechen. Durch die erhöhte Wahrnehmung wird einfühlsam und menschlich reagiert.

Ärzte und Therapeuten erkennen Störungen und Krankheiten schneller. Es werden lösungsorientierte Maßnahmen gefördert, die die Heilung ganzheitlich unterstützen.

Astronomisches Symbol	
Numerologie	3 | 6
Chakra	
Farben	

Hummernebel

Astronomischer Steckbrief

Als eines der aktivsten Sternentstehungsgebiete, die wir kennen, ist der Hummernebel für Astronomen und Astrophysiker ein sehr spezielles Objekt. Ungewöhnliche Staubwolken-Strukturen und chaotische Gase lassen zahlreiche neue Sterne entstehen, die so massereich sind wie an keinem anderen uns bekannten Ort. Diese Baby-Sterne lassen durch ihre intensive Ultraviolettstrahlung seltsame Hohlräume in den Wolken entstehen.

Die Staubwolken bestehen aus kosmischem Staub, der so fein wie Rauch ist und nichts mit unserem Alltagsstaub zu tun hat. Er wurde von vergangenen Sterngenerationen erzeugt und ins Weltall geblasen.

Mythen/Geschichte/Erzählungen

Während für dieses Objekt im englischsprachigen Raum »War and Peace Nebula« (»Krieg-und-Frieden-Nebel«) der übliche Name ist, wird in der deutschen Sprache aufgrund der Nähe zum Katzenpfotennebel vom »Samtpfötchennebel« oder gar »Rosennebel« gesprochen. Wegen seiner Ähnlichkeit zur Krebsart wird er sowohl im Englischen wie auch im Deutschen sehr häufig »Hummernebel« genannt.

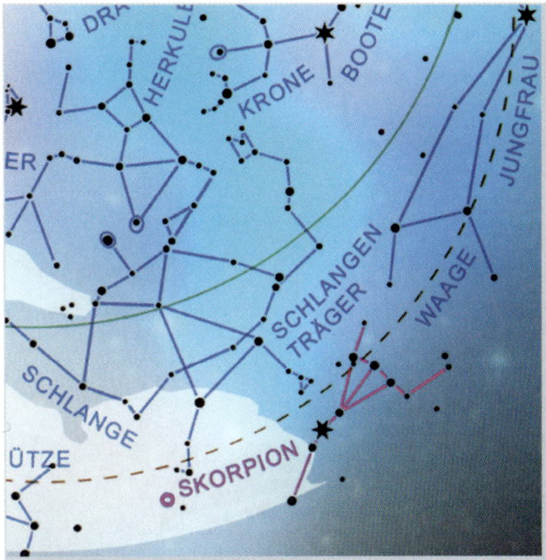

Astronomische Daten

Objektbezeichnung	Hummernebel
Messier-Katalog	-
New General Catalogue	NGC 6357
IC Katalog	-
Objektart	Emissionsnebel mit offenem Sternhaufen
Sichtbarkeit	Juni–Juli
Sternbild	Skorpion
Helligkeit (visuell)	7,6 mag
Entfernung	8000 Lichtjahre
Größe/Ausdehnung	~ 400 Lichtjahre
Masse/Gewicht	200–300 Sonnenmassen
Anzahl Satelliten	-
Entdecker	1837, John Herschel (GB, 1792–1871)

Wirkung auf den Menschen

Dieser Emissionsnebel hilft uns, Ideen kreativ umzusetzen. Seine hellsten Sterne bilden eine silberne Kette, symbolisch steht sie für die Führung vom Universum oder für den Weg in die eigene Energie. Sie erleichtert die Wahrnehmung und Umsetzung unserer Ziele. Unser Horizont wird dank dieses unbewussten Fadens erweitert, und wir erleben ein unbeschreibliches Wachstum. Das Lernen und die Aufnahmefähigkeit werden vereinfacht, weil wir die kosmische Führung zulassen und uns alles klar und einfach vorkommt, so, als hätten wir es schon immer gewusst.

Dass wir die Liebe mit unseren Mitmenschen teilen, wird dank dieses Bildes kein Wunsch mehr bleiben, sondern es wird einfach geschehen. Denn Nächstenliebe ist der Erfolg eines starken Herzchakra. Dank der oben genannten Symbolik werden Stirn- und Wurzelchakra unterstützt, gefördert und im Wachstum bestärkt. Das Bild kann an eine Spinne erinnern, die sich leicht auf dem seidenen Faden zum sicheren Netz-Zentrum bewegt. Oder an eine Rose, die dir als Symbol der Liebe zeigt, dass du geliebt wirst und dich selbst lieben sollst.

Wirkung im Raum

Der Hummernebel bringt sehr viel Kreativität, Bewegung und Kommunikation in die Räume. Es wird einfach, untereinander klar und verständlich zu kommunizieren. Durch die zahlreichen Informationssammlungen wachsen neue Ideen und Projekte. Der silberne Faden als Kanal der Wahrnehmung hilft, Fehler und Umwege auf anderen Ebenen früh zu erkennen. Damit bringen wir unsere Projekte wie die hellsten und massereichsten Sterne zum Leuchten.

Die kleine Blase im Zentrum des Bildes hilft uns beim Zusammentragen aller Ideen. Ihr Licht gibt die zündende Idee, den Funken, der die Umsetzung aktiviert und zum unerschöpflichen Fließen bringt. Alle Teile fügen sich zu einem zusammen, zu dem einen Ganzen.

Astronomisches Symbol	
Numerologie	3 | 4
Chakra	
Farben	

Irisnebel

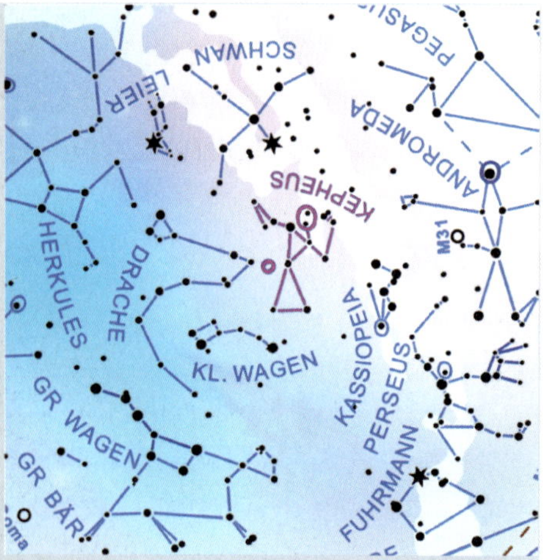

Astronomische Daten

Objektbezeichnung	Irisnebel
Messier-Katalog	-
New General Catalogue	NGC 7023
IC Katalog	-
Objektart	offener Sternhaufen und Reflexionsnebel
Sichtbarkeit	ganzjährig
Sternbild	Kepheus
Helligkeit (visuell)	7,1 mag
Entfernung	~ 1300 Lichtjahre
Größe/Ausdehnung	~ 15 Lichtjahre
Masse/Gewicht	-
Anzahl Satelliten	-
Entdecker	1794, William Herschel (GB, 1738–1822)

Astronomischer Steckbrief

Dichte Wolken aus interstellarem Staub und Gas, sogenannte Dunkelnebel, werden vom Zentralstern beleuchtet. Dieses Phänomen nennt man in der Astronomie Reflexionsnebel, weil der dunkle Nebel nicht selbst leuchtet, aber das helle Licht von einem Stern oder vielen Sternen reflektiert. Der Zentralstern selbst ist ein heißer, sehr junger Stern.

Mythen/Geschichte/Erzählungen

Das Objekt wurde von Sir William Herschel am 18. Oktober 1794 entdeckt und in den NGC-Katalog mit der Nummer 7023 aufgenommen.

Der Irisnebel in der Form, wie er von Herschel mit seinem Riesenteleskop entdeckt wurde, bekam seinen Namen nicht, wie man annehmen könnte, von der Iris im Auge, sondern von den einzelnen oder in Trauben vereinigten Blüten des Staudengewächses Iris aus der Familie der Iridaceen.

Wirkung auf den Menschen

Ein helles Licht beleuchtet unsere dunklen Schatten. Versuche, diese mithilfe des Irisnebels zum Leuchten zu bringen. Belohnt wirst du mit Erkennt-

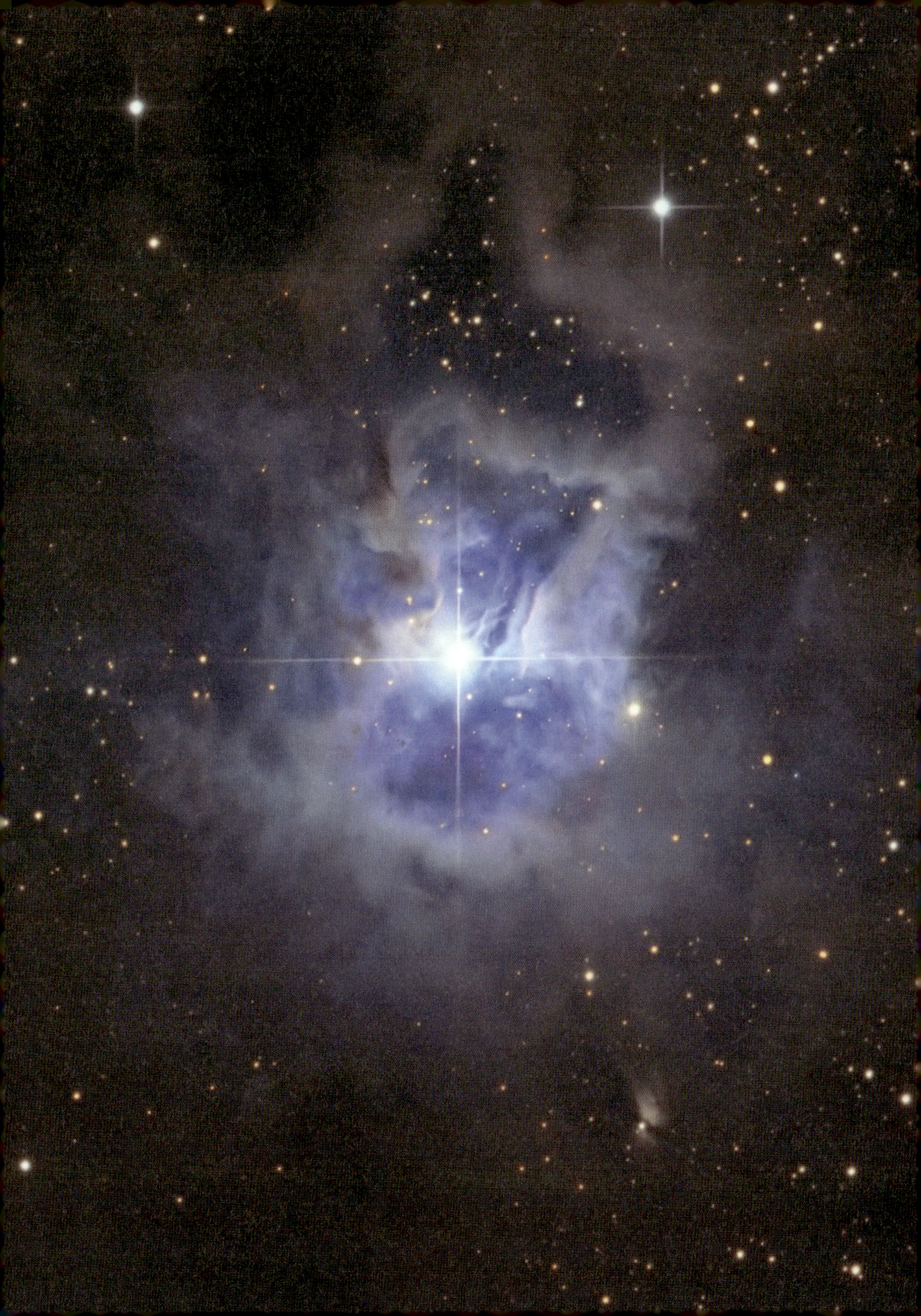

nissen, die für deinen weiteren Weg wichtig sein können. Du kannst lernen, mit deinen Schattenseiten zu leben, um Licht ins Dunkel zu bringen, dies verändert deine Ausstrahlung.

Deine Sprache verbessert sich, du kannst dich klarer ausdrücken. Die Energie des Irisnebels schützt dich, indem sie alle deine Gedanken filtert und nur so viel zu dir dringt, wie du in der aktuellen Situation ertragen kannst. Wenn du im Alltag das Gespräch suchst, wird der Irisnebel dich dabei unterstützen.

Er hilft dir auch beim Loslassen von Menschen bzw. Verbindungen, die dich in deiner Entwicklung mehr hindern als unterstützen. Lasse diese Beziehungen wie Wolken am Himmel langsam weiterziehen.

An den dunklen Tagen der Depression, Trauer, Angst oder des Gefühls des Alleinseins unterstützt uns dieses Bild darin, zu leuchten, zu strahlen und die Energie wieder in Balance zu bringen.

Wirkung im Raum

In Räumen ohne Fenster wird die Raumenergie gesteigert. Es wirkt wie ein Fenster ins All und kann Licht ins Dunkel bringen. Dabei bleiben wir aufmerksamer, und die Luftqualität ist länger stabil.

Mit diesem Bild wird das Gespräch gefördert. Jeder, der etwas zu einem Thema zu sagen hat oder ein neues Thema in den Raum bringen möchte, kann dies einfacher als gewohnt tun. Das gegenseitige Verständnis führt zu mehr Klarheit, und Nebulöses, Unklares wird beleuchtet und kann offen diskutiert bzw. erörtert werden.

In Krankenzimmern oder Räumen, in denen ein Heilungsprozess stattfindet, hilft uns der Irisnebel, die Krankheit als Dunkelwolke wahrzunehmen. Sie wird beleuchtet und analysiert, was zu Erkenntnis und Weisheit führt und uns wiederum stärkt und unsere Heilung vorantreibt.

Weil der Irisnebel Themen gut kanalisiert, ist das Bild in Sitzungszimmern sehr wertvoll. Die Besprechung von Schattenthemen fällt den Teilnehmern nicht schwer. Die Probleme, Anforderungen und Erkenntnisse werden klar und verständlich auf den Tisch gebracht, und deshalb kann eine Lösung schnell und einfach den Schatten zum Leuchten bringen.

In Verkaufsräumen hilft das Bild dem Verkäufer, verständlich und zielgerichtet zu sprechen. Es gibt dem Kunden das Gefühl, sein Problem mit genau diesem Produkt lösen zu können.

Astronomisches Symbol 

Numerologie 9 | 6

Chakra

Farben

Jupiter

Astronomische Daten

Objektbezeichnung	Jupiter
Objektart	Gasplanet
Sichtbarkeit	ganzjährig
Sternbild	Zodiak
Helligkeit (visuell)	2,94 mag
Entfernung	~ 780 Mio. km zur Sonne
Größe/Ausdehnung	~ 142 900 km
Masse/Gewicht	318 Erdenmassen
Temperatur	-108° C
Umlaufzeit um die Sonne	11 Jahre, 315 Tage und 3 Stunden
Umlaufzeit um die eigene Achse	9 Stunden, 50 Minuten und 30 Sekunden
Entdecker	frühes 3. Jahrtausend v. Chr., Entdecker unbekannt

Astronomischer Steckbrief

Als fünfter Planet von der Sonne aus ist Jupiter der größte Planet in unserem System. Für eine Umdrehung um seine Achse braucht er knapp 10 Stunden und für eine Umrundung der Sonne fast 12 Jahre.

Der große Gasplanet besteht hauptsächlich aus 85 % Wasserstoff und 14 % Helium und hat keine feste Oberfläche. Riesige Wolken aus Ammoniak, Schwefel und Wasser befinden sich in seiner stürmischen Atmosphäre. Diese rasend schnellen Stürme, die in entgegengesetzte Richtungen wehen, formen die Streifen, die wir auf diesem Planten sehen. Der größte darunter, der Große Rote Fleck, ist zweimal so groß wie die Erde und wirft viele Fragen bei den Wissenschaftlern auf.

Auch Jupiter besitzt feine dunkle Staubringe, die durch Brocken von Meteoreinschlägen auf den Monden gespeist werden. Einige seiner bis heute bekannten 63 Monde wurden nach Figuren aus dem Leben Zeus (meistens seinen Geliebten) benannt.

Jupiter beeinflusst den Weg von Kometen und Asteroiden, weil seine immense Schwerkraft zahlreiche vorbeikommende Kleinkörper einfängt. Dadurch

schützt Jupiter die nächsten Planeten und auch die Erde vor Kometeneinschlägen.

Viele Sonden besuchten Jupiter, um detaillierte Informationen zu sammeln oder ihn als Sprungbrett zu weiter entfernten Missionen zu nutzen. 1973 wurde er von Pioneer 10, später von Pioneer 11, Voyager 1 und 2 und Ulysses besucht. Die Sonde Galileo umkreiste Jupiter acht Jahre lang. Heute macht das Hubble-Weltraumteleskop regelmäßig Bilder von Jupiter.

Als zweithellster Planet ist Jupiter mit bloßem Auge leicht zu finden. Bereits mit Fernglas und kleinen Teleskopen sind seine 4 größten Monde (auch als galileische Monde bekannt) und seine Wetterstreifen zu sehen.

Mythen/Geschichte/Erzählungen

Da Jupiter sehr hell ist, war er schon früh leicht als Wanderstern zu erkennen. Viele Mythen und Geschichten ranken sich um diesen großen Planeten.

Aufgrund seines goldgelben Lichts wurde er bei den Babyloniern als Königsstern bezeichnet. Die Römer benannten ihn nach ihrem Hauptgott Jupiter, welcher uns in der griechischen Sagenwelt als Zeus bekannt ist. Ob sie schon damals wussten, dass Jupiter der mächtigste Planet ist?

Als Galileo Galilei die vier Monde (Io, Europa, Ganymed und Kallisto) 1610 bemerkte, war dies die erste Entdeckung, an der erkennbar war, dass die Erde nicht der Mittelpunkt unseres Sonnensystems ist.

Der Große Rote Fleck wurde bereits 1664 gesichtet. Demnach besteht der rote Fleck bereits 350 Jahre oder sogar noch länger.

Erst 1979 wurden die Ringe um Jupiter durch die Sonde Voyager 1 entdeckt und erstmals fotografiert.

Wirkung auf den Menschen

Jupiter steht für unsere Gesellschaft. Alles, was wir tun, ist auf ihr Wohl ausgerichtet, und dafür gibt uns Jupiter die Kraft. Er lehrt uns, Gerechtigkeit auszuüben und dabei Moral und Ethik in den Vordergrund zu stellen.

Durch Jupiter erlangen wir Aufschwung und Weisheit, indem wir unseren Horizont erweitern. In welchen Bereichen wir dies tun sollen, erkennen wir, sobald wir unserer Intuition folgen und ihr vertrauen, sei es auf Reisen in ferne Länder, durch die Beschäftigung mit fremden Kulturen oder durch philosophische Betrachtungen. Jupiter macht uns darauf aufmerksam, dass wir uns nach höheren Werten umsehen sollten.

Er zeigt uns, dass es einfach gut laufen kann in unserem Leben. Es braucht nicht mehr und nicht weniger. Wir haben unser »großes Glück« bereits gefunden. Wir müssen aufpassen, nicht in eine Bequemlichkeit oder sogar Trägheit zu verfallen, aufgrund derer wir jegliches Interesse an unserer Gesellschaft verlieren.

Wirkung im Raum

Der Planet Jupiter ermöglicht uns das Zusammenleben und Arbeiten mit vielen Menschen. Dabei fördert er vor allem das soziale Empfinden.

In Führungsetagen unterstützt Jupiter uns, das größere Ganze zu betrachten und ganzheitlich zu erfassen. Schnell erkennen wir Zusammenhänge und verstehen ihre Wirkung auf die Gesellschaft. Dabei ist uns Wachstum und Ansehen genauso wichtig wie Humanität und Moral.

Astronomisches Symbol	
Numerologie	6
Chakra	
Farben	

Katzenpfotennebel

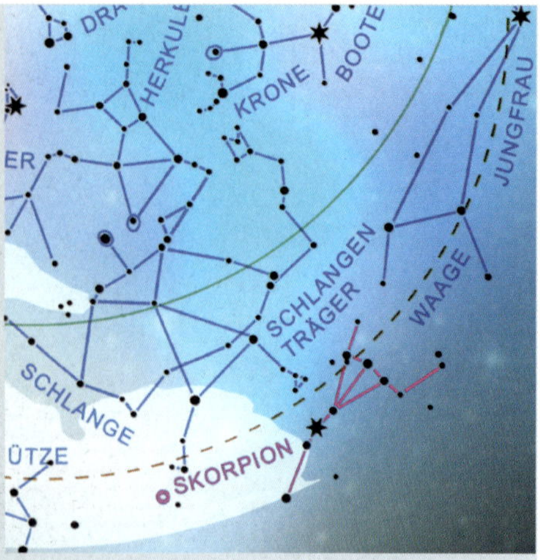

Astronomische Daten

Objektbezeichnung	Katzenpfotennebel, selten auch Bärenklauennebel
Messier-Katalog	-
New General Catalogue	NGC 6334
IC Katalog	-
Objektart	Emissionsnebel
Sichtbarkeit	Juni
Sternbild	Skorpion
Helligkeit (visuell)	-
Entfernung	5500 Lichtjahre
Größe/Ausdehnung	~ 50 Lichtjahre
Masse/Gewicht	-
Anzahl Satelliten	-
Entdecker	1837, John Herschel (GB, 1792–1871)

Astronomischer Steckbrief

Dieses nahe Emissionsnebelobjekt ist ein Teil unserer Galaxie und beinhaltet Hunderte massereicher Sterne. Es ist eines der aktivsten Sternentstehungsgebiete in unserer Nähe. Wir wissen, dass zahlreiche dieser dort entstandenen jungen Sterne die zehnfache Masse unserer Sonne aufweisen. Man erkennt in ihrem Licht rankenähnliche Strukturen aus dunklem Staub. Die meisten dieser Sterne sind hinter den Staub- und Nebelstrukturen versteckt.

Mythen/Geschichte/Erzählungen

Dieses diffuse Objekt wurde von John Herschel am 7. Juni 1837 am Kap der Guten Hoffnung (Südafrika) entdeckt. Die frühen Beobachter haben diese Nebelstruktur in der Form eines Tierpfotenabdrucks in Verbindung mit einer Katzenpfote oder einer Bärenklaue gebracht, woher sie ihren Namen hat.

Oft sehen unsere Kunden in diesem Bild einen Drachen mit drei Perlen.

Wirkung auf den Menschen

Der Katzenpfotennebel hilft dir, dich aus schwierigen Situationen zu befreien. Dazu wirst du deine ganze Kraft benötigen. Also, mach es wie die Katze, und ruh dich vorerst etwas aus. Willst du eine faule Katze oder ein gefährliches Raubtier sein? Vertraue deinen Instinkten und Kräften, die in dir schlummern.

Sei dir bewusst, dass dir nicht jede Person ein Freund ist. Kläre die Beziehungen, dabei zeigt dir der Katzenpfotennebel die Ungebundenheit und Individualität sowie die Genügsamkeit der wilden Katze in dir.

Wir sehen im Bild den Drachen mit drei Wunschperlen und interpretieren das als Glück, welches jedoch nicht ohne Hindernisse zu erhalten ist. Um an es zu kommen, hast du drei Wunschperlen, mit denen sich das ganze Chaos überwinden lässt. Ebenfalls ist der Drache ein Schatzhüter. Sei dir bewusst, dass auch du Schätze in dir hast, die es zu hüten gibt.

Wirkung im Raum

Das Bild des Katzenpfotennebels ist nicht unproblematisch, da es in jedem von uns das wilde Tier wecken kann. Aber wir alle gehen Schritt für Schritt unsere Wege. Und einen Weg in einer Gemeinschaft zu gehen, ist etwas Wundervolles. Wichtig ist jedoch, dass die Beziehungen untereinander geklärt sind, ansonsten werden aus Freunden schnell Feinde.

Mit dem Katzenpfotennebel erhalten wir den Tatendrang, uns schwierigen Aufgaben zu stellen und unserem Ziel näher zu kommen. Unsere Aufnahme- und Konzentrationsfähigkeit wird gesteigert, der Scharfsinn geweckt. Schnell erkennen wir falsche Richtungen oder Fehlinformationen.

In Räumen mit dem Katzenpfotennebel brauchen wir keine Angst zu haben, weil wir unseren Empfindungen und unserem Spürsinn vertrauen können. Gemeinsam entscheiden wir uns für den richtigen Weg und machen die ersten kräftigen Schritte. Dabei werden wir durch den Drachen begleitet und beschützt. Das Bild eignet sich besonders gut für Therapiezimmer, weil dort die Beziehung geklärt ist und es dem Klienten wirklich hilfreich sein kann, seine ersten Schritte in schwierigen Situationen zu machen.

Astronomisches Symbol	
Numerologie	8 | 1
Chakra	
Farben	

Komet Garradd

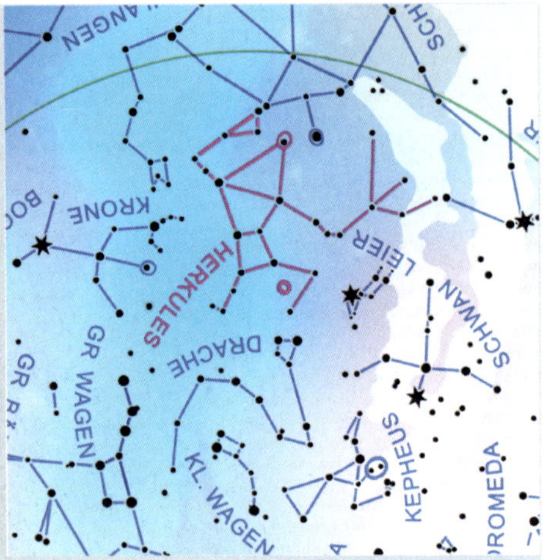

Astronomische Daten

Objektbezeichnung	Komet C/2009 P1 (Garradd)
Messier-Katalog	-
New General Catalogue	-
IC Katalog	-
Objektart	Komet
Sichtbarkeit	13. August 2009–November 2012
Sternbild	Herkules (Kranich bis Krebs)
Helligkeit (visuell)	7,0 mag
Entfernung	201 Mio. km
Größe/Ausdehnung	Kern: 30 km Koma: ~ 1 Mio. km
Masse/Gewicht	-
Anzahl Satelliten	-
Entdecker	2009, Gordon J. Garradd (AUS, *1959)

Astronomischer Steckbrief

Der Komet Garradd wird uns kein zweites Mal besuchen. Denn seine Bahn ist nicht geschlossen, also kein Kreis und keine Ellipse. Er durchquert das Weltall und wurde in der Nähe unseres Sonnensystems von der Sonne angezogen, um gleich wieder von ihr weggeschleudert zu werden (hyperbolische Bahn). Dazwischen hat er uns in einem Abstand von circa 190 Millionen Kilometern besucht. Während seines Gastspiels von etwas mehr als 3 Jahren konnten ihn auch Hobby-Astronomen durch ihre Teleskope beobachten.

Für einen Kometen ist sein eisiger Kern mit einem Durchmesser von 30 Kilometern extrem groß.

Besonders an ihm ist, dass er zwei prachtvolle Schweife besitzt. Einen bläulichen Plasmaschweif aus Ionen und einen grünlichen Staubschweif.

Mythen/Geschichte/Erzählungen

Entdeckt wurde der Komet im Zuge einer automatisierten Himmelsüberwachung, um erdnahe Objekte zu finden.

Wirkung auf den Menschen

Der Komet Garradd unterstützt uns, anderen Personen zu helfen und uns selbst dabei nicht zu vergessen. Oft wollen wir Menschen beistehen und fühlen uns so stark in ihre Probleme hinein, dass wir uns nicht mehr abgrenzen können. Garradd hilft uns, loszulassen. Wir sind für die anderen Menschen nicht verantwortlich. Wir dürfen Hilfestellungen anbieten, aber entscheiden und handeln muss die andere Person. Der Komet unterstützt uns, bei uns selbst zu bleiben und auf unsere Gesundheit zu achten.

Er zeigt uns auch, wie wichtig es ist, sich auf Menschen zu verlassen. Pünktlichkeit ist nicht jedermanns Stärke. Gerade in der heutigen Handy-Zeit vergessen wir schnell, uns an Termine zu halten. Garradd will uns zeigen, dass Termine wichtig sind und dass es sinnvoll ist, sie einzuhalten. Auf uns soll Verlass sein. Das heißt jetzt aber nicht, dass wir für alle alles tun sollen, sondern es sollte alles in einem gesunden Maß bleiben. Wir dürfen Arbeiten und Aufgaben an andere delegieren. Sie werden unser Geschick im Organisieren und Terminieren schätzen.

Mit dem Komet Garradd lernen wir, Beziehungen kommen und gehen zu lassen. Manchmal kann eine intensive Freundschaft zwischen zwei Menschen entstehen, die für einen Abschnitt des Weges richtig und für einen oder beide sehr lehrreich ist. Irgendwann kann der Zeitpunkt kommen, dass sich die Wege trennen und man sich nie wiedersieht. Garradd will uns zeigen, dass wir dankbar für diese wundervolle Zeit sein sollen und lässt uns wissen, dass wir einander nie vergessen werden. Es ist Zeit, loszulassen.

Denke daran, du bist einmalig, und dein Leben ist einzigartig. Wie ein Komet kommst und gehst du. Nutze deine Chancen, und leuchte im Leben.

Wirkung im Raum

In Büroräumen, in denen viele Projekte entstehen, hilft Garradd, hinderliche und überflüssige Ideen, Aufgaben und Prozesse loszulassen, um effektiver zur Lösungsfindung oder zu Lösungen zu kommen. In Firmen ist dies nicht immer möglich, aber wir können uns an das erforderliche Minimum halten. Was zählt, ist das Endprodukt, und wenn es allen gefällt, wird kaum noch nach dem Prozess gefragt.

Jugendliche unterstützt Garradd dabei, sich von kindischen Angewohnheiten zu befreien oder sich in der Schule auf die wesentlichen Dinge zu konzentrieren. Heutzutage kämpfen viele Jugendliche damit, die vielen Informationen zu verarbeiten. Garrad gibt ihnen die Ruhe, zwischen den nützlichen und den überflüssigen Informationen zu unterscheiden, sodass sie einfacher und gezielter lernen können. Gleichzeitig wird ihnen aber klar, dass es einen Vorsprung gibt, sich Wissen anzueignen, und sie so andere Chancen im Leben erhalten.

Die Eltern lernen, ihre Kinder selbstständiger werden zu lassen. Hilfe ist erwünscht, aber nur, wenn das Kind danach fragt. Durch Garradd spüren die Eltern, wann es Zeit ist, ihr Kind loszulassen und ihm die Freiheit zu geben, die es braucht.

Astronomisches Symbol	
Numerologie	2
Chakra	
Farben	

Komet Holmes

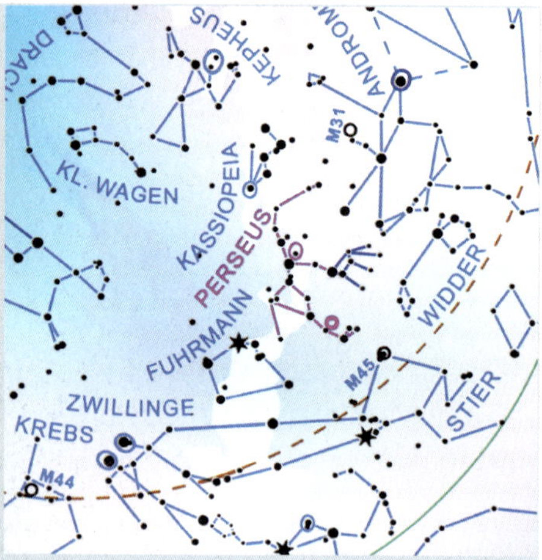

Astronomische Daten

Objektbezeichnung	Komet 17P/Holmes 2008
Messier-Katalog	-/(M 38)
New General Catalogue	-
IC Katalog	-
Objektart	periodischer Komet
Sichtbarkeit	Winter 2007/Frühjahr 2008
Sternbild	Perseus
Helligkeit (visuell)	2,8 mag
Entfernung	außerhalb der Marslaufbahn
Größe/Ausdehnung	Kern: 3,4 km Koma: ~ 2 Mio. km
Masse/Gewicht	-
Anzahl Satelliten	-
Entdecker	1892, Edwin Holmes (GB, 1838–1919)

Astronomischer Steckbrief

Die Bahn dieses Kometen läuft zwischen den Planeten Mars und Jupiter in elliptischer Form. Für ihre Umrundung braucht der Komet ungefähr 7 Jahre.

Sein Kern besteht aus gefrorenen Gasen (Eis, Trockeneis, Ammoniak und anderen). Kommt der Komet in Sonnennähe, beginnt das Gefrorene zu tauen und eine Hülle, auch Koma genannt, überwiegend aus Staub und Gas bestehend, entsteht. Durch seine hohe Geschwindigkeit von circa 25 km/s verliert der Komet seine Hülle in einem Schweif. Der Schweif des Kometen zeigt in Blickrichtung weg von der Erde und verschwindet so für uns.

Der Komet leuchtet nicht von selbst, sondern Staubpartikel in der Koma reflektieren das Sonnenlicht.

Mythen/Geschichte/Erzählungen

Edwin Holmes wollte in jener Nacht, 1892, ursprünglich die Andromeda-Galaxie beobachten und war überrascht, als er auf den Kometen traf. Danach tauchte der Komet zweimal im Abstand von sieben Jahren wieder auf. Als er nach 1906 nicht mehr erschien, galt er als verschollen. Erst 1963 kam Brian Marsden durch neue Bahnberechnun-

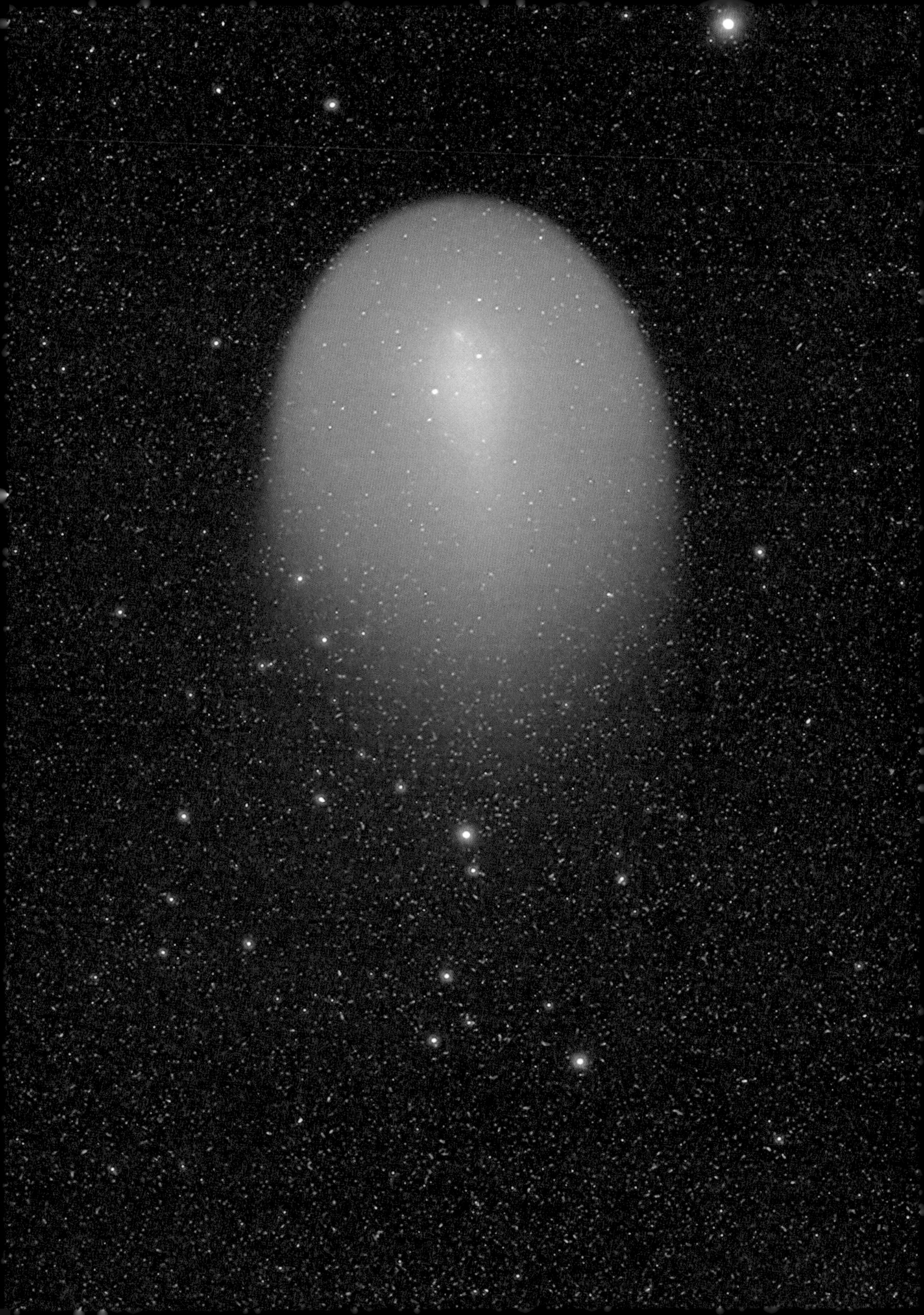

gen darauf, dass sich die Umlaufbahn des Kometen verändert haben könnte. Nur ein Jahr später entdeckte man den Kometen 17P/Holmes wieder. Seitdem ist er wieder regelmäßig alle sieben Jahre zu beobachten.

Wirkung auf den Menschen

Dieser Komet zeigt uns, dass wir uns in periodischen Abständen überprüfen sollten. Bist du zufrieden mit dir? Gibt es unerfüllte Wünsche? Solltest du jemandem verzeihen, aber schaffst es nicht? Welche Botschaft hat der Komet an dich?

Achte auf deinen Kern, ist er warm oder eisig kalt? Findest du nette Worte für deine Mitmenschen? Nehmen dich andere als gefühllos wahr? Der Komet zeigt dir, wie du dein Herz befreist und warme Worte findest. Schwerer Ballast schlägt auf unser Gemüt, macht uns kalt und gehässig. Wir beginnen, uns abzuschotten, und fallen immer tiefer und tiefer. Es ist wichtig für uns, altes Gepäck loszuwerden. Vielleicht hilft es, die Wohnung gründlich zu reinigen, oder wir müssen unsere Gefühle oder Erinnerungen entrümpeln. Nimm dir Zeit, um dich von alten Lasten zu befreien.

Zusammen mit der Sonnen-Karte hilft dir der Komet, dich zu stärken und zu wärmen, damit du alte Laster und Lasten schneller loswerden kannst.

Bist du eher feurig, schnell erregt und reizbar? Fällt es dir schwer, dein Temperament zu zügeln, oder nennt dich dein Umfeld hitzköpfig? Habe Acht, dass du nicht in Schwierigkeiten kommst und daran zugrunde gehst. Der Komet unterstützt dich, ruhiger zu werden und anderen cool gegenüberzutreten. Er hilft dir, auf deinem Weg zu bleiben und nicht zu kurz zu kommen, auch wenn du den Menschen mit Liebe, Herzlichkeit und Vertrauen begegnest.

Wirkung im Raum

Als Bild im Raum gibt uns der Komet vor allem Kraft und Zielstrebigkeit. Wie ein Zugpferd zieht er uns mit, und wir können mit ihm durch das All surfen, nachdem wir unseren Ballast losgeworden sind. Dies gilt sowohl für Projekte als auch für Familienpläne.

Projekte, die nur schwer vorwärtskommen, werden in Schwung gebracht, und die Mitarbeiter erkennen die Absicht und das Ziel. Hemmungen oder Ängste werden losgelöst vom Kern der Aufgabe, und die Leistungsfähigkeit wird gesteigert.

Der Komet hilft uns bei Planungen aller Art. Es fällt uns leicht, Termine und Meilensteine festzulegen und uns daran zu halten.

Wenn wir ein Bild dieses Kometen im Raum aufhängen, müssen wir jedoch auch vorsichtig sein, nicht zu ehrgeizig zu werden. Schnell hemmen uns unsere Energien, und wir überfordern uns selbst mit unseren hohen Zielen. Es ist wichtig, ein wärmendes Bild wie die Sonne in der Nähe zu haben oder sonstigen Ausgleich zu schaffen, damit die Geselligkeit und der Spaß im Team gestärkt werden.

Astronomisches Symbol	
Numerologie	2
Chakra	
Farben	

Komet Lulin

Astronomische Daten

Objektbezeichnung	Komet C/2007 N3 (Lulin)
Messier-Katalog	-
New General Catalogue	-
IC Katalog	-
Objektart	Komet
Sichtbarkeit	Dezember 2008–April 2009
Sternbild	Löwe
Helligkeit (visuell)	4,0 mag
Entfernung	61 Mio. km
Größe/Ausdehnung	-
Masse/Gewicht	-
Anzahl Satelliten	-
Entdecker	2007, Lin Chi-Sheng (TW) und Ye Quanzhi (TW, *1989)

Astronomischer Steckbrief

Als nichtperiodischer Komet ist die Bahn von Lulin eine Hyperbel. Sein Besuch war wohl einmalig.

Der Komet Lulin fiel durch seine starke, grüne Leuchtkraft auf. Durch die Sonnennähe verdampfte sein Kern aus Eis und Staub. Dabei setzte er die Gase Kohlenstoff und Dicyan frei, die durch das Sonnenlicht ionisierten und deshalb grün leuchteten und einen Schweif bildeten.

Das Foto entstand auf dem Gornergrat (CH, 2009) auf 3100 m über dem Meeresspiegel. Das Zeitfenster, um den Kometen zu fotografieren, wenn er am nächsten zu Regulus (Hauptstern des Sternbilds Löwen) stand, erstreckte sich nur über eine Stunde. Lulin war ein sehr schneller Komet.

Mythen/Geschichte/Erzählungen

Als der Komet am 11. Juli 2007 entdeckt wurde, hielt man ihn für einen Asteroiden. Erst eine Woche später, als eine Koma und Hülle sichtbar wurden, kategorisierte man Lulin als Kometen. Einige Monate lang konnte er intensiv vom Lulin-Observatorium in Taiwan studiert werden, bis er für ein halbes Jahr in den Taghimmel verschwand. Im

Mai 2008 wurde er wieder sichtbar und im Oktober erneut im Taghimmel unsichtbar. Ende Dezember 2008 wurde er wieder am Morgenhimmel erspäht. Seine Helligkeit nahm bis im Februar rasant zu, sodass viele Amateurastronomen rund um den Erdball den Kometen mit ihren Teleskopen fotografieren und beobachten konnten. Am 3. Februar 2009 konnte Lulin erstmals mit bloßem Auge gesehen werden. Ab März wurde es immer schwieriger, ihn zu beobachte, weil der Mond zu hell und zu nah war und die Helligkeit des Kometen wieder nachließ.

Wirkung auf den Menschen

Das Bild vom Kometen Lulin ist sehr stark. Bei ihm lernen wir, uns unabhängig zu machen. Wir lösen uns von alten Lastern und Lasten, reinigen unseren Körper und unsere Wohnung. Alles, was für uns keinen Wert hat, lassen wir los, das können Gegenstände, Gedanken, aber genauso Beziehungen sein. Durch Regulus lernen wir, das Ganze mit viel Wärme und Liebe zu tun, sodass niemand enttäuscht wird. Wir können nur uns selbst enttäuschen, aber durch unsere Motivation lassen wir das nicht zu. Denn wir sind frei und fühlen uns doch mit allem verbunden.

Durch Lulin lernen wir, uns abzugrenzen und anderen Menschen eine kleinere Rolle in unserem Leben zu geben. Auch wenn es andere verletzt, müssen wir manchmal an uns selbst denken. Das heißt, wir schenken den anderen gute Gedanken und bedingungslose Liebe, wenn wir das Bedürfnis danach haben.

Lulin zeigt uns, wie wir uns unsichtbar machen können. Wir werden für unsere Mitmenschen nicht mehr so wichtig und können diese Zeit nutzen, um unseren eigenen Bedürfnissen nachzugehen und uns mit Lulin-Power aufzutanken.

Denn die Kraft des Lulins, gepaart mit der Sonne Regulus, ist eine enorme und wundervolle Kraft. Dabei sorgt Regulus für die richtige Wärme, um vom eisigen Kometen nicht gefühlskalt zu werden. Die beiden Objekte zeigen uns, dass wir alles mit viel Liebe und Wärme tun können. Jeder geht seinen Weg, und das hat Sinn. Erkenne deinen Sinn und deinen Weg.

Wirkung im Raum

Durch Lulin und Regulus wird uns bewusst, dass wir uns auf dem richtigen Weg befinden. Wir erkennen an, dass jeder auf seine Art und Weise arbeitet.

Wird ein Projektentwurf verworfen, akzeptieren wir das, ohne enttäuscht zu sein, und lassen schnell los, um uns neuen Aufgaben zu widmen. Wir wissen, dass wir eine gute Leistung erbracht haben und betrachten jedes Projekt als einzigartig und wollen es zum Leuchten bringen.

Hängt man das Bild in der Nähe der Geschäftsleitung auf, so hilft es dem Vorgesetzten, Eigenverantwortung zu übernehmen. Er steht zu seinen Entscheidungen und setzt diese durch. Dies führt im Betrieb zu mehr Sicherheit und geradlinigerem Arbeiten. Der Vorgesetzte erkennt die Leistungen der einzelnen Mitarbeiter an und möchte diese lange an die Firma binden, um von ihrem Wissen zu profitieren.

In Familien führen uns die beiden Objekte durch Unstimmigkeiten und Streitereien hindurch, ohne dass diese großen Schaden anrichten. Es sind kurze, vielleicht auch heftige Ausbrüche dabei, aber es sind nur Wegstücke. Sie führen dazu, dass wir uns wieder gegenseitig schätzen und verstehen. Sie zeigen uns aber auch, wie wichtig es ist, sich danach wieder zu versöhnen und darüber zu sprechen. Später schmunzeln wir über die Missverständnisse oder Unstimmigkeiten, die eigentlich nur Kleinigkeiten waren.

Folge dem Sog des Kometen, und erlebe Freude und Spaß bei der Erledigung der geforderten Aufgaben. Das Bild lässt dich alle Ängste verlieren und ermutigt dich, den nächsten hellen Stern anzusteuern.

Astronomisches Symbol	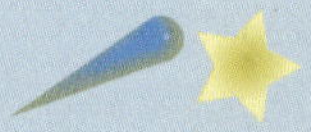
Numerologie	2
Chakra	-
Farben	

Krebsnebel

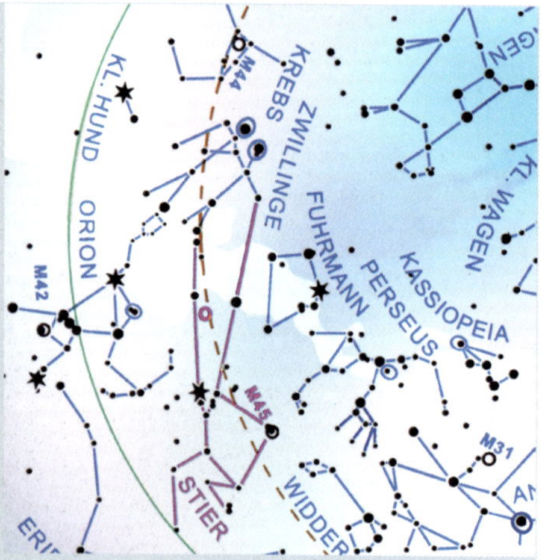

Astronomische Daten

Objektbezeichnung	Krebsnebel
Messier-Katalog	M 1
New General Catalogue	NGC 1952
IC Katalog	-
Objektart	Supernovaüberrest/ Pulsarwind-Nebel
Sichtbarkeit	Oktober–März
Sternbild	Stier
Helligkeit (visuell)	8,4 mag
Entfernung	6300 Lichtjahre
Größe/Ausdehnung	11 x 7 Lichtjahre
Masse/Gewicht	8–12 Sonnenmassen
Anzahl Satelliten	-
Entdecker	1731, John Bevis (GB, 1695–1771)

Astronomischer Steckbrief und Geschichte

Weil ein Stern an seinem Lebensende explodierte, trat ein helles Aufleuchten (Supernova) auf, welches erst ungefähr 6300 Jahre später, im Jahr 1054, auf der Erde zu sehen war. 13 historische Quellen aus dem Jahr 1054 wurden von China bis Irland gefunden, die dieses Ereignis beschreiben. Sie schreiben von einem neuen, sehr hellen Stern, der sogar am Tageshimmel sichtbar war.

27 Jahre nach der Entdeckung durch den englischen Astronomen John Bevis nahm Charles Messier die nebelartigen Überreste dieser Supernova als erstes Objekt im Messier-Katalog auf.

1844 erhielt der Krebsnebel seinen Namen durch Lord Rosse. Als er ihn mit seinem großen Spiegelteleskop detailliert beobachtete und danach zeichnete, sah er Ähnlichkeiten mit dem Krebstier.

Interessant für die Wissenschaftler war 1968 die Entdeckung des Pulsars im Zentrum des Krebsnebels. Durch die Supernova ist der Überrest des Sterns zu einer kleinen Kugel von ca. 30 km Durchmesser und einer Masse von

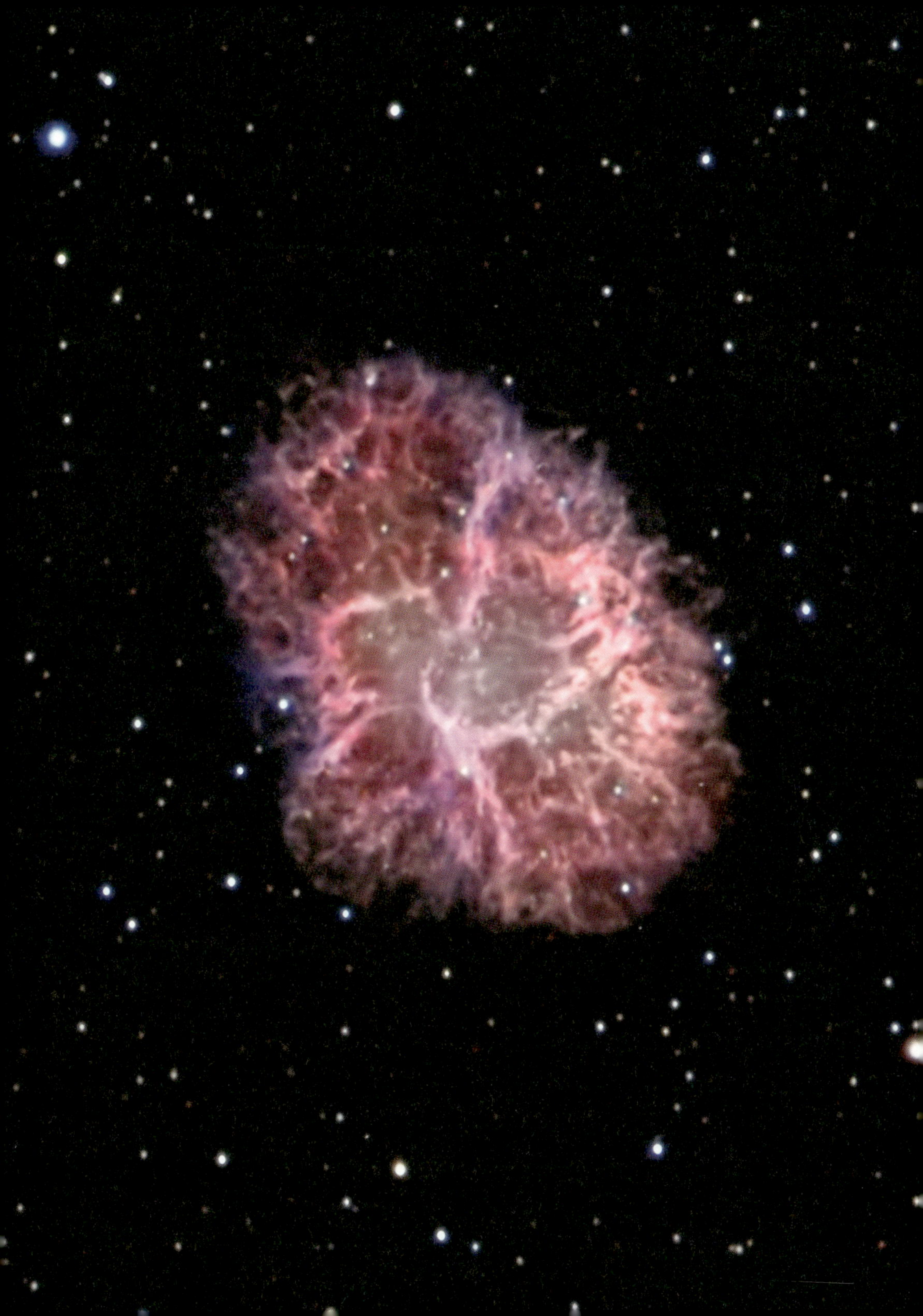

1,4 Sonnen geschrumpft – zu einem sogenannten Neutronenstern. Diese unheimlich große Masse in so einem kleinen Punkt bringt eine solche Kugel zum Pulsieren und Rotieren. Dabei werden Strahlungsimpulse wie Radiosignale abgegeben, die wir heute mit den Radioteleskopen empfangen können. Damals vermutete man, dass sie von einer fortgeschrittenen Lebensform kommen würden.

Während andere Himmelsobjekte über Millionen von Jahren in ihrem Aussehen unverändert bleiben, ändert sich der Krebsnebel rasend schnell. Sein Zentrum modelliert sich innerhalb weniger Tage durch die extreme Energiemenge, die der Pulsar abgibt.

Wirkung auf den Menschen

Oft haben wir ein mangelndes Selbstwertgefühl, fühlen uns nicht gut genug und ziehen uns deshalb zurück oder passen uns immer wieder an die Gesellschaft an. Jeder Mensch möchte jedoch er selbst sein und so geliebt werden, wie er ist, mit den eigenen Schwächen und Stärken.

Der Krebsnebel hilft uns, unsere tiefen, unbewussten Wünsche wahrzunehmen, und bringt diese an die Oberfläche. Wir müssen für unser neues Ich kämpfen und unsere Schale abstreifen. Ein anspruchsvoller Weg liegt vor uns. Wir haben den Krebsnebel als energiespendenden Begleiter. All das, was wir nicht mehr wollen, können wir an ihn abgeben. Vielleicht ist es die harte Schale, die Unbeständigkeit, Krankheiten, unsere Einsamkeit oder das andere Ich. Egal, was wir ihm an Negativem übergeben, es wird durch ihn gewandelt, und wir erhalten seine positive Kraft zurück.

Wenn wir gelernt haben, unseren Wünschen zu folgen und unser wahres Ich zu leben, dann erfahren wir Harmonie und neues Glück.

Wirkung im Raum

Der Krebsnebel vermittelt unbewusst, dass jede Eigenart und alle Wünsche gelebt werden dürfen. Niemand in der Runde braucht sich zu verstecken oder gar einen harten Panzer anzulegen. Mit der gewaltigen Energie des Krebsnebels fühlt sich jeder kraftvoll und bereit, gemeinsam und lösungsorientiert den Weg vorwärts zu gehen. Dabei braucht sich niemand anzupassen.

Gerade in Büroräumen, in denen viel Power erforderlich ist, kann der Krebsnebel unterstützend wirken.

Da der Krebsnebel auch sehr beruhigend und meditativ wirkt, kann er gut in Arztpraxen und Therapiezimmern eingesetzt werden. Er schenkt jedem die notwendige Geborgenheit, aber auch die Power, um aus sich herauszukommen.

Astronomisches Symbol	
Numerologie	6 | 8
Chakra	
Farben	

Kugelsternhaufen

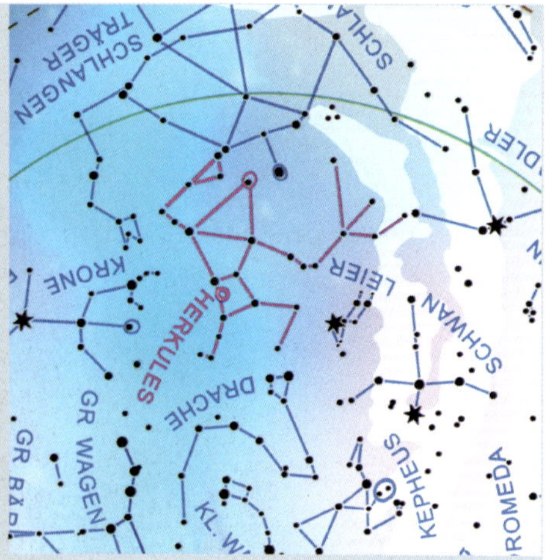

Astronomische Daten

Objektbezeichnung	Kugelsternhaufen im Herkules
Messier-Katalog	M 13
New General Catalogue	NGC 6205
IC Katalog	-
Objektart	Kugelsternhaufen
Sichtbarkeit	März–Oktober
Sternbild	Herkules
Helligkeit (visuell)	5,8 mag
Entfernung	~ 25 100 Lichtjahre
Größe/Ausdehnung	150 Lichtjahre
Masse/Gewicht	-
Anzahl Satelliten	-
Entdecker	1714, Edmond Halley (GB, 1656–1741)

Astronomischer Steckbrief

Als hellster Kugelsternhaufen am Nordhimmel ist M 13 für jeden Hobby-Astronom ein beliebtes Objekt. Die Sternenansammlung beheimatet um die 300 000 Sterne, deren Alter auf zwischen 14 und 24 Milliarden Jahre geschätzt wird. Kugelsternhaufen sind die ältesten uns bekannten Himmelsobjekte. Im Zentrum des Sternhaufens sind die Sterne so nahe beieinander, dass sie wie eine glühende Masse wahrgenommen werden. In Wahrheit gibt es jedoch kein Gedränge unter den Sternen, sondern viel Platz dazwischen.

Je nach Beobachtungsgebiet ist es sogar möglich, den feinen Nebel des M 13 mit bloßem Auge wahrzunehmen. Mit dem Fernglas fällt die Beobachtung leicht.

Mythen/Geschichte/Erzählungen

Der englische königliche Astronom Edmond Halley entdeckte während seiner Arbeit an der Universität Oxford 1714 diesen Kugelsternhaufen im Sternbild Herkules.

1764 nahm Charles Messier M 13 als kometenähnlichen runden Nebel ohne Sterne in seinen Katalog auf.

Seit 1961 spielt der Sternhaufen M 13 eine wichtige Rolle in der Science-Fiction-Serie »Perry Rhodan«.

Zur Zeit der aktiven SETI-Projekte (Suche nach außerirdischer Intelligenz), 1974, haben die frühen Pioniere auf diesem Gebiet die sogenannte »Arecibo-Botschaft« mit einem Radiosignal drei Minuten zu diesem Kugelsternhaufen gesendet. Die geschätzte Antwortzeit, falls eine intelligente Spezies aus diesem großen Gebiet antworten sollte, beträgt in etwa 45 600 Jahre. So warten wir gespannt, was da wohl irgendwann zurückkommen wird.

Wirkung auf den Menschen

Der Kugelsternhaufen hilft uns, eins zu werden mit Körper, Geist und Seele. Damit erschaffen wir unser eigenes Universum. Alles steckt in uns und alles sind wir. Wenn wir so fühlen, lösen sich alle Gegensätze auf, und wir sind erfüllt von Glück, Liebe und Vollkommenheit. Das zu erreichen, scheint uns unmöglich. Viele Geschichten über Meister und Götter erzählen von solchen Zuständen. Der Kugelsternhaufen kann uns dieser Magie ein Stück näherbringen.

Als ältestes Himmelsobjekt fördert der Kugelsternhaufen unser Wissen und lässt unsere Unsicherheiten verblassen. Ebenfalls helfen uns diese Sterne, unsere Ahnen zu finden oder uns mit unserer Vergangenheit auseinanderzusetzen. Wenn wir unsere Vorfahren besser kennen, verstehen wir auch, warum wir sind, wie wir sind.

Fühlen wir uns unausgeglichen, gibt uns der Sternhaufen wieder Festigkeit. Tausende von Gedanken schwirren täglich in unserem Kopf herum. Wie sollen wir da Ordnung schaffen? Der Kugelsternhaufen zeigt uns unbewusst, wie wir unsere Gedanken nutzen können, um unser System funktionstüchtig zu halten.

Das Bild des Kugelsternhaufens hilft unseren Körperzellen, als Einheit zu wirken. So fühlen wir uns kraftvoller und ausgeruhter.

Wirkung im Raum

Der Kugelsternhaufen unterstützt uns dabei, größere Zusammenhänge besser zu verstehen. Er fördert das kollektive Denken, und das Zusammenspiel untereinander wird lebendiger. Ohne die anderen wäre ich nicht da, wo ich jetzt bin. Es braucht jeden Einzelnen. Jedem wird bewusst, dass alles realisierbar ist. Alles ist möglich. Wir sind eins und wir sind alles.

In Unternehmungen fördert der Kugelsternhaufen die Teamfähigkeit und die Zusammenarbeit. Dabei trägt jeder etwas zum Ganzen bei. Aus vielen kleinen Teilen kann etwas ganz Großes, Leuchtendes entstehen. Am Ende des Projekts heißt es dann: »Es war eine runde Sache.«

Im privaten Bereich hilft uns der Kugelsternhaufen, mit engen Platzverhältnissen umzugehen und dankbar zu sein für das, was wir haben. Auch aus einem Stall lässt sich ein Schloss zaubern, wenn wir lernen, Gegensätze aufzulösen.

Astronomisches Symbol	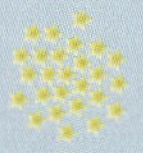
Numerologie	8 | 6
Chakra	
Farben	

Lagunennebel

Astronomische Daten

Objektbezeichnung	Lagunennebel
Messier-Katalog	M 8
New General Catalogue	NGC 6523, NGC 6530
IC Katalog	-
Objektart	Emissionsnebel und offener Sternhaufen
Sichtbarkeit	Sommer
Sternbild	Schütze
Helligkeit (visuell)	6 mag
Entfernung	~ 5200 Lichtjahre
Größe/Ausdehnung	140 x 60 Lichtjahre
Masse/Gewicht	-
Anzahl Satelliten	-
Entdecker	1654, Giovanni Battista Hodierna (IT, 1597–1660)

Astronomischer Steckbrief

Mit einem Durchmesser von über hundert Lichtjahren ist der Lagunennebel ein majestätisches Sternentstehungsgebiet. Der Nebel besteht aus Wasserstoffwolken und Staub. Der junge, offene Sternhaufen (NGC 6530) im Kern entstand aus den Substanzen des Lagunennebels, ist sehr heiß und bringt die Wolken zum Leuchten.

Als zweithellster Gasnebel, der von Mitteleuropa aus gesehen werden kann, ist er sogar mühelos mit dem Fernglas im Sternbild Schütze zu finden.

Mythen/Geschichte/Erzählungen

Mit selbst gebauten optischen Instrumenten haben mehrere Astronomen in verschiedenen Ländern den Lagunennebel entdeckt und dokumentiert.

Der italienische Astronom Giovanni Battista Hodierna entdeckte den offenen Sternhaufen mit Hintergrundleuchten. Einige Jahre später wurde das Gebilde vom Engländer John Flamsteed (1646–1719) als nebelhaftes Objekt erkannt. Dokumentiert wurde der Nebel 1747 vom Franzosen Guillaume Le Gentil (1725–1792). 1764 nahm sein Landsmann Charles Messier den Lagunennebel als M 8 in seinen Katalog auf.

Zu seinem Namen kam der Lagunennebel, weil ein dunkler Staubstreifen wie eine Sandbank den Nebel teilt.

Wirkung auf den Menschen

Der Lagunennebel als Quelle der Schöpfung bringt uns Glück und gute Gesundheit. Er leitet uns an, unseren Gefühlen und Emotionen zu vertrauen und damit mehr auf unsere Intuition zu hören. Wir sind gefühlvolle und sensible Menschen, die auf verschiedenen Ebenen, mit vielen Sinnen Unterschiedliches wahrnehmen können. Achte auf dein Ich und deine Sinne, und du wirst dein Leben bewusster leben.

Menschen, die zu sehr in ihre Emotionen verstrickt sind, hilft der Lagunennebel, Ruhepausen zu finden, um sich mehr Raum zu schaffen und um auf andere Gedanken zu kommen. Dabei stärken wir uns, um ausgeglichener und überlegter handeln zu können.

Mit dem Lagunennebel haben wir die Möglichkeit, uns seelisch und geistig zu reinigen. Meditieren fällt uns leicht, wenn wir den Lagunennebel als Quelle in die Meditation einfügen. Warum nicht ein Bad im Lagunennebel erleben? Wir fühlen uns leichter, befreiter und erhalten viel Kraft für Neues oder auch dafür, Krankheiten zu überwinden.

Wollen wir anderen Menschen gegenüber Mitgefühl oder Anteilnahme ausdrücken, hilft uns der Lagunennebel, der auch in der Form einer Rose gesehen werden kann, die richtigen Emotionen und Worte zu finden. Stelle dir in einem solchen Moment den Lagunennebel vor, atme tief durch, und vertraue dem Lauf des Lebens.

Wirkung im Raum

Mit dem Lagunennebel braucht es keine Sprache. Menschen nehmen in Räumen, in denen der Lagunennebel ist, über ihre Sinne auch unausgesprochene Worte wahr. Wir lernen, anderen zu vertrauen, und begegnen uns herzlich. Mit dem Lagunennebel ziehen Heiterkeit und Frohsinn in einen Raum ein.

Bei Projekten fördert der Lagunennebel kreative Einfälle. Als Nebel der Wahrnehmung können wir uns leichter entscheiden und treffen dabei die richtige Wahl, weil wir lernen, klarer zu sehen. Risiken und Probleme werden früh erkannt und können vor dem eigentlichen Auftreten behandelt werden.

Als Quelle des Wissens nimmt uns der Lagunennebel Prüfungsängste und den Zeitdruck. Ebenfalls gibt er eine gute Basis, um neuen Lernstoff einfacher aufzunehmen.

Astronomisches Symbol	
Numerologie	3 | 2
Chakra	
Farben	

Mars

Astronomische Daten

Objektbezeichnung	Mars
Objektart	Planet
Sichtbarkeit	immer außer in den 2 Wochen, wenn Mars zu nah bei der Sonne ist
Sternbild	Zodiak
Helligkeit (visuell)	–2,91 mag
Entfernung	~ 227 Mio. km zur Sonne
Größe/Ausdehnung	~ 6800 km
Masse/Gewicht	~ 15 % der Erde
Temperatur	–150 °C bis +20 °C
Umlaufzeit um die Sonne	686 Tage
Umlaufzeit um eigene Achse	24 Stunden, 37 Minuten
Anzahl Satelliten	2 Monde (Phobos und Deimos)
Entdecker	frühes 3. Jahrtausend v. Chr.

Astronomischer Steckbrief

Von der Sonne aus betrachtet, ist Mars der vierte Planet des Sonnensystems. Er ist nur etwa halb so groß wie die Erde und hat ebenso Jahreszeiten und Wetter. An den Polen gibt es sogar größere Schnee- und Eisfelder. Seine Oberfläche ist mit ihren riesigen Canyons, Gebirgen und Kratern fast so abwechslungsreich wie die der Erde. Der größte Berg des Mars ist der größte uns bekannte Berg im Sonnensystem und hat eine Höhe von 24 000 Metern.

Seine Atmosphäre ist so dünn, dass sich kein erdähnliches Leben auf dem Planeten entwickeln kann. Aber da es Wasser bzw. Eis auf dem Planeten gibt, könnten sich dort Kleinstlebewesen entwickelt haben. Die Atmosphäre besteht zu 95 % aus Kohlendioxid, zu 3 % aus Stickstoff und zu 2 % aus Argon.

Mars besitzt zwei kleine, unregelmäßig geformte Monde: Phobos und Deimos, die, abgeleitet aus der griechischen Mythologie, für Furcht und Schrecken stehen.

Wegen seiner roten Färbung wird Mars auch als »Roter Planet« bezeichnet. Auf seiner Oberfläche befindet sich viel eisenhaltiges Gestein, welches früher mit Sauerstoff korrodierte, also rostete. Mit

der Zeit hat sich der Eisenoxid-Staub auf dem ganzen Planeten und in der Atmosphäre verteilt. Mars ist also ein rostiger Planet.

Bereits mehr als 30 unbemannte Raumsonden wurden seit 1960 zu unserem Nachbarplaneten gesandt, um weitere Informationen über ihn zu sammeln. Dabei erhielten wir detaillierte Fotos von der Oberfläche und durch Auswertungen von Gesteinsproben und Luftmessungen weitere Details des Mars. Kein anderer Planet ist besser erforscht.

Mythen/Geschichte/Erzählungen

In zahlreichen Mythologien hat Mars seinen festen Platz. Als rötlich leuchtender Wandelstern wirkte er für die Menschen besonders bedrohlich, furchteinflößend und mächtig – alles Eigenschaften, die zu einem Kriegsgott passen, wie bei den Babyloniern Nergal, in der griechischen Antike Ares und in der römischen Zeit Mars. In den nordischen Mythologien wurde er Tyr, ebenfalls Gott des Krieges und des Rechts, genannt. Die Azteken nannten ihn Huitzilopochtli, den Zerstörer von Menschen und Städten. Huoxing wurde er von den Chinesen genannt, was Stern des Feuers bedeutet. Das indische Sanskrit beschrieb Mars als verheißungsvoll (Mangal), als glühende Kohle (Angaraka) und als den Blonden (Kuja), was für Vertrauen, Zuversicht und kraftvolle Aktionen stand.

Um 1610 begannen Wissenschaftler, mit ihren neuen Teleskopen Mars genauer zu beobachten. Es wurden detaillierte Marskarten angefertigt und in Erwägung gezogen, dass vielleicht Leben auf dem Mars existieren könnte. Dieser Gedanke blieb bis Mitte des 20. Jahrhunderts in den Köpfen der Menschen. Erst als 1965 eine Sonde die ersten Bilder von Mars präsentierte – sie zeigten einen kargen Wüstenplaneten ohne Wasser und Leben –, beruhigte sich die Menschheit. Die Anziehungskraft blieb jedoch vor allem für Wissenschaftler, Autoren und Filmemacher bestehen.

Wirkung auf den Menschen

Der Planet Mars gibt uns einen Anfangsimpuls und ist die allererste treibende Kraft, um etwas in Angriff zu nehmen. Dabei unterstützt er uns im ganzen Prozess – von der Umsetzung bis zum Abschluss. Mars unterstützt unsere Willenskraft und die Freude am Gelingen. Er aktiviert unsere Entschlusskraft und unser Handeln.

Mars steht heute noch für einen Krieger – aber für einen friedlichen Krieger. Der Planet zeigt uns, wie wir mit unseren Aggressionen und unserer Wut umgehen können. Kampfgeist muss nicht mit Vernichtung ausgelebt werden. Vielleicht solltest du Sport treiben oder dich künstlerisch ausleben, um für dich ein Ventil zu finden.

Haben wir unseren Mut verloren, oder fühlen wir uns energielos, so hilft uns Mars dabei, neuen Mut zu schöpfen und uns den Problemen zu stellen, mit viel Energie, entschlossen und voller Tatendrang.

Wirkung im Raum

Haben wir in privaten sowie in geschäftlichen Räumen einen starken weiblichen Anteil, hilft uns das Planetenbild Mars, männlichen Einfluss und Energie in den Raum zu bringen. Wir fühlen uns stark und entschlossen und getrieben durch neue Disziplin. Es entsteht eine Balance, in der einseitige Spannungen keinen Platz mehr finden.

Familien gibt Mars vor allem Entscheidungskraft. Gemeinsam werden Entscheidungen besprochen und umgesetzt. Kinder fühlen sich mutiger und werden sich in der Schule behaupten können.

In Unternehmen unterstützt uns Mars, mutig zu sein und Entscheidungen zu treffen – in dem Rahmen, in dem wir dazu befugt sind. Aufgaben, die immer wieder aufgeschoben werden, belasten uns ungemein. Entschlossen und voller Tatendrang werden die unerledigten

Arbeiten erledigt, und wir freuen uns dabei über die kommende Freiheit. Mars schenkt uns den Kampfgeist, um diesen Pflichten den Kampf anzusagen und diese Arbeiten endlich zu erledigen.

Astronomisches Symbol	
Numerologie	3
Chakra	
Farben	

McNeil's Nebel

Astronomischer Steckbrief

Die wenigen Sterne mit ihrem ultravioletten Licht reichen nicht aus, um durch Ionisation den Gasnebel zum Leuchten anzuregen. Aber die feinen Staubteilchen in der Nebelwolke reflektieren das Licht der Sterne und bringen so einen Leuchteffekt ins Objekt. Die sehr dichte Dunkelwolke lässt kein Licht mehr durch, und so sehen wir Strukturen im Vordergrund wie Schattenspiele. Die rotfarbenen Schleier sind Ströme aus Materie von ganz jungen Sternen, die sich aber noch im dichten Staub verborgen halten.

Spannend ist die Tatsache, dass sich in den letzten zehn Jahren der Nebelkomplex sichtbar verändert hat. Auch das Zentrum erscheint in einem bestimmten Zyklus manchmal heller, manchmal dunkler.

Als einer der hellsten Reflexionsnebel am Himmel ist M 78 bereits mit kleinen Teleskopen sichtbar.

Mythen/Geschichte/Erzählungen

Pierre Méchain war ein »Kometenjäger« und gab die Koordinaten des kometenartigen Nebels an seinen Freund Charles Messier weiter, der diese überprüfte und in seinen Katalog als Nebel M 78 aufnahm.

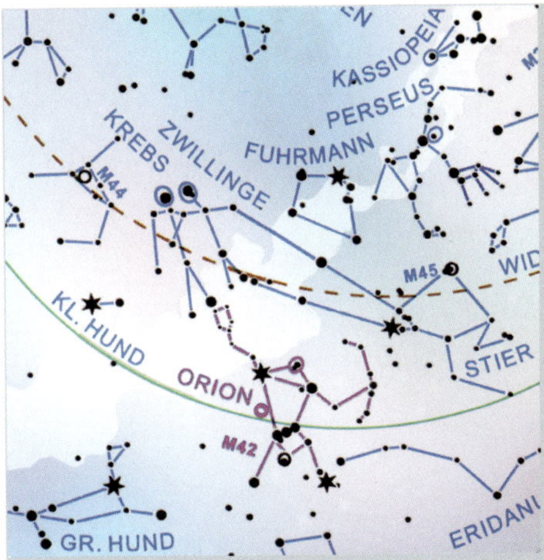

Astronomische Daten

Objektbezeichnung	McNeil's Nebel
Messier-Katalog	M 78
New General Catalogue	NGC 2068/NGC 2071
IC Katalog	-
Objektart	Reflexionsnebel
Sichtbarkeit	Winter
Sternbild	Orion
Helligkeit (visuell)	8,3 mag
Entfernung	1600 Lichtjahre
Größe/Ausdehnung	~ 15 Lichtjahre
Masse/Gewicht	-
Anzahl Satelliten	-
Entdecker	1780, Pierre Méchain (FR, 1744–1804) 2004, Jay McNeil (USA)

Während das Nebelgebiet unter der Bezeichnung M 78 schon vor langer Zeit entdeckt wurde, hat man den sehr dichten aber veränderlichen McNeil's Nebel erst ab 2004 beobachten können. Der Hobby-Astronom Jay McNeil entdeckte den kleinen, hellen, sichelförmigen goldenen Nebel, links im Bild. Auf früheren Fotos war an dieser Stelle nichts sichtbar.

Wirkung auf den Menschen

McNeil's Nebel und M 78 helfen uns, unsere momentane Situation zu reflektieren und genau zu prüfen, ob wir dort sind, wo wir sein möchten. Es ist wichtig im Leben, immer wieder einmal innezuhalten und nachzudenken, ob das, was wir tun, für uns persönlich das Richtige ist.

Wenn wir ratlos sind oder uns depressiv fühlen, zeigt uns der McNeil's Nebel, dass es immer einen Ausweg für uns geben wird. Unsere nebulösen Gedanken klären sich. Wir leben in einem Zyklus von Hochs und Tiefs, Dunkelheit und Helligkeit. Wir sind ausgeglichener, wenn wir unseren eigenen Rhythmus kennen und gelernt haben, damit umzugehen. M 78 zeigt dir, was du für dich selbst tun kannst, um deinen Glanz und deine Stärken wiederzufinden.

»Spieglein, Spieglein …?« Dieser Passus aus Grimms Märchen »Schneewittchen« kann auf den M 78-Nebel übertragen werden. Sind wir zu eitel, zeigt uns der Nebel die Schattenseiten, bis wir gelernt haben, damit umzugehen. Wir müssen nicht schöner sein als andere Menschen, und wir brauchen nicht prominent oder berühmt zu werden. Was zählt, sind die inneren Werte und wie wir diese einsetzen.

Wirkung im Raum

Der McNeil's Nebel und M 78 wirken als Schutz für Personen, Haus oder Firma. Durch den Schutz werden wir selbstsicherer, und im Allgemeinen fühlen wir uns gesundheitlich besser.

In Firmen unterstützt das Bild dabei, die richtigen Themen zu reflektieren und dabei nicht den Fokus zu verlieren. Die heutige Zeit ist geprägt von schnellem Wandel. Um unsere Position halten oder gar verbessern zu können, profitieren wir vom McNeil's Nebel, wenn wir uns regelmäßig selbst überprüfen.

In Praxisräumen helfen uns der McNeil's Nebel und M 78 zu erkennen, dass alle uns störenden Faktoren uns selbst betreffen. Unsere Umwelt und unsere Mitmenschen sind der Spiegel, der unsere Aufgaben reflektiert. Uns wird klarer, dass wir nicht unseren Problemen nachgehen sollen, sondern die Möglichkeit haben, das Problem im Spiegel zu betrachten, danach jedoch wieder loszulassen und unsere nächsten Schritte entspannter zu gehen.

Astronomisches Symbol	
Numerologie	5 | 1 | 7
Chakra	
Farben	

Merkur

Astronomischer Steckbrief

Der sonnennächste und kleinste Planet ist der Merkur. Er ist nur etwa halb so groß wie die Erde. Durch seine Sonnennähe und seine stark elliptische Umlaufbahn um die Sonne schwanken die Temperaturen extrem, was ihn auch, von der Oberfläche her gesehen, zu einem extremen Planeten macht.

Der Merkur besteht aus einem großen Eisenkern mit einem flüssigen Eisenmantel, der von einer Kruste aus verschiedenen Gesteinsarten, Mineralien und Gasen umgeben ist. Seine Oberfläche ist von Kratern übersät, weil die sehr dünne Atmosphäre aus Sauerstoff und Natrium die im All herumfliegenden Gesteinsbrocken nicht abbremst und auch nicht zum Verglühen bringt.

Wegen seiner Sonnennähe ist er nur schwer in der Morgen- oder Abenddämmerung zu beobachten. Durch die Nähe zum Horizont muss sein Licht eine größere Strecke durch die Erdatmosphäre zurücklegen und wird dadurch durch Schmutz, Turbulenzen und Lichtbrechung gestört.

Der Merkur ist so klein und so weit von uns entfernt, dass er mit normalen Teleskopen nicht fotografiert werden kann. Wir danken einem Freund von uns für

Astronomische Daten

Objektbezeichnung	Merkur
Objektart	Planet
Sichtbarkeit	Morgen- bzw. Abenddämmerung
Sternbild	Zodiak
Helligkeit (visuell)	–1,9 mag
Entfernung	~ 58 Mio. km zur Sonne
Größe/Ausdehnung	~ 4880 km
Masse/Gewicht	$3{,}302 \times 10^{23}$ kg
Temperatur	–170 °C bis +430 °C
Umlaufzeit um die Sonne	88 Tage
Umlaufzeit um eigene Achse	58 Tage
Anzahl Satelliten	-
Entdecker	1680 v. Chr., Venus-Tafeln des Ammi-Saduqa

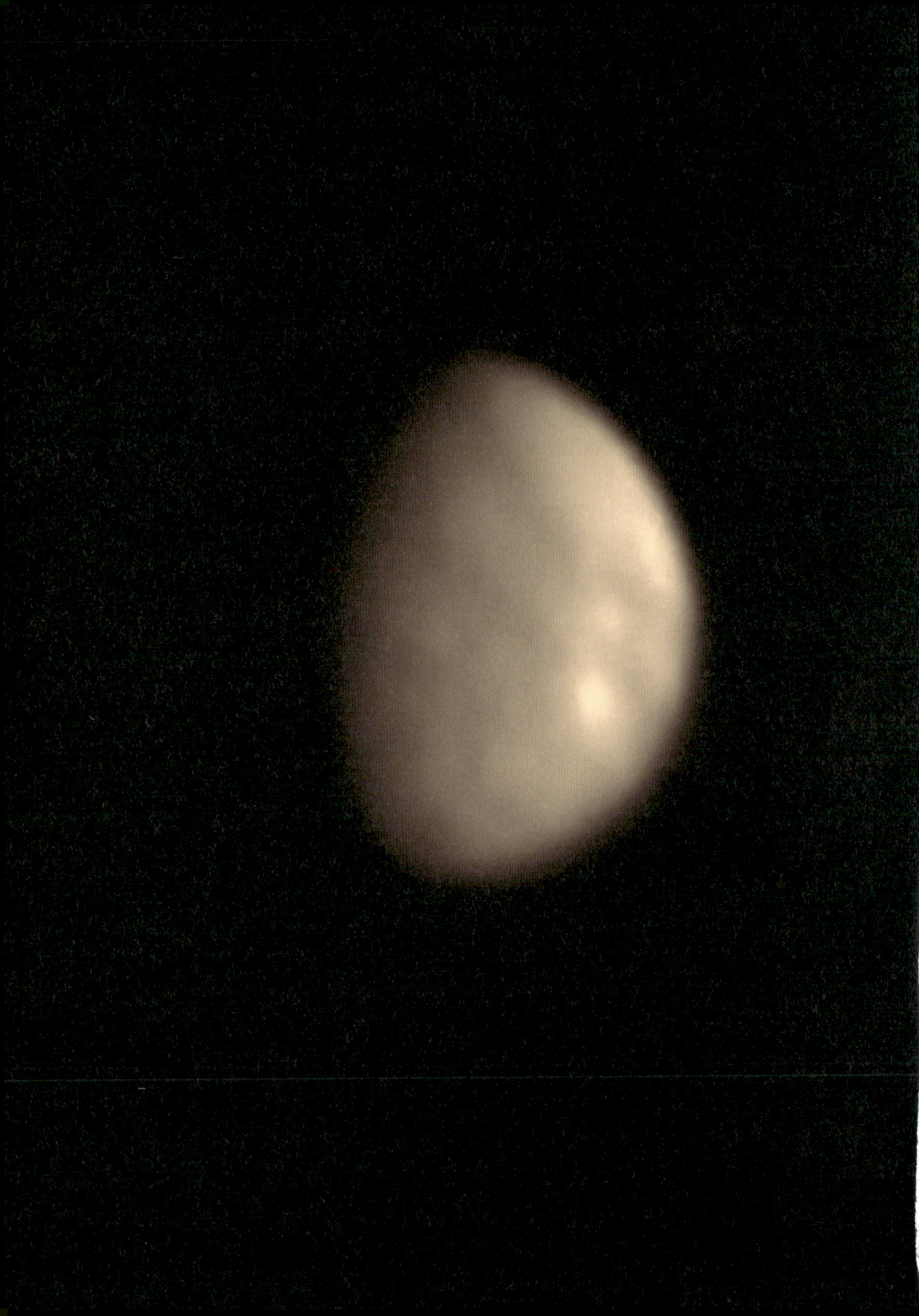

dieses wunderbare Foto vom Merkur, das er mit einem speziellen Planeten-Teleskop aufgenommen hat.

Mythen/Geschichte/Erzählungen

Der Merkur wurde in der altägyptischen Mythologie dem Wüstengott Seth zugeordnet. Im antiken Griechenland ordnete man den rastlosen Merkur dem Götterboten Hermes zu. Er galt als Schutzpatron der Händler, Wegelagerer und Diebe. In der nachantiken Zeit entsprach Hermes bei den Römern dem Mercurius (lat. mercari, Handel treibend), wonach auch der Wochentag Mercurii, zu Deutsch Mittwoch benannt wurde.

Durch die Sonnenwinde ist es sehr schwierig, Merkur von Nahem genauer zu studieren. Erst zwei Sonden, Mariner 10 (1974) und Messenger (2011), wurden zu Merkur gesandt, um uns genauere Daten von diesem Planeten zu senden.

Wirkung auf den Menschen

Der Planet Merkur ist der Informationsplanet. Er unterstützt uns beim Aufnehmen, beim Verarbeiten und beim Weitervermitteln von Informationen. Es ist wichtig, in der Kommunikation möglichst viele Informationen zu sammeln. Unser Gehirn sortiert diese Botschaften dann in unterschiedliche »Schubladen«. Dabei wird unbewusst entschieden, welche Hinweise wichtiger und welche weniger wichtig sind. Um Informationen weitergeben zu können, muss das Gehirn erkennen, in welcher »Schublade« die Erklärungen abgelegt sind und welche Mitteilungen für das Gegenüber von Wichtigkeit sein könnten. Bei diesem Prozess unterstützt uns der Merkur.

Durch Merkur erhöhen wir unsere Konzentration und sind dadurch auffassungsbereiter. Rasch können wir komplexe Situationen und Informationen aufnehmen. Der Merkur unterstützt unser Unterscheidungs- und Denkvermögen. Botschaften werden schneller sortiert, und weniger wichtige Informationen werden eliminiert. Durch unseren gesteigerten Scharfsinn erkennen wir rasch, welche Kommunikation wir anwenden müssen, um unserem Gegenüber die Informationen verständlich weiterzuvermitteln. Dabei fördert Merkur unsere Kommunikation in Sprache und Schrift.

Der Merkur hilft uns dabei, beweglich zu bleiben. Er hält nicht nur unser Gehirn fit, sondern stärkt auch unsere Wirbelsäule, die ebenfalls einen Informationskanal darstellt. Im Rückenmark werden Bewegungsimpulse vom Gehirn in die Muskeln geleitet, und Sinnesreize gelangen von der Peripherie zum Gehirn. Auch die Lungen werden gestärkt. Das Einatmen von Sauerstoff und das Ausatmen von verbrauchter Luft fallen uns leichter.

Durch die harte Felsenstruktur ohne weichen Kern bietet uns die Energie des Merkur eine sehr stabile, harte Zone für unsere Aufgaben. Unser Umfeld kann auf diese Wahrnehmung negativ reagieren und uns so das Gefühl von trocken, rau, ja herzlos, empfinden lassen.

Astronomisches Symbol	
Numerologie	2
Chakra	
Farben	

Mond

Astronomischer Steckbrief

Als einziger natürlicher Trabant (Satellit) umkreist der Mond die Erde. Weil er der Erde so nah ist, konnte er bestens erforscht werden, und es liegen uns sehr viele Informationen über ihn vor. Hier wollen wir uns auf das Wesentliche beschränken.

Der Mond hat fast keine Atmosphäre. Seine Oberfläche ist mit einer dicken, dunklen, basaltartigen Gesteins-, Schutt- und Staubschicht bedeckt, die das Licht der Sonne stark schluckt. Große, kreisförmige, dunkle Flächen (Meere) und Tausende von Kratern zeichnen den Mond. Sie werden von hohen Gebirgsketten umringt. Der größte Krater hat einen Durchmesser von 960 km. Die Gebirge haben eine Höhe von bis zu 10 000 m. Viele unterschiedliche Gesteinsschichten bilden den Mantel um einen wahrscheinlich flüssigen Eisenkern.

Wie der Mond entstanden ist, weiß man bis heute noch nicht genau. Es gibt eine Handvoll Thesen, über die die Wissenschaftler diskutieren.

In 27,32 Tagen rotiert der Mond um seine Achse und in der gleichen Zeit um die Erde. Beides macht der Mond gegen den Uhrzeigersinn, genauso wie die Erde. Deshalb sehen wir immer die glei-

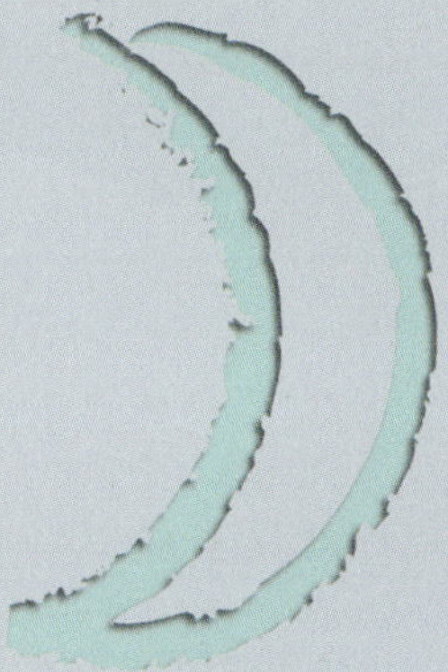

Astronomische Daten

Objektbezeichnung	Mond
Objektart	natürlicher Satellit
Sichtbarkeit	ganzjährig
Sternbild	Zodiak
Helligkeit (visuell)	–12,74 mag
Entfernung	Ø 384 403 km zur Erde
Größe/Ausdehnung	3476 km
Masse/Gewicht	$^{1}/_{81}$ der Erde
Temperatur	–160 °C bis +130 °C
Umlaufzeit um die Erde	27,32 Tage
Umlaufzeit um eigene Achse	27,32 Tage
Alter	~ 4,6 Mrd. Jahre
Anzahl Satelliten	-
Entdecker	5. Jahrtausend v. Chr., Mondkarte (im irischen Knowth)

che Seite des Mondes. Während der Mond um die Erde kreist, beleuchtet ihn die Sonne immer wieder anders, wodurch die Mondphasen entstehen und alle 29,5 Tage wiederkehren.

Durch seine elliptische Umlaufbahn gibt es wiederholt zur Neumondphase Sonnenfinsternisse und zur Vollmondphase Mondfinsternisse. Da der Mond für uns gleich groß wie die Sonne wirkt, sind Sonnenfinsternisse besonders eindrucksvoll, weil nur noch das Leuchtfeuer der Sonne (Korona) zu sehen ist und die Mondscheibe die Sonnenscheibe abdeckt.

An manchen Orten erscheint uns der Mond verschieden groß als an anderen Orten. Das kommt daher, dass er auf einer leicht geneigten, elliptischen Umlaufbahn um die Erde wandert. Am Horizont erscheint uns der Mond größer, weil seine Entfernung mit der des Horizonts gleichgesetzt wird. Sehen wir den Mond im Himmel, fehlen uns Bezugspunkte, und der Mond erscheint kleiner. Diese optische Täuschung wird auch Mondillusion genannt.

Der Mond entfernt sich pro Jahr etwa 3 cm von der Erde. Das bedeutet, dass der Trabant vor Millionen Jahren der Erde viel näher stand. Die Erde übt auf den Erdbegleiter eine Anziehungskraft aus und stabilisiert damit seine Umlaufbahn. Gleichzeitig wirken aber auch Mondkräfte auf der Erde. So entstehen durch ihn Ebbe und Flut. Der Mond beeinflusst auch das Wetter auf der Erde.

Der Mond kann mit dem Fernglas sehr gut beobachtet werden. Am besten geht das in der Halbmondphase, weil an der Licht-Schatten-Grenze des Mondes die Berge und Täler besonders klar zur Geltung kommen, da die Sonnenstrahlung sehr flach hineinfällt. Durch seine Nähe ist der Mond der einzige Himmelskörper, dessen Oberflächenstrukturen man mit bloßem Auge erkennen kann.

Mythen/Geschichte/Erzählungen

Eine 5000 Jahre alte Mondkarte aus dem irischen Knowth ist die älteste bekannte Dokumentation des Mondes. Auch auf der Himmelsscheibe von Nebra soll der Mond abgebildet sein.

Im Mond sind unterschiedliche »Abbildungen« sichtbar. Dabei hatte jede Kultur ihr eigenes Bild und eine dazugehörige Geschichte. »Der Mann im Mond« ist wohl das einfachste Bild und deshalb wohl auch das älteste. Die Maori sahen eine Frau, die sich an einem Baum festhält, mit einem Krug zu ihren Füßen. Die gleiche Frau, die ein Bündel Zweige schleppt und in Begleitung eines Hundes ist, wurde von den Europäern im Mond gesehen. Ein neueres Bild ist das helle Profil einer Frau mit zurechtgemachten Haaren, welche nach links blickt. Chinesen sahen im Mond einen Hasen sitzen, der sich über einen Stampf-Mörser beugt. Ebenfalls gut zu erkennen, aber erst drei Tage nach Vollmond, ist das chinesische Yin-und-Yang-Symbol.

Seit der griechischen Antike gilt der Mond in westlichen Kulturen meist als weiblich, während frühere Kulturen ihn als männlich sahen. In der altnordischen Mythologie wurde der Mond von Gott Mani repräsentiert. Bei den Sumerern hieß der Mondgott Nanna. Auch für die Ureinwohner Australiens ist der Mond männlich, und zahlreiche Legenden berichten über ihn. Fast immer wurden Sonne und Mond als geschlechtlich entgegengesetzt betrachtet.

Die Mondphasen stellten für viele Kulturen den Zyklus des Lebens dar, von der Geburt über das Erwachsenwerden bis ins hohe Alter und zum Tod und wieder zurück zur Geburt.

Viele Steinkreise, wie Stonehenge in England, und Steinreihen wurden wahrscheinlich gebaut, um die Positionen des Mondes, oder genauer die der Mondwenden, zu bestimmen.

Mit den ersten Fernrohren um 1610 begann auch die intensive Mondbeobachtung und Erforschung. Detaillierte Karten der Krater und Meere des Mondes wurden bereits um 1790 erstellt. Die erste bekannte Fotografie überhaupt wurde 1838 von Louis Daguerre gemacht, noch bevor der Öffentlichkeit die Fotografie überhaupt bekannt gemacht wurde. Das erste fotografische Objekt war der Mond, also ein Astronomie-Foto.

1959 gelang einer bemannten Raumsonde die erste Mondumrundung, und zehn Jahre später landete eine bemannte amerikanische Raumfähre (Apollo 11) auf dem Mond. Damit ist der Mond bis heute der einzige ferne Himmelskörper, der jemals von Menschen betreten wurde. Im Zeitraum bis 1976 waren weitere fünf Landeversuche der Amerikaner und drei der Sowjetunion erfolgreich. Aus Kostengründen wurden die bemannten Ausflüge wieder eingestellt, und es gab keine weiteren Landeversuche mehr. Damals ließen die Astronauten Reflektoren auf dem Mond, mit denen heute noch Distanz-Messungen auf den Zentimeter genau durchgeführt werden.

Wirkung auf den Menschen

Der Mond ist ein Gefühlsplanet. Je nach Mondphase haben wir andere Gemütszustände und Stimmungen. Der Mond hilft uns dabei, mit unseren Gefühlen und Launen (lat. luna) klarzukommen. Wir dürfen unsere Emotionen zeigen. Wenn wir uns das erlauben, kann sich nichts anstauen, und wilde Ausbrüche bleiben uns erspart. Auch gesundheitlich geht es uns besser, weil der Flüssigkeitshaushalt frei fließen kann und nicht ins Stocken gerät.

Der Mond lässt uns unsere Erfahrungen wahrnehmen. Seitdem wir existieren, machen wir Erfahrungen, die unser ganzes Leben prägen. Vor allem in der Kindheit nehmen wir sehr viel bewusst wahr. Was wir als Kind erleben, wird kaum vergessen. Im Erwachsenenalter begleiten uns diese Erlebnisse – in Form des inneren Kindes. Dieses fühlt wie damals. Geraten wir als Erwachsene in ähnliche Situationen, fühlen wir unser inneres Kind und reagieren aus unserer inneren Erinnerung. Wir können unser inneres Kind trösten und ihm aufzeigen, warum es damals so war und wie wir heute anders reagieren können. Damit lernen wir, mit Erfahrungen differenziert umzugehen. Wir werden dadurch selbstsicherer und verhalten uns im Leben neutraler.

Sehen wir den Mond am Himmel, fühlen wir uns augenblicklich wohl. Er vermittelt Schutz und Geborgenheit in dunklen, schweren Zeiten. Seine Helligkeit blendet nicht und wirkt deshalb sanft auf uns. Wie eine Himmelsmutter kümmert der Mond sich fürsorglich um uns, damit wir uns sorglos ausruhen können. Mondlose Nächte sind angsteinflößend und dunkel.

Bist du jemand, der immer gibt? Hast du Mühe, Geschenke oder Hilfe anderer anzunehmen? Durch den Mond werden wir auf Empfang gepolt. Wir lernen, uns selbst anzunehmen und anzuerkennen. Damit fällt es uns selbst leichter, liebe Worte, Geschenke oder sogar Hilfe anzunehmen. Sind wir in der Mondenergie, werden wir beschenkt.

Wirkung im Raum

Das Bild eignet sich vor allem in Bereichen für Frauen, wie zum Beispiel Geburts- und Frauenhäuser, Mütter- und Frauenberatungsstellen sowie für Kinder- und Familienangelegenheiten. Das Bild gibt Frauen das Gefühl der Geborgenheit zurück. Sie fühlen sich sicher und erhalten Luft zum Durchatmen und Ausruhen. Der Mond unterstützt Frauen dabei, Erlebtes zu verarbeiten und ihren Gefühlen Platz zu geben. Emotionen dürfen in Mond-Räumen gelebt werden. Der Mond zeigt die eigene natürliche Schönheit und dass es gut ist, eine Frau zu sein. Das Vertrauen zu sich selbst kann wachsen.

In Familien bringt der Mond viel Schutz, Nestwärme, Ruhe und Frieden. Gerade der Halbmond macht auf die verschiedenen Phasen des Lebens aufmerksam. Auf diese Weise unterstützt er uns dabei, mit den Launen der Familienmitglieder positiv umzugehen. Kindern hilft der Mond, der Mutter zu vertrauen, ihre Geborgenheit zu genießen und zu schätzen. Damit sammeln Kinder in einem gesunden Umfeld wichtige Erfahrungen für ihr späteres Leben als Erwachsene.

In der Schule unterstützt der Mond das Gedächtnis. Die Kinder lernen schnell, weil ihr Gehirn aktiviert und aufnahmefähig ist. Besonders beim Erlernen einer Fremdsprache werden Begriffe leichter aufgenommen. Kinder fühlen sich durch den Mond wohler und ausgeglichener.

Astronomisches Symbol	
Numerologie	7
Chakra	
Farben	

Neptun

Astronomischer Steckbrief

Die Raumsonde Voyager 2 besuchte den letzten Planeten in unserem Sonnensystem 1989. Dabei übermittelte sie viele neue Bilder von diesem Planeten an die Erde.

Neptun bewegt sich so langsam über unseren Himmel, dass er oft jahrelang im gleichen Sternbild steht. Dafür ist er bei der Drehung um sich selbst sehr schnell.

Durch seine enorme Distanz zur Sonne erhält Neptun nur wenig Wärme und ist daher einer der kältesten Orte im Sonnensystem.

Neptun ist ein Gasriese mit einem kleinen Kern, dessen Mantel aus diversen gefrorenen Stoffen, wie Wasser, Methan und Ammoniak, besteht. Der Eismantel geht stufenweise in die Gasatmosphäre über, deren Elemente Wasserstoff, Helium und Methan sind. Durch das Methangas erhält Neptun auch die bläuliche Farbe.

Auf den Bildern von Voyager 2 erkannte man hauchdünne Ringsysteme wie beim Saturn.

Bis heute sind 13 Monde um Neptun herum gezählt worden, welche die Namen

Astronomische Daten

Objektbezeichnung	Neptun
Objektart	Gasplanet
Sichtbarkeit	ganzjährig
Sternbild	Zodiak
Helligkeit (visuell)	7,8 mag
Entfernung	~ 4519 Mio. km zur Sonne
Größe/Ausdehnung	49 528 km
Masse/Gewicht	10–15-fache Erdmasse
Temperatur	–200 °C
Umlaufzeit um die Sonne	165 Jahre
Umlaufzeit um eigene Achse	16 Stunden
Anzahl Satelliten	13 Monde und Ringsystem
Entdecker	1846, Johann Gottfried Galle (DE, 1812–1910)

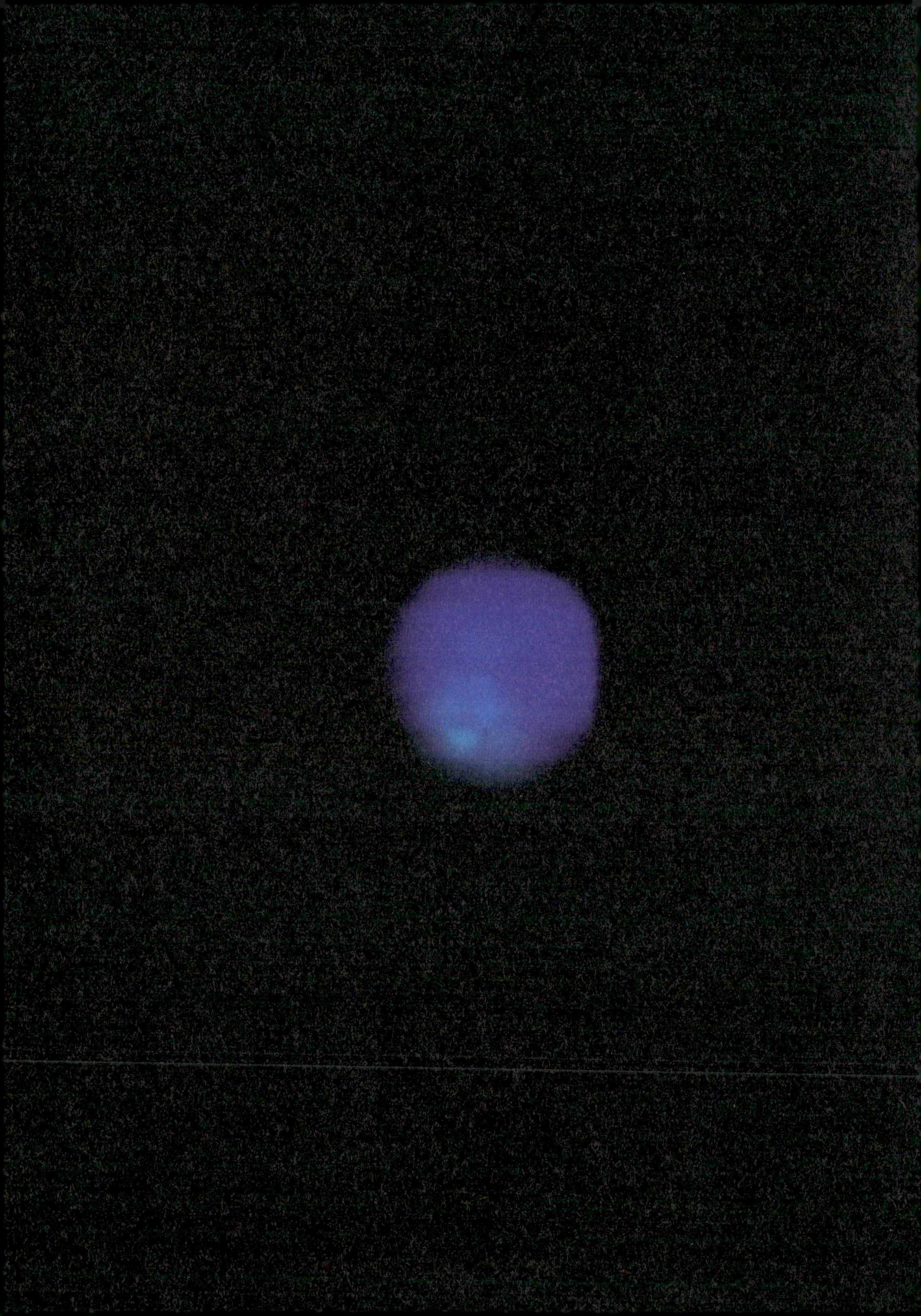

Triton, Nerid, Naiad, Thalassa, Despina, Galatea, Larissa, Proteus, Halimede, Psamathe, Sao, Laomedeia und Neso tragen. Der größte Mond ist Triton, mit einem Durchmesser von circa 2700 km sogar größer als der Zwergplanet Pluto.

Neptun ist so weit von uns entfernt, dass er mit normalen Teleskopen nicht fotografiert werden kann. Wir danken einem Freund von uns für dieses wunderbare Foto, das er mit einem speziellen Planeten-Teleskop aufnehmen konnte.

Mythen/Geschichte/Erzählungen

Im Jahre 1612 beobachtete Galileo Galilei Jupiter und sah dabei Neptun, hielt ihn aber für einen Hintergrundstern oder einen Mond von Jupiter. Galilei machte darüber Notizen, die später rekonstruiert werden konnten.

Die Existenz von Neptun wurde bereits vor seiner Entdeckung vermutet. Nachdem man Uranus gefunden hatte und seine Bahn nicht dort war, wo sie rechnerisch sein sollte, wurde angenommen, dass ein weiter außenliegender Planet die Schwerkraft von Uranus beeinflusst. Durch komplizierte und aufwendige Berechnungen wurde die Position von Neptun vorausgesagt, und später entdeckte Johann Galle diesen Planeten, der nur etwas kleiner als Uranus ist.

Der Name »Neptun« steht für den römischen Wassergott, der vom griechischen Poseidon abgeleitet ist. Der Planet Neptun wurde ihm gleichgesetzt, um zu verdeutlichen, dass er aus der Tiefe des unbekannten Alls seine Wirkung auf uns hat. Der größte Mond Triton, welcher als Sohn des Neptun gesehen wurde, bekam seinen Namen aus den griechischen Mythologien zugesprochen. Neptuns dreizackiges Symbol steht für das Seewesen und die Delfine.

Wirkung auf den Menschen

Der Planet Neptun hilft uns, unseren Gefühlsüberschwang auszugleichen. Wir beginnen, Dinge mit einer gewissen Nüchternheit zu betrachten, und Gefühle treten mehr in den Hintergrund.

Neptun macht uns auf unsere Illusionen aufmerksam. Wo glauben wir zu wissen, dass es so ist, und es könnte aber doch anders sein? Wo haben wir ein falsches Bild? Er hilft uns, diese Wunschbilder zu erkennen und in realitätsnahe Bilder zu wandeln. Bei Luftschlössern, die wir uns gebaut und die vielleicht auch Sinn gemacht haben, merken wir, dass diese uns mehr hinderlich sind als wirklich von Nutzen. Ein aufwühlender Prozess beginnt, unsere Täuschungen langsam abzubauen. Wir kommen zurück in die Realität und begreifen, dass wir besser von der Umwelt verstanden werden.

Durch Neptun lassen wir uns von unserer inneren Stimme leiten und erleben unser Urvertrauen in einer neuen Dimension. Alles fließt um uns herum, und wir dürfen uns diesem Fluss hingeben und dem Sog folgen. Manchmal werden wir an die Oberfläche geführt, und wir werden von der Sonne erstrahlt und aufgewärmt. Wir wissen, wir sind da, aber keiner nimmt uns merklich wahr. Wird aber nach einer Fähigkeit gesucht, die wir zu bieten haben, kommen wir ins Zentrum der Wahrnehmung. Du bist wichtig und wirst wertgeschätzt.

Neptun führt uns näher an den Spruch »Alles ist eins«. Uns wird bewusster, dass alles, was wir tun, Auswirkungen auf das ganze System haben kann.

Astronomisches Symbol	
Numerologie	6
Chakra	
Farben	

Nordamerikanebel

Astronomischer Steckbrief

Dieser aus Staub und Wasserstoffgasen bestehende Emissionsnebel wird durch die energiereichen jungen Sterne und durch Ionisation zum Leuchten angeregt. Die jüngsten Sterne sind erst eine Million Jahre alt.

Eine Dunkelwolke trennt den Nordamerikanebel von dem Pelikannebel. Diese Dunkelwolke hat eine so hohe Dichte, dass nicht einmal infrarote Strahlung sie durchdringen kann.

Beim Aufsuchen dieses Nebels hilft uns der hellste Stern Deneb (α Cygni) des Sternbildes Schwan. Östlich davon ist mit dem Fernglas eine etwas hellere Stelle auszumachen. Um ihn genauer in Augenschein nehmen zu können, braucht man schon ein Teleskop und einen völlig dunklen, mondlosen Nachthimmel, der von keiner künstlichen Lichtquelle gestört sein sollte.

Mythen/Geschichte/Erzählungen

Die Entdeckung des Nordamerikanebels war eine der ersten, die mithilfe der Astrofotografie gemacht wurde.

Legt man den Umriss der Nordamerika-Karte auf diesen Gasnebel, so ist es erstaunlich, wie genau sie zusammen-

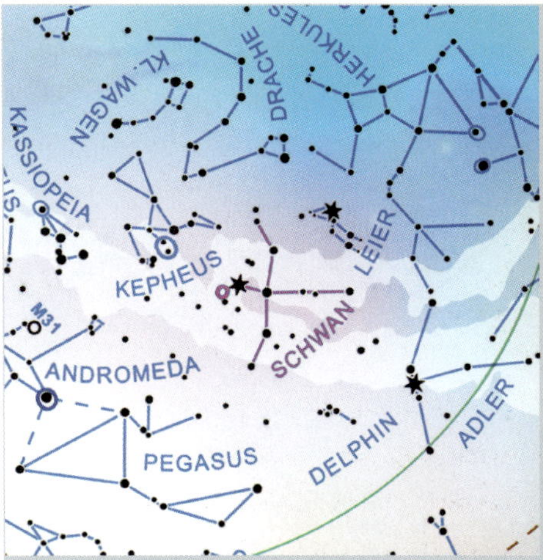

Astronomische Daten

Objektbezeichnung	Nordamerika- und Pelikannebel
Messier-Katalog	-
New General Catalogue	NGC 7000/-
IC Katalog	-/IC 5070
Objektart	diffuser Gasnebel
Sichtbarkeit	Juni–September
Sternbild	Schwan
Helligkeit (visuell)	6 mag
Entfernung	~ 2000–3000 Lichtjahre
Größe/Ausdehnung	80 Lichtjahre
Masse/Gewicht	-
Anzahl Satelliten	-
Entdecker	1891, Max Wolf (DE, 1863–1932)

passen. Aus diesem Grund wurde der Nordamerikanebel so benannt.

Die Form des kleineren Nebels erinnert tatsächlich an einen Pelikan mit dem Schnabel nach links, woher er auch seinen Namen erhielt. In diesem kleinen Nebel lassen sich noch andere Tiere erkennen, wie ein kleiner Elefant oder ein Fuchs.

Wirkung auf den Menschen

Dieses besondere Bild weckt in uns unsere eigene Naturverbundenheit. Schon die frühen Indianer Nordamerikas standen in einer engen Beziehung mit der Natur. Um ihre Familien zu ernähren, haben sie Beeren gesammelt und Tiere erlegt. Es wurden immer nur so viele Naturressourcen genutzt wie benötigt, und aus jedem noch so kleinen Knochen wurde etwas Brauchbares hergestellt. Nichts wurde fortgeworfen. Alle Nahrungsmittel wurden bewusst mit großer Dankbarkeit entgegengenommen und geehrt.

Der Pelikan ist ein selbstloser Vogel, der sogar sein Nest anderen Vögeln überlässt. Ebenfalls ist er bereit, sich selbst zu opfern, damit seine Jungen überleben. Dennoch ist er ein starker Vogel, der selbst in schwierigen Situationen den Kopf nicht hängen lässt. So lehrt uns der Pelikannebel, immer wieder an die Oberfläche zu kommen, egal wie schwer unser Leben ist und egal wie tief wir gesunken sind. Wir schweben in der Luft und über das Wasser und sind unsinkbar. Wir sollten uns befreien von Dingen, die uns zu sehr belasten, und uns nicht von Emotionen überwältigen lassen, die unser Handeln beeinträchtigen, nicht zu egoistisch denken, sondern auch unseren Mitmenschen Raum und Liebe geben.

Wenn wir im Pelikannebel eher den Elefanten sehen, will uns das Bild unsere eigene Kraft, Treue, Geduld und Intelligenz zeigen. Wir lassen uns von anderen nicht erdrücken, sondern handeln mit viel Weisheit und bringen so Frieden in unsere Umgebung. Stehen Hindernisse im Weg, werden diese ohne zu klagen schnell beseitigt, und ruhig geht es weiter.

Der Nordamerika- und Pelikannebel zeigt uns wieder die Naturverbundenheit und die Nächstenliebe. Wir lernen, dankbar zu sein, unser Glück mit anderen zu teilen und zu helfen, wo unsere Weisheit erforderlich ist.

Wirkung im Raum

Mit dem Nordamerika- und Pelikannebel werden wir erdverbundener und uns der Natur wieder bewusster. So erhalten wir die Möglichkeit, ganz im Hier und Jetzt anzukommen und nicht in andere Welten abzudriften.

Familien gibt das Bild den nötigen Zusammenhalt und den Familiensinn zurück. Alle Mitglieder fühlen sich gestärkt, und jeder hilft dem anderen. Durch den Schutz und die Liebe der Eltern fühlen sich Kinder wohl und aufgehoben.

In Firmen kann das Bild helfen, mehr füreinander da zu sein und nicht eigenbrötlerisch zu arbeiten. So wie die Pelikane gemeinsam fischen gehen und in Gruppen tauchen, so wird auch das Team gemeinsam arbeiten. Es wird Mitarbeiter geben, die sich aufopfern, um aus Blei Gold werden zu lassen. Durch die Arbeit im Team können diese Mitarbeiter geschützt werden. Mit der Weisheit der Elefanten wird es möglich, Hindernisse zu erkennen und zu beseitigen.

Während die Indianer sportlich kämpfen, vermeidet der Pelikan lieber die Konkurrenz und weicht freiwillig aus, um nicht kämpfen zu müssen. In Firmen hilft der Nordamerika- und Pelikannebel, weise und friedlich zu handeln oder zu kämpfen.

Astronomisches Symbol	
Numerologie	6 | 7 || 1 | 9
Chakra	
Farben	

Orionnebel

Astronomischer Steckbrief

Der Orionnebel ist der uns am nächsten gelegene und einer der größten Sternentstehungsorte. Zudem ist es einer der am besten erforschten Objekte am Himmel.

Der Nebel, bestehend aus Staub, Dreck, Wasserstoff und anderen Gasen, lässt noch viele unbekannte Materien vermuten und beheimatet junge Sterne und sternähnliche Objekte. Im Zentrum befindet sich ein massereicher Sternhaufen, wovon vier Sterne besonders herausragen und als Trapezsterne bezeichnet werden. Es wird vermutet, dass diese den Orionnebel durch Ionisation zum Leuchten bringen.

Nach vielen Jahren der Beobachtung werden noch heute neue Erkenntnisse in Bezug auf dieses Objekt festgestellt. Eine komplizierte Mischung aus zwei Sternhaufen und einzelnen Sternen lässt die Wissenschaftler noch weiter den Orionnebel erforschen. Verschiedene Theorien werden aufgestellt, um ein paar Jahre später wieder über den Haufen geworfen zu werden, weil neue Ergebnisse alte Theorien widerlegen. Der Orionnebel als Objekt der zahlreichen Unbekannten fasziniert aber nicht nur Wissenschaftler.

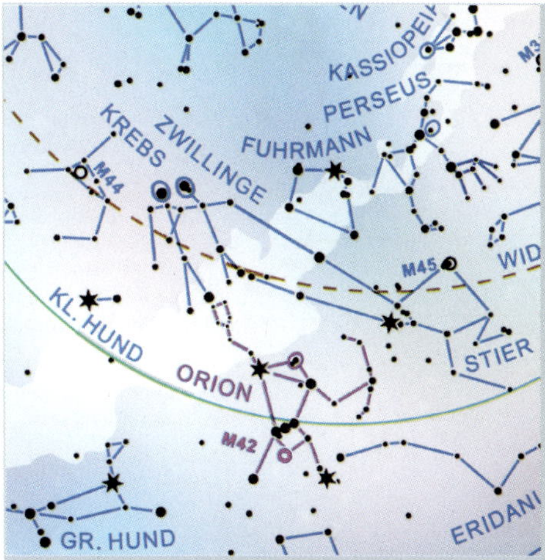

Astronomische Daten

Objektbezeichnung	Orionnebel und Running Man
Messier-Katalog	M 42, M 43 und -
New General Catalogue	NGC 1976, NGC 1982 und NGC 1977
IC Katalog	-
Objektart	Emissionsnebel und Reflexionsnebel
Sichtbarkeit	Oktober–März
Sternbild	Orion
Helligkeit (visuell)	4 mag
Entfernung	1350 Lichtjahre
Größe/Ausdehnung	30 Lichtjahre
Masse/Gewicht	-
Anzahl Satelliten	-
Entdecker	1610, Nicolas-Claude Fabri de Peiresc (IT, 1580–1637)

Der Orionnebel ist bei klaren Nächten sogar ohne Hilfsmittel, wie Teleskop oder Fernglas, zu sehen. Im Sternbild Orion unter dem Gürtel gibt es drei Sterne, die wie ein Schwert am Gürtel hängen. Im mittleren Stern findet man den Orionnebel, welcher als heller unscharfer Stern erkennbar ist.

Der kleinere, diffusere Nebel mit dem Namen »Running Man« umhüllt eine Gruppe von sehr hellen und heißen Sternen. Der Nebel rundherum reflektiert das Licht dieser Sterne, wird aber von einer Dunkelwolke teilweise verdeckt. Diese Dunkelwolke ähnelt der Form eines laufenden Mannes, weshalb der Nebel diese Bezeichnung erhielt.

Mythen/Geschichte/Erzählungen

Der sehr helle Orionnebel ist mit Bestimmtheit bereits schon vor Hunderten von Jahren von Menschen beobachtet worden. Als Entdeckung wurde jedoch 1610 die Dokumentation dieses Nebels eingetragen, und 1769 nahm Charles Messier den Nebel als M 42 in seinen Katalog auf. Bei der Beobachtung stellte er zwei Nebel fest, und so erhielt der obere Teil die Katalognummer M 43.

Bereits im Mittelalter müssen arabische Astronomen den Orionnebel beobachtet haben. Sie nannten das Objekt »Na'ir al Saif«, was »Der Helle im Schwert« bedeutet.

Wirkung auf den Menschen

Der Orionnebel als große Kinderstube, in der junge energiegeladene Sterne aufwachsen, symbolisiert mit seiner Form einen Schmetterling. Uns zeigt die Raupe ihre unglaubliche Veränderungskraft, den Mut und den Willen, zum Schmetterling zu werden. Mit diesem Sinnbild macht uns dieses Himmelsobjekt klar, dass alles möglich ist. Der Orionnebel lässt uns hindernde Gedanken verschwinden bzw. die Vorstellung der Unmöglichkeit dahinschmelzen.

Als entschlossener Läufer zeigt uns der »Running Man«, wie man mit Veränderung umgeht. Mit viel Zuversicht läuft er zielstrebig dem Ziel entgegen. Jede Veränderung hat ihren Sinn, entweder, um uns etwas klarzumachen, oder, um uns auf einen neuen Weg zu lenken.

Das Bild unterstützt uns auf unserem Weg im Alltag, wo es viele kleine Veränderungen und Anpassungen gibt. Gerade in der heutigen rasanten Zeit müssen wir flexibel bleiben und uns jeder Situation anpassen können. Es fällt uns schwer, dabei bei uns selbst zu bleiben und unseren Wünschen und Zielen zu folgen. Der Orionnebel hilft uns dabei, uns selbst zu beobachten und auf dem richtigen Weg zu bleiben.

Astronomisches Symbol	
Numerologie	1 | 2 || 8 | 2
Chakra	
Farben	

Wirkung im Raum

Der Orionnebel vereinfacht das Zusammenleben. Jeder fühlt die Wärme und Liebe und teilt diese mit Freude. Kinder fühlen sich geborgen, können sich entfalten und erhalten so einen guten Start ins Leben. Die Kraft des »Running Man« hilft dabei, jedes Hindernis zu überwinden und daran zu wachsen.

In Firmen werden mit dem Orionnebel der Grundgedanke, die Idee und das Leitbild gestärkt. Die Mitarbeitenden spüren den Schutz des Firmensystems und können sich daher optimal auf ihre Arbeit konzentrieren. Sind Veränderungen notwendig, werden diese positiv angenommen und weiterentwickelt.

In Sitzungsräumen erhalten die Mitarbeiter die Möglichkeit, ihre Standpunkte ruhig und sachlich zu äußern. Dabei wird Wert auf Fachlichkeit, Toleranz und Wertschätzung gelegt.

Der Orionnebel mit dem »Running Man« hilft dabei, gute Voraussetzungen zu schaffen, die zum Erfolg eines Unternehmens beitragen können.

Pac-Man-Nebel

Astronomischer Steckbrief

In diesem Emissionsnebel befindet sich ein offener Sternhaufen (IC 1590), dessen hellste Sterne die Quellen des Emissionsnebels sind. Zudem beinhaltet der Pac-Man-Nebel mehrere kleine Dunkelwolken, in denen Sterne entstehen.

Diese Region ist Bestandteil unserer Milchstraße.

Das Objekt haben wir mit den Bader SII, Ha, OIII Filtern aufgenommen, damit das eigentlich rötliche Gebilde sichtbarer wird.

Mythen/Geschichte/Erzählungen

Seinen relativ jungen Namen hat das Objekt von einem Computerspiel aus den 1980er-Jahren namens »Pac-Man« geerbt, dessen Hauptfigur ihm von der Seite her betrachtet ähnlich ist.

Wirkung auf den Menschen

Dieses Bild hilft dir, zur Ruhe zu kommen. Wenn der Alltag an dir vorbeizurasen scheint und du merkst, dass du nicht mehr aufnahmefähig oder einfach überfordert bist, dann kann dieses Bild dir den Raum schenken, den du brauchst, um wieder im Hier und Jetzt anzukommen. Es symbolisiert Ferien

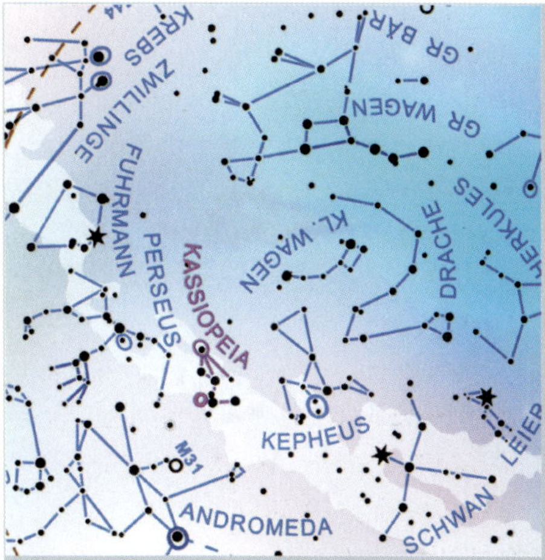

Astronomische Daten

Objektbezeichnung	Pac-Man-Nebel
Messier-Katalog	-
New General Catalogue	NGC 281
IC Katalog	IC 11 mit IC 1590
Objektart	Emissionsnebel mit offenem Sternhaufen
Sichtbarkeit	ganzjährig
Sternbild	Kassiopeia
Helligkeit (visuell)	7,3 mag
Entfernung	~ 9500 Lichtjahre
Größe/Ausdehnung	~ 100 Lichtjahre
Masse/Gewicht	-
Anzahl Satelliten	-
Entdeckung	1881, Edward Emerson Barnard (USA, 1857–1923)

vom Alltag, und die Glückshormone werden aktiviert. Dadurch haben wir mehr Power, mehr Kraft und Freude. In Situationen der Verzweiflung hilft der Pac-Man-Nebel, Ruhe zuzulassen und Platz zum Durchatmen zu finden.

Wir können mit diesem Bild von jedem Augenblick aus einen Start ins Blaue wagen und sinnbildlich ins kalte Wasser springen, um den tiefen Wünschen Platz zur Umsetzung zu schenken.

Beim Betrachten des Bildes haben wir das Gefühl, in den sich öffnenden Raum zu schauen. Die Wolken scheinen sich aufzulösen, zur Seite zu ziehen und den Blick auf etwas Unbekanntes, Spannendes oder Interesse Erweckendes zu eröffnen. Nimm dir die Zeit, und lasse dieses Himmelsobjekt auf dich wirken.

Wirkung im Raum

Im privaten Bereich kann uns dieses Bild einen Ruheraum, einen persönlichen Raum der Stärkung und des Auftankens schenken. Es lässt das Träumen zu. Dabei können neue Ideen, Wünsche und Ziele entstehen. Es schenkt den Anwesenden eine Art magische Energie, die sie auftankt wie ein Kurzurlaub.

In öffentlichen Gebäuden kann der Pac-Man-Nebel Offenheit und Verständnis repräsentieren. Er kann Mut spenden oder einen neuen Horizont aufzeigen, damit eine Situation neu erkannt oder Probleme gelöst werden können.

In Firmen können wir in Büros mit viel Kundenkontakt Mitarbeitern die zwischenzeitliche Erholung ermöglichen oder ihnen bewusst machen, dass alles Gesagte mit ihnen persönlich nichts zu tun hat. Die Bilder können aber auch in Sitzungszimmern den Horizont der Teilnehmer erweitern und so neue, andere Lösungsansätze entstehen lassen. Man kann das Projekt anders betrachten und so gegebenenfalls die Lösung optimieren.

Astronomisches Symbol	
Numerologie	2 | 5
Chakra	
Farben	

Pferdekopfnebel

Astronomische Daten

Objektbezeichnung	Pferdekopf- und Flammennebel
Messier-Katalog	-
New General Catalogue	NGC 2024
IC Katalog	IC 434
Objektart	Emissionsnebel und diffuser Gasnebel
Sichtbarkeit	November–März
Sternbild	Orion
Helligkeit (visuell)	11 mag
Entfernung	1500 Lichtjahre
Größe/Ausdehnung	2 Lichtjahre/ 6,5 Lichtjahre
Masse/Gewicht	-
Anzahl Satelliten	-
Entdecker	1786, William Herschel (GB, 1738–1822) 1887, Williamina Fleming (GB, 1857–1911)

Astronomischer Steckbrief

Die Dunkelwolke, die Pferdekopfnebel genannt wird, besteht aus großen Mengen von kaltem Gas und Staub. Im Inneren dieser Wolke entstehen zahlreiche neue Sterne. Der Pferdekopfnebel ist dank des dahinterliegenden Sternsystems Sigma Orionis so gut sichtbar. Seine Sterne ionisieren das Gas in der Umgebung und lassen dieses hell und rot leuchten. Starke ultraviolette Strahlungen dieser jungen Sterne führen jedoch dazu, dass sich der Pferdekopfnebel in den nächsten fünf Millionen Jahren auflösen wird.

Als eher kleiner Emissionsnebel im riesigen Orion-Komplex fällt der Flammennebel durch seine Helligkeit auf. Eine verästelte Dunkelwolke verdeckt die zahlreichen jungen Sterne, die mit ihrem ultravioletten Licht das Gas rot zum Leuchten bringen. Etwas außerhalb reflektieren Staubwolken das Licht der Sterne und geben dem Flammennebel eine bläuliche Hülle.

Mythen/Geschichte/Erzählungen

Der Flammennebel, durch William Herschel 1786 entdeckt, wird wegen seines Aussehens auch »Flammender Baum« genannt.

Der Pferdekopfnebel wurde 1887 durch Williamina Fleming entdeckt. Sie katalogisierte Sterne aufgrund von Fotos und entdeckte dabei die halbrunde dunkle Wolke.

Wirkung auf den Menschen

Diese Nebelregion hilft dir, deine aktuelle Verfassung und Gesundheit zu verbessern. Höre auf dein Herz, und achte auf deinen Lebensbaum. Atme Energie in dich hinein, und lasse die Funken sprühen. Sie ist ein Segen nur für dich und stärkt dein Herz und deinen Kreislauf.

Der Flammennebel zeigt dir die Anerkennung, die du brauchst. Auch wenn du für die von dir geleisteten Arbeiten kein Dankeschön erhältst, wirst du zu gegebener Zeit wertvoll ernten können. Sei nicht zu ehrgeizig dir und anderen gegenüber, sondern genieße das Leben, und probiere die verschiedenen Seiten deiner Persönlichkeit und deiner Interessen aus.

Entfalte deine Persönlichkeit, und brich aus den vorgegeben Strukturen aus. Zeige dein Temperament, fühle dich unabhängig, und lerne, mit der neuen Vitalität umzugehen. Um deine Mitmenschen nicht zu überfordern, wirst du dich am Anfang noch etwas zügeln müssen, aber das stört dich nicht, denn du weißt, du bekommst deine Chance, um deine Lebendigkeit auszuleben.

Das Bild des Pferdekopf- und Flammennebels verleitet zum Träumen. Es lenkt ab, damit man nicht wie ein Pferd hart arbeiten muss. Materielles verliert an Wichtigkeit. Dein Geist wird stärker.

Wirkung im Raum

Der Pferdekopf- und Flammennebel zeigt jedem im Raum auf, dass er seine Persönlichkeit ausleben darf. Sogar introvertierte Menschen lassen ihre versteckten Temperamente hervor und werden dabei von den Mitmenschen neu wahrgenommen. Dabei verbessert sich die Zusammenarbeit, was zu mehr Glück und Erfolg führt.

Menschen, die eher kalt wirken, zeigen, dass auch sie ein warmes Herz haben. Sie werden sanfter und ausgeglichener. Selbst diese Menschen werden für ihr Team durch Wasser und Feuer gehen.

Das Bild vermittelt dem Team, dass Projekte durch Probleme nicht abgebremst werden, sondern durch die einmal entflammte Hochstimmung immer weiter vorangetrieben werden können.

Astronomisches Symbol	
Numerologie	5 ‖ 3 | 5
Chakra	
Farben	

Plejaden

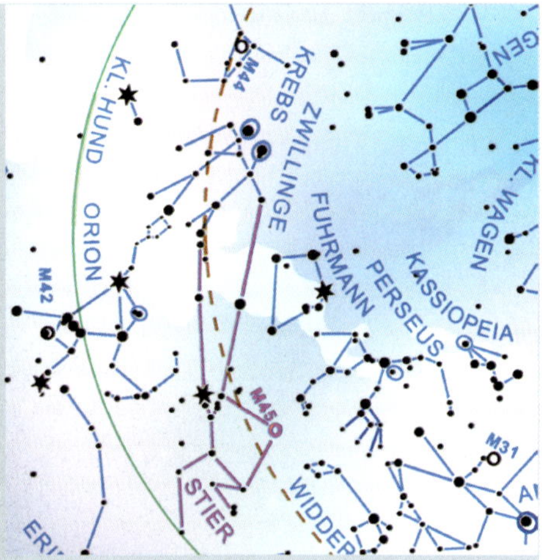

Astronomische Daten

Objektbezeichnung	Plejaden
Messier-Katalog	M 45
New General Catalogue	-
IC Katalog	-
Objektart	offener Sternhaufen
Sichtbarkeit	Juli–April
Sternbild	Stier
Helligkeit (visuell)	1,6 mag
Entfernung	~ 380 Lichtjahre
Größe/Ausdehnung	15 Lichtjahre
Masse/Gewicht	-
Anzahl Satelliten	-
Entdecker	15. Jahrtausend v. Chr., Wandmalereien (Lascaux)

Astronomischer Steckbrief

Eines der bekanntesten und am einfachsten zu erkennenden Himmelsobjekte ist der relativ nahe offene Sternhaufen mit dem Namen Plejaden. Er umfasst mehr als 1200 Sterne, die ca. 125 Millionen Jahre jung sind. Davon sind die sechs hellsten Sterne in klaren Nächten mit bloßem Auge sichtbar. Abseits großer irdischer Lichtquellen sind noch einige Sterne mehr am Himmelszelt zu erkennen.

Die Nebelschwaden stammen von mehreren Reflexionsnebeln, die einige Lichtjahre vor den Plejaden stehen und ihre eigenen Reisen unternehmen. Zurzeit reflektieren die Nebel die Sterne der Plejaden.

Die Namen der hellsten Sterne sind: Alkione, Atlas, Electra, Maia, Merope, Taygeta, Pleione, Celaeno und Asterope.

Mythen/Geschichte/Erzählungen

Zu den Plejaden kann man ganze Bücher füllen. Wir wollen hier nur einige Punkte kurz erwähnen, die zur Deutung hilfreich sein können.

Fast jede Kultur schenkt diesen Sternen besondere Aufmerksamkeit. Bereits in prähistorischen Zeiten haben unter-

schiedliche Kulturen uns Gegenstände hinterlassen, die die Plejaden abbilden.

Ungefähr 15 000 v. Chr. wurden in den Höhlen von Lascaux Wandmalereien von Stieren, Bären und anderen Tieren erstellt. Unter anderem sind bei einem Stier Punkte ähnlich dem Sternbild der Plejaden zu finden.

Die chinesischen Statuten des Yao, um 2357 v. Chr., beinhalten die ersten dokumentierten Aufzeichnungen der Plejaden.

Auf der Himmelsscheibe von Nebra, um 1600 v. Chr., sind, abgesehen von Lascaux, die ältesten Abbildungen der Plejaden zu sehen.

Bei den amerikanischen Indianerstämmen Navajo und Quechan entdeckte man Bilder der Plejaden. Es gibt Legenden der Quechan, die besagen, dass ihre Vorfahren von den Plejaden stammen.

Die Plejaden waren in der griechischen Mythologie die sieben Töchter des Atlas und der Okeanide Pleione. Der Sohn von Zeus, Orion, verfolgte und jagte die Töchter. Weil Zeus das nicht ertrug, versetzte er sie alle als Sternbilder an den Himmel.

Kulturen wie die Sumerer und Assyrer bezeichneten die Plejaden als »Siebengottheit«.

Eine Legende aus Wyoming (USA) erzählt davon, wie ein Berg gewachsen ist, um sieben junge Frauen vor einem Bären zu schützen. Die Mädchen wurden in die Plejaden verwandelt.

Eine andere Legende aus Australien erzählt von einer Gruppe Mädchen, die statt den Initiationsritus zur Frau lieber den Ritus der Jungen vollziehen wollten. Nach bestandener Prüfung kamen sie zur Belohnung als Plejaden an den Himmel.

Auch in Bauernkalendern wurden die Plejaden erwähnt. 800 v. Chr. wusste man, dass man die Aussaat des Winterweizens vorbereiten muss, wenn die Sonne am Morgen aufgeht und zur gleichen Zeit die Plejaden hinter dem Horizont verschwinden. Sind die Plejaden das erste Mal wieder im Osten sichtbar, kann der Winterweizen geerntet werden.

Das Datum des hawaiianischen Winterfests mit dem Namen Makahiki (Jahr) wird aufgrund der Plejaden bestimmt. Der Name ist wahrscheinlich eine Abkürzung aus Makali'i-hiki, was »Aufgang der Plejaden« bedeutet. Viele Hawaiianer glauben, dass ihr Ursprung in den Plejaden liegt. In Hawaii war Astronomie schon immer ein wichtiges Thema. Das Wissen wurde für rituelle und landwirtschaftliche Belange genutzt. Seit 2010 wird auf Hawaii mit den bekannten Pan-STARRS-Teleskopen nach Asteroiden und Kometen gesucht.

Noch heute nutzen die Massai in Afrika die Plejaden als Signalgestirn der Regenzeit.

Durch all die Jahrhunderte hatten die Plejaden viele unterschiedliche Namen. Anbei eine Liste einiger der uns bekannten Namen:

Subaru (Japan, Plejaden ähneln Reiskörnern),
Glucke mit Kücklein,
die sieben Schwestern,
die Tauben,
Blumenstrauß.

Wirkung auf den Menschen

Mithilfe der Plejaden wird unser Erinnerungsvermögen gestärkt. Wir werden daran erinnert, dass wir nicht alleine auf dieser Welt sind. Wir werden offener und geselliger. Wir lernen, unsere bestehenden Kontakte in unserer Umwelt zu schätzen. Liebevoll und fürsorglich pflegen wir diese und neue Kontakte.

Durch die Stärkung unseres Selbstbewusstseins werden wir immun gegen Beleidigungen und persönliche Angriffe. Wir nehmen sie zwar wahr und ziehen daraus unsere Lehren, aber sie hinterlassen keine Narben in unserer Seele. Selbstbewusst gehen wir durch unser Leben.

Die Plejaden zeigen unsere vielen Fähigkeiten, von denen wir nur einen kleinen Teil nutzen. Sei dir bewusst, dass du mit all deinen Begabungen alles erreichen kannst, was du willst und was richtig für dich ist. Lerne neue Fähigkeiten kennen, und nutze sie.

Mit den Plejaden lernen wir unsere innere Uhr besser verstehen. Wir nehmen die Zeichen, die der Körper uns sendet, z.B. Schmerzen, Müdigkeit oder Gefühle, wahr und können diese deuten und verstehen. Unser Körper ist unser bester Freund und kennt uns am besten. Wir lernen, ihm zu vertrauen und seine Sprache zu nutzen, um unsere Gesundheit und unsere Intuition zu stärken.

Wirkung im Raum

Die Plejaden stellen im Familienbereich eine Harmonie her, die es ermöglicht, mit den Familienmitgliedern einfacher zu kommunizieren. Sie erlaubt jedem, er selbst zu sein und doch zu fühlen, dass alle zusammengehören und gemeinsam einen Teil des Weges gehen.

Astronomisches Symbol	
Numerologie	4
Chakra	
Farben	

Als starkes Familien- und Team-Bild stärken die Plejaden unsere Individualität innerhalb einer Gruppe. Jeder erhält die Gelegenheit, seine Fähigkeiten auszuleben, und bringt so neue Möglichkeiten und viel Kreativität in die Gruppe. Dabei nutzt die Einheit jedem Einzelnen zum effektiven und schnellen Erreichen des gemeinsamen Zieles. Zielstrebig wird die nächste Aufgabe angegangen, weil die Erinnerung der guten Zusammenarbeit in jeder Person fest verankert wurde.

Im Sitzungszimmer helfen die Plejaden, bei der Tagesordnung zu bleiben und nicht abzuschweifen oder gar zu tief in ein Thema einzudringen. Punkt für Punkt wird die Sitzung effizient durchgeführt.

In Firmen mit Plejaden-Energie werden alle Mitarbeiter sehr geschätzt. Die Erfahrungen und das Wissen werden im gegenseitigen Austausch zwischen älteren und jüngeren Mitarbeitern weitergegeben. Dadurch entsteht eine gesunde Mischung aus frischen Ideen und bestehendem Wissen. Alte Werte werden nicht ersetzt, sondern durch junge, neue Ideen aufgefrischt. Die Mitarbeiter lernen, offen zu sein und gegenseitig voneinander zu profitieren.

Pluto

Astronomischer Steckbrief

Über den Zwergplaneten ist, vergleichsweise zu anderen Himmelsobjekten, nur sehr wenig bekannt.

Die Internationale Astronomische Union (IAU) änderte 2006 die Definition eines Planeten. Dies führte dazu, dass Pluto nicht mehr hineinpasste und eine neue Art von Himmelskörpern eingeführt werden musste: die sogenannten Zwergplaneten. Die sehr kleinen Objekte, die sehr weit entfernt um Sonnen kreisen, wurden immer häufiger auch in anderen Systemen entdeckt.

Eine Atmosphäre, wahrscheinlich aus Stickstoff und Methan, umhüllt die vermutlich gefrorene Oberfläche.

Plutos größter Mond, Charon, benötigt sechs Tage, um ihn zu umrunden. Dabei drehen sich beide Objekte so, dass sie sich einander immer dieselbe Körperseite zeigen.

Während alle acht anderen Planten der Erde ihre Umlaufbahn auf einer Ebene durchlaufen, fällt Pluto da etwas aus dem Rahmen. Seine Umlaufbahn ist schief zu dieser Ebene.

Pluto ist so klein und weit von uns entfernt, dass er mit normalen Teleskopen

Astronomische Daten

Objektbezeichnung	Pluto und Charon
Objektart	Zwergplanet/Doppelplanet
Sichtbarkeit	ganzjährig
Sternbild	Zodiak
Helligkeit (visuell)	13,65 mag
Entfernung	~ 5960 Mio. km
Größe/Ausdehnung	Pluto 2390 km Charon 1207 km
Masse/Gewicht	$1{,}25 \times 10^{22}$ kg
Temperatur	~ –200 °C
Umlaufzeit um die Sonne	247 Jahre, 244 Tage, 19 Stunden
Umlaufzeit um eigene Achse	366 Tage, 17 Stunden
Anzahl Satelliten	5 Monde
Entdecker	1930, Clyde William Tombaugh (USA, 1906–1997)

nicht fotografiert werden kann. Wir danken einem Freund von uns für dieses wunderbare Foto, das er mit einem speziellen Planeten-Teleskop aufnehmen konnte.

Mythen/Geschichte/Erzählungen

Früher galt Pluto als der kleinste Planet unseres Sonnensystems. Von allen Planeten liegt er am weitesten entfernt von der Erde. 2006 wurde Pluto in die Kategorie der Zwergplaneten verschoben.

2006 wurden zwei weitere Monde entdeckt, Nix und Hydra. Seitdem 2011 und 2012 noch einmal zwei Monde gefunden wurden, P4 und P5, sind sich die Astronomen nicht mehr sicher, ob ihre Entscheidung, Pluto als Zwergplanet zu klassieren, richtig war.

Einen Tag nach seiner Bekanntmachung 1931 erhielt er den Namen Planet X. Der erste Vorschlag für einen konkreten Namen kam von einer 11-jährigen Engländerin, die »Pluto« vorschlug. Ihr Vater telegrafierte diesen Namen sofort an die Sternwarte, wo er später angenommen wurde. Das Mädchen mit Vorliebe für die antike Mythologie wählte den Namen des römischen Gottes der Unterwelt (griechisch: Hades).

Wirkung auf den Menschen

Pluto hilft uns dabei, uns auf unserem Weg zu finden. Wie Pluto gehen auch wir unseren eigenen Weg und müssen uns nicht an andere anpassen. Wir durchlaufen unsere Entwicklung, lernen durch unsere eigenen Erfahrungen, formen und wandeln uns dabei. Pluto hilft uns, unsere Wandlungsprozesse zu optimieren und einfacher zu gestalten. Auf diese Weise fällt es uns leichter, unsere Veränderung anzunehmen und mit ihr umzugehen. Es ist, als wären wir schon immer so gewesen.

Jeder von uns hat Glaubenssätze, die sich von klein auf in uns festsetzen. Viele Jahre später existieren sie noch immer unbewusst und hindern uns an einem freien Leben. Pluto zeigt uns diese versteckten Glaubenssätze, damit wir diese transformieren können.

Pluto bringt uns Gedanken und Bilder tief aus unserem Unterbewusstsein. Längst Verdrängtes arbeitet sich an die Oberfläche hoch. Pluto erinnert uns daran und zeigt uns, dass wir die Erinnerung überwinden müssen, um stark zu sein für unsere nächsten Schritte. Mit jeder Auflösung fühlen wir uns leichter, friedlicher und gelöster.

Durch Pluto werden wir selbstsicherer. Wir lassen uns nicht alles gefallen und wehren uns, wenn uns etwas nicht passt.

Hinweis:

Pluto ist eine sehr kraftvolle Karte, die uns bei zu häufigem Tragen zum Krieger werden lässt. Weiter lässt er Spannungen entstehen, und egoistisches Denken fällt uns immer leichter. Wir empfehlen, die Karte nur ein bis drei Tage bei sich zu tragen, danach eine Pause von zwei Tagen einzulegen und zu prüfen, ob sich etwas verändert hat. Anschließend kann in diesem Rhythmus fortgefahren werden, falls es noch nötig sein sollte. Du spürst selbst, wenn Pluto dich zu ängstigen beginnt. Lasse ihn in diesem Falle weg, und ziehe eine neue Karte.

Astronomisches Symbol	
Numerologie	9
Chakra	
Farben	

Ringnebel

Astronomischer Steckbrief

Vor etwa 20 000 Jahren hat der Stern seine äußere Gashülle abgestoßen. Der Nebel ist der Überrest dieses explodierten Sterns. Im Zentrum befindet sich der nun kleinere, ursprüngliche und nun ausgebrannte Stern mit einer Helligkeit von 15,8 mag und einer Oberflächentemperatur von circa 70 000 °C.

Mythen/Geschichte/Erzählungen

Auf der Suche nach einem Kometen entdeckte Antoine Darquier de Pellepoix 1779 den planetenförmigen Nebel. Nur ein paar Tage später entdeckte auch Charles Messier das Objekt und nahm den Ringnebel als M 57 in seinen Katalog auf. Mit den Notizen von Antoine Darquier veranlasste William Herschel, diesen Nebel-Typ als »planetarischen Nebel« zu bezeichnen, da seine Formen einem Planeten ähnlich sehen.

Als Ringnebel wurde er bezeichnet, weil er, durchs Teleskop betrachtet, wie ein rauchiger Ring wirkt.

Wirkung auf den Menschen

Der Ringnebel gilt als Symbol für die Ewigkeit. Auch der Nebel bleibt scheinbar nach dem explosiven Ende des Sterns für die Ewigkeit am Himmel.

Astronomische Daten

Objektbezeichnung	Ringnebel
Messier-Katalog	M 57
New General Catalogue	NGC 6720
IC Katalog	-
Objektart	planetarischer Nebel
Sichtbarkeit	Sommer
Sternbild	Leier
Helligkeit (visuell)	8,8 mag
Entfernung	2300 Lichtjahre
Größe/Ausdehnung	1,3 Lichtjahre
Masse/Gewicht	0,2 Sonnenmassen
Anzahl Satelliten	-
Entdecker	1779, Antoine Darquier de Pellepoix (FR, 1718–1802)

Dadurch wird uns bewusst, dass alles, was wir tun, keinen Anfang und kein Ende hat. Denn alles hatte eine Wirkung, die viel weitläufiger ist, als wir annehmen.

Bei Beziehungsängsten zeigt uns der Ringnebel, wie wir auf andere Menschen zugehen können. Uns wird bewusst, dass wir uns ändern und den ersten Schritt selbst wagen müssen.

Während der Ringnebel unsere Körperzellen stärkt, werden wir agiler und merken, wie gut uns Bewegung tut. Oft drehen wir uns im Kreis und möchten gerne aktiv werden, aber Ausreden und Faulheit verzögern unsere guten Vorsätze. Der Ringnebel unterstützt uns dabei, uns zu überwinden, den ersten Schritt dazu zu tun.

Der Ringnebel hat die Fähigkeit, uns immer wieder auf den Boden der Tatsachen zu bringen. Menschen, die leicht davonschweben, in Tagträumen oder durch ihr Tun, werden mit dem Ringnebel wieder zurückgebracht. Der Ring bindet die Seele wieder an den Körper.

Wenn wir an uns selbst zweifeln und kein Selbstbewusstsein haben, hilft uns der Ringnebel dabei, unsere Einzigartigkeit und unsere Werte zu entdecken. Wir erkennen unsere Schönheit und unseren Glanz auf ganz neue Weise, erleben neue Talente und Eigenschaften und erhalten Bestätigungen in unserem Tun.

Wie der Hantelnebel kann auch der Ringnebel als magische »Wunschbox« dienen. Der Ring wird uns auf zauberhafte Weise Wünsche erfüllen.

Wirkung im Raum

Der Ringnebel schafft ein Zugehörigkeitsgefühl in der Gemeinschaft. Alle ziehen am selben Strick. Die Kommunikation fällt dadurch leicht und unkompliziert aus. Neue Mitglieder haben es jedoch schwer, in diese bestehende Gemeinschaft aufgenommen zu werden. Hierfür sollten die Plejaden oder die Andromeda-Galaxie verwendet werden.

Bei Einführungen von Produkten unterstützt der Ringnebel die Vorarbeiten. Leicht und verständlich werden Texte geschrieben und Werbemaßnahmen eingeleitet, die das Produkt einzigartig erscheinen lassen und seine Werte hervorheben.

Arbeitet man mit Klienten zusammen, die Schutzmechanismen aufgebaut haben, hilft der Ringnebel ihnen dabei, diese abzubauen und sich langsam zu öffnen, um wieder Vertrauen zu anderen Menschen zu schaffen.

Astronomisches Symbol	
Numerologie	1 | 6 | 2
Chakra	
Farben	

Saturn

Astronomischer Steckbrief

Von der Sonne aus betrachtet, ist Saturn der sechste Planet. Eine Schicht aus flüssigem Wasserstoff umgibt einen Kern aus Eisen. Die Atmosphäre ist extrem groß und besteht ebenfalls aus Wasserstoff und Helium wie bei der Sonne.

Mit seinen Monden bildet Saturn ein eigenes Miniatur-System.

Saturns Ringe bestehen aus Felsgestein und Eis. Die Brocken haben eine Größe von bis zu mehreren Kilometern. Es wird angenommen, dass diese Brocken die Überreste von Begleitern und Kometen sind. Durch die gravitative Wirkung der nahen Monde entstanden die Lücken in den Ringen.

Mythen/Geschichte/Erzählungen

Als Wandelstern ist Saturn gut sichtbar, weswegen er schon im Altertum mit zahlreichen mythologischen Deutungen belegt wurde. Wir können hier nicht alle erwähnen und nennen deshalb nur ein paar wenige. »Stern der Sonne« nannten ihn die Sumerer, und für die Babylonier war er »der Beständige« wegen seiner langsamen Umlaufgeschwindigkeit um die Sonne. Im antiken Griechenland wurde er dem griechischen Gott Chro-

Astronomische Daten

Objektbezeichnung	Saturn
Objektart	Gasplanet
Sichtbarkeit	immer, außer in den 4 Wochen, wenn Saturn zu nah bei der Sonne ist
Sternbild	Zodiak
Helligkeit (visuell)	–0,2 mag
Entfernung	~ 1430 Mio. km zur Sonne
Größe/Ausdehnung	120 500 km ca. 9,5 Erdendurchmesser
Masse/Gewicht	5,685 x 10^{26} kg
Temperatur	–139 °C
Umlaufzeit um die Sonne	29 Jahre, 166 Tage
Umlaufzeit um eigene Achse	10 Stunden, 14 Minuten
Anzahl Satelliten	62 Monde und Ringsystem
Entdecker der Ringe	1675 Giovanni Domenico Cassini (IT, 1625–1712)

nos (Herr der Zeit, Lebenszeit) zugeteilt, während die Römer ihn dem Gott des Ackerbaus, Saturnus, zuordneten. Mit Sichel oder Sense wurde Saturn im Mittelalter dargestellt. Man deutete ihn als Unglücksbringer. Er stand aber auch für Ordnung und Maß.

Saturn wurde auch für die Wochentagnamen mit einbezogen und sein Name bildete aus dem lateinischen Saturni den heutigen siebten Tag, im englischen »Saturday«, auf Deutsch »Samstag«.

Als Galileo Galilei 1610 durch eines der ersten Fernrohre den Saturn beobachtete, glaubte er, rundliche Ausbuchtungen zu beiden Seiten des Saturns gesehen zu haben. 2 Jahre später meinte er, sich getäuscht zu haben, weil die Ausbuchtungen nicht mehr sichtbar waren. Die Ringe standen zu diesem Zeitpunkt in Kantenstellung, also flach zu uns. Galilei verfolgte diesen besonderen Vorfall nicht weiter.

Durch die verbesserte Bauweise seines Teleskops und durch die systematische Beobachtung des Saturns gelang es 1655 Christiaan Huygens (NL, 1629–1695), einen Mond (Titan) zu entdecken. Vier Jahre später war er davon überzeugt, dass Saturn von einem freischwebenden Ring umgeben sei.

Giovanni Cassini entdeckte ab 1671 weitere Saturnmonde und bemerkte vier Jahre später die Teilung der Ringe, die später nach ihm benannt wurden.

In den folgenden Jahrhunderten wurden immer wieder neue Monde entdeckt und zahlreiche Informationen gesammelt. 1979 flog als erste Sonde überhaupt Pioneer 11 in 21 000 km Entfernung an Saturn vorbei und sammelte weitere Informationen. Auch Voyager 1 und 2 besuchten Saturn jeweils ein Jahr später und lieferten erste Bilder des Planeten, der Ringe und der Monde. 2004 erreichte die Raumsonde Cassini den Saturnmond Phoebe, und später hängte sich die Sonde an eine Umlaufbahn um Saturn, von wo aus sie noch immer Untersuchungen anstellt.

Wirkung auf den Menschen

Saturn ist ein gnadenloser Lehrer, der uns immer wieder aufzeigt, was wir zu lernen haben. Saturn macht es uns nicht leicht, aber er bringt uns ein gutes Stück vorwärts. Durch stete, kontinuierliche Arbeit müssen wir uns weiterentwickeln. Saturn führt uns dabei, bis wir Reife und Weisheit erlangt haben.

Saturn fördert unsere Konzentration. Dabei werden unsere Gedanken auf das Wesentliche gebündelt, um die Essenz zu erkennen.

Als Herr der Zeit zeigt uns Saturn immer wieder unsere Grenzen. Aber er kann uns genauso gut die Unendlichkeit klarer machen. Er lehrt uns, geduldig zu sein und uns unermüdlich mit Ernsthaftigkeit um unsere Angelegenheiten zu kümmern.

Durch Saturn wird uns bewusst, wie wichtig Strukturen sind, an denen wir uns festhalten können. Dies gibt uns eine Sicherheit zurück, die wir längst vermisst haben. Der Alltag fällt uns leichter, wenn wir uns an gewisse Regeln und Ordnung halten und uns selbst Strukturen festlegen.

Saturn unterstützt uns auch bei den Finanzen. Können wir unser Geld gut einteilen, oder sind wir zu verschwenderisch? Es wird uns bewusst gemacht, dass wir mit dem Geld wirtschaftlicher umgehen sollten. Auch wenn das Materielle für uns wichtig erscheint, müssen wir das Geld nicht leichtsinnig ausgeben. Saturn lehrt uns eine gesunde Vorsicht und Sparsamkeit.

Wirkung im Raum

In Unternehmen hilft Saturn den Mitarbeitern dabei, strukturiert und genau zu arbeiten. Zeitpläne, Regeln und Budgets werden eingehalten. Saturn macht es nicht allen leicht, weil jeder Einzelne sich anstrengen muss, dem Lernprozess zu folgen. Dabei spielen Geduld und Ausdauer eine wichtige Rolle. Wer beharrlich und vertieft dranbleibt, wird mit Erfolg belohnt.

Da Saturn eine sehr »strenge« Energie vermittelt, empfehlen wir, einen Ausgleich im Raum herzustellen. Dies kann in Form von Gegenständen, welche Fröhlichkeit, Freude und Leichtigkeit vermitteln, geschehen. So stellen wir einen guten Ausgleich her, welcher uns in unserem Urvertrauen stärkt.

Astronomisches Symbol	
Numerologie	9
Chakra	
Farben	

Schmetterlingsnebel

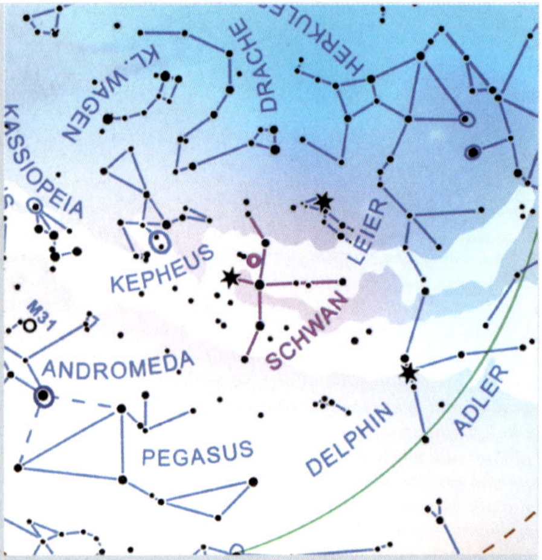

Astronomische Daten

Objektbezeichnung	Schmetterlingsnebel
Messier-Katalog	-
New General Catalogue	-
IC Katalog	IC 1318
Objektart	Emissionsnebel und H-II-Gebiet
Sichtbarkeit	Sommer
Sternbild	Schwan
Helligkeit (visuell)	7,9 mag
Entfernung	~ 4900 Lichtjahre
Größe/Ausdehnung	~ 40 Lichtjahre
Masse/Gewicht	-
Anzahl Satelliten	-
Entdecker	1792, William Herschel (GB, 1738–1822)

Astronomischer Steckbrief

Dieser Schmetterlingsnebel, der in der Herzregion des Sternbildes Schwan zu finden ist, gehört zu unserer Milchstraße. Das Band des Dunkelnebels in der Mitte hat eine Breite von 20 Lichtjahren. Die beiden Emissionsnebelgebiete tragen die Teilbezeichnungen IC 1318 B und C. Zu diesem Nebelkomplex gehört auch IC 1318 A, ist aber auf dem Foto nicht abgebildet.

Mythen/Geschichte/Erzählungen

Die beiden hellsten Nebelregionen haben in etwa die Form von Schmetterlingsflügeln. Die Dunkelwolke erscheint als Körper des Schmetterlings. Deshalb wurde der Nebel nach diesem Insekt benannt.

Wirkung auf den Menschen

Der Schmetterlingsnebel will uns darauf aufmerksam machen, dass eine wichtige Veränderung in unserem Leben ansteht. Hülle dich ein, und komme zur Ruhe. Erinnere dich an deine Pläne und Ziele. Wenn für dich der richtige Zeitpunkt gekommen ist, brich aus, und befreie dich aus deinen alten Mustern oder von Dingen, die nicht nötig sind. Der Schmetterlingsnebel hilft dir, deine zarten, filigranen Flügel aus-

zubreiten und kraftvoll als neuer Mensch auf deinem neuen Weg voranzukommen. Während des Transformationsprozesses kannst du dir selbst vertrauen und sicher sein, denn es ist ein natürlicher Prozess, den wir alle schon oft vollzogen haben.

Lebensveränderungen werden mit Unterstützung des Schmetterlingsnebels entspannt und freudig angenommen. Nebenbei wird uns unsere Schönheit bewusst, und wir treten selbstsicherer auf.

Veränderung kommt von innen. Dieses Bild schenkt dir durch die Stärkung des Nabel-Chakras genau diese Kraft.

Wirkung im Raum

Der Schmetterlingsnebel unterstützt uns bei Veränderungsprozessen, sodass wir leichter damit umgehen können. Freudig und leicht nehmen wir Anpassungen und Unvorhergesehenes an.

Launenhafte Personen werden ruhiger und konstanter durch die Wirkung des Nebels. Wichtig ist jedoch, den Leuten eine Rückzugsmöglichkeit anzubieten.

In Firmen gibt es immer wieder Umstrukturierungen, Wechsel von Kollegen, Reformen und andere Änderungen. Der Schmetterlingsnebel hilft den Mitarbeitern, sich darauf einzulassen und den Sinn dahinter zu sehen. Neue Produkte werden schnell eingeführt, oder Umschulungen werden offen angenommen. Damit sind die Mitarbeiter motivierter und fühlen sich selbstbewusster.

In Familien hilft das Bild Kindern, sich positiv zu entwickeln und ihre Fähigkeiten zu entdecken. Sie werden gut vorbereitet, um später in Eigenverantwortung ihr Leben zu führen.

In Räumen, in denen der Schmetterlingsnebel hängt, ist eine harmonische Energie spürbar. Die Personen gehen an solchen Orten sehr behutsam und respektvoll miteinander um. Es entstehen wertvolle Beziehungen, gute Teams und erfolgreiche Projekte.

Astronomisches Symbol	
Numerologie	6
Chakra	
Farben	

Sirius

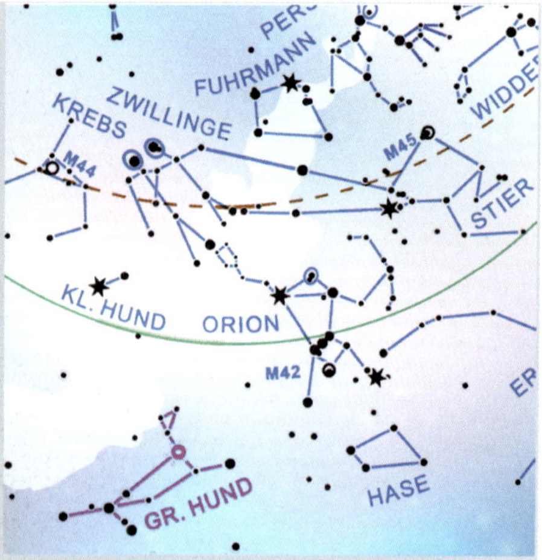

Astronomische Daten

Objektbezeichnung	Sirius (Alpha Canis Majoris)
Messier-Katalog	-
New General Catalogue	-
IC Katalog	-
Objektart	Doppelstern
Sichtbarkeit	Ende Oktober–Ende März
Sternbild	Großer Hund
Helligkeit (visuell)	–1,46 mag
Entfernung	8,6 Lichtjahre
Größe/Ausdehnung	1,7 Sonnendurchmesser
Masse/Gewicht	2,12 Sonnenmassen
Anzahl Satelliten	-
Entdecker	7. Jahrhundert v. Chr., Hesiod (GR, im 7. Jahrhundert v. Chr.)

Astronomischer Steckbrief

Der Doppelstern Sirius trägt viele Namen: α Canis Majoris (Alpha Canis Majoris), Canicula bzw. Aschere oder auch Hundsstern.

Sirius ist einer der nächsten Sterne und zugleich auch der hellste am Nachthimmel. Unter den Gestirnen sind nur noch Sonne, Mond und die Planeten Venus, Jupiter, Mars und Merkur heller. Schon bei geringen Luftunruhen scheint Sirius eine richtige »Discokugel« zu sein und flackert stark und farbenfroh, was auch auf zufällige Himmelsbetrachter immer wieder faszinierend wirkt.

Mit rund 240 Millionen Jahren ist Sirius eher ein junges Sternsystem. Das Besondere an diesem System ist jedoch, dass es sich um einen Doppelstern handelt. Das heißt, dass diese beiden Gestirne umeinanderkreisen wie Erde und Mond. Sirius B ist jedoch nur so groß wie die Erde und wird von Sirius A durch die große Helligkeit überstrahlt. So ist für uns nur ein Stern sichtbar.

Mythen/Geschichten/Erzählungen

Sirius (Seirios) wurde bereits im 7. Jahrhundert v. Chr. das erste Mal in den Lehrgedichten »Werke und Tage« von Hesiod erwähnt. Es gibt zahlreiche

Rückschlüsse auf die Namensgebung des Sirius. Wir wollen hier nicht näher darauf eingehen, sondern noch etwas zu den vielen Geschichten, die über diesen Stern erzählt wurden, schreiben. Sirius ist in vielen Kulturen Bestandteil von Mythen, Religionen und Gebräuchen. Einige kurz zusammengefasste Beispiele:

Die Ägypter erwähnten Sirius nicht als einzelnen Stern, sondern sprachen immer vom Dreieckssternbild Sopdet, welches die Sterne Seba-en-Sopdet (Sirius) sowie Adhara und Wezen umfasst. Im Lauf der Zeit verloren die dunkleren Sterne von Sopdet ihre Wichtigkeit, und Sirius wurde stärker verehrt. Sirius bekam als jährlicher Bote der Nilflut einen besonderen Status, denn die erste morgendliche Sichtbarkeit des Sirius im Nildelta fiel 2850 v. Chr. bewiesenermaßen auf genau deren Datum.

Die sumerische Religion hat Sirius schon 3 Jahrtausende v. Chr. mehrere zentrale Rollen übertragen. Als Kalenderstern erfüllte Sirius eine wichtige Funktion im landwirtschaftlichen Zyklus. Als Himmelspfeil galt Sirius als eine Hauptgottheit »der Sieben« und unterstand der Göttin Venus. Sirius galt aber auch als »Zieher über die Meere« und erhielt so bei den Akitu-, Babyloniern- und Assyrer-Neujahrsprozessionen entsprechend Opfergaben.

Für Hitze, Feuer und Fieber stand Sirius bei den Griechen und Römern. In den Monaten Juli bis August wurde auf ihn Bezug genommen, und die heißesten Tage bezeichnete man als »Hundstage«.

Auch die Volksstämme Nordamerikas sehen in Sirius einen Bezug zu Hund und Wolf. Die Cherokee sehen in den Hundssternen Sirius (östliches Ende Winterhimmel) und Antares (westliches Ende Sommerhimmel), welche die Enden des »Pfades der Seelen« (der Milchstraße) bewachen. Wenn eine Seele die Welt verlässt, muss sie genügend Futter bei sich haben, damit beide Hunde besänftigt werden und die Seele nicht auf dem ewigen Pfad herumirren muss.

Für die Völker der Südsee-Inseln diente der helle Stern der Navigation bei Fahrten zwischen den verstreuten Inselgruppen.

Wirkung auf den Menschen

Sirius stärkt die Konzentration im Alltag und hilft dabei, Prioritäten für kommende Aufgaben zu setzen. Die Klarheit des Sterns lässt uns zielorientiert bei der Sache bleiben und navigiert uns durch Blockaden und andere Verschleierungen unserer Gedanken. Er gibt uns Vertrauen in unsere Einzigartigkeit, und wir fühlen uns wertvoller und selbstsicherer.

Die Welt ist eine Bühne, und Sirius strahlt wie ein Scheinwerfer darauf – auf uns und unser Tun. Er beleuchtet unsere Schattenseiten und bringt Licht ins Dunkel. Sirius zeigt uns sanft, wo wir etwas ändern sollen, um aus unseren Verstrickungen oder Unausgeglichenheiten herauszukommen.

Sirius hilft uns bei Vorträgen oder Präsentationen dabei, nicht den roten Faden zu verlieren und selbstsicher vor vielen Menschen aufzutreten. Das gebündelte Licht, welches auf uns strahlt, stärkt unser Kehlkopf-Chakra, und die Aussprache wird somit klarer. Wir finden die passenden Worte und können diese in der richtigen Intonation aussprechen, sodass wir die gewünschte Wirkung erzielen.

Dank der kräftigen Strahlen des Sirius werden unsere Chakren aufgeladen, und wir fühlen uns energetisch gestärkt und zentriert. Dies wiederum erleichtert uns, unserer Intuition zu vertrauen und mit unserem höheren Selbst in Kontakt zu treten.

Wirkung im Raum

Wie ein Scheinwerfer beleuchtet Sirius jeden Anwesenden und hilft dabei, jede Einzelperson klar zu erkennen. Dabei bleibt der Fokus beim Thema.

Sirius bringt die Kraft und die unerschöpfliche Energie des Hundes in den Raum. Wir gehen sorgsam und effizient mit unserem Energiehaushalt um und fühlen uns gestärkt.

Festgefahrene Projekte oder Situationen erhalten wieder einen Sinn. Dabei kommt das Ziel wieder in den Fokus, und wir arbeiten motivierter an der Lösung.

Im Schulzimmer hilft Sirius Kindern dabei, bei Prüfungen konzentriert zu arbeiten, schnell und einfach Lösungen zu finden. Kinder lernen durch die Klarheit, Einfachheit und Helligkeit von Sirius, ihre Stärken zu sehen und zu nutzen.

Astronomisches Symbol	
Numerologie	5
Chakra	
Farben	

Sonne

Astronomischer Steckbrief

Bei der Sonne handelt es sich um unseren Zentralstern, um den sich das Planetensystem inklusive unserer Erde dreht. Im Vergleich zur Erde ist die Sonne gigantisch groß, aber im Vergleich etwa zu Antares winzig klein.

Die Sonne hat keinen festen Kern und besteht zu 75 % aus Wasserstoff und zu 23 % aus Helium, also aus sehr leichten Gasen. Nur etwa 2 % sind schwere Elemente, wie z. B. Metalle. Die Sonne ist ein riesengroßer brennender Gasball, in dessen Innerem extreme Explosionen stattfinden. Dabei werden gigantische Massen aus dem Inneren nach außen geschleudert (Sonnenprotuberanzen).

Die Sonne erwärmt unser ganzes Planetensystem. Merkwürdigerweise ist die Atmosphäre (Korona) der Sonne heißer als ihre Oberfläche. Warum das so ist, hat man noch nicht herausgefunden. Die Korona der Sonne kann als Strahlenkranz nur während der Sonnenfinsternis beobachtet werden. Dieser Strahlenkranz entsteht, weil das Magnetfeld der Sonne riesige feurige Gasmassen von der Oberfläche reißt und ins All schleudert. Dabei entstehen Sonnenwinde, die das ganze Sonnensystem beeinflussen.

Astronomische Daten

Objektbezeichnung	Zentralgestirn (Sonne)
Objektart	Gelber Zwerg
Sichtbarkeit	ganzjährig
Sternbild	Zodiak
Helligkeit (visuell)	–26 mag
Entfernung	149,6 Mio. km
Größe/Ausdehnung	1 392 700 km
Masse/Gewicht	330 000 Erdenmassen
Temperatur	5000 °C–15 Mio. °C
Umlaufzeit eigene Achse	25 Tage, 9 Stunden–36 Tage
Alter	~ 4,6 Mrd. Jahren
Anzahl Satelliten	8 Planeten

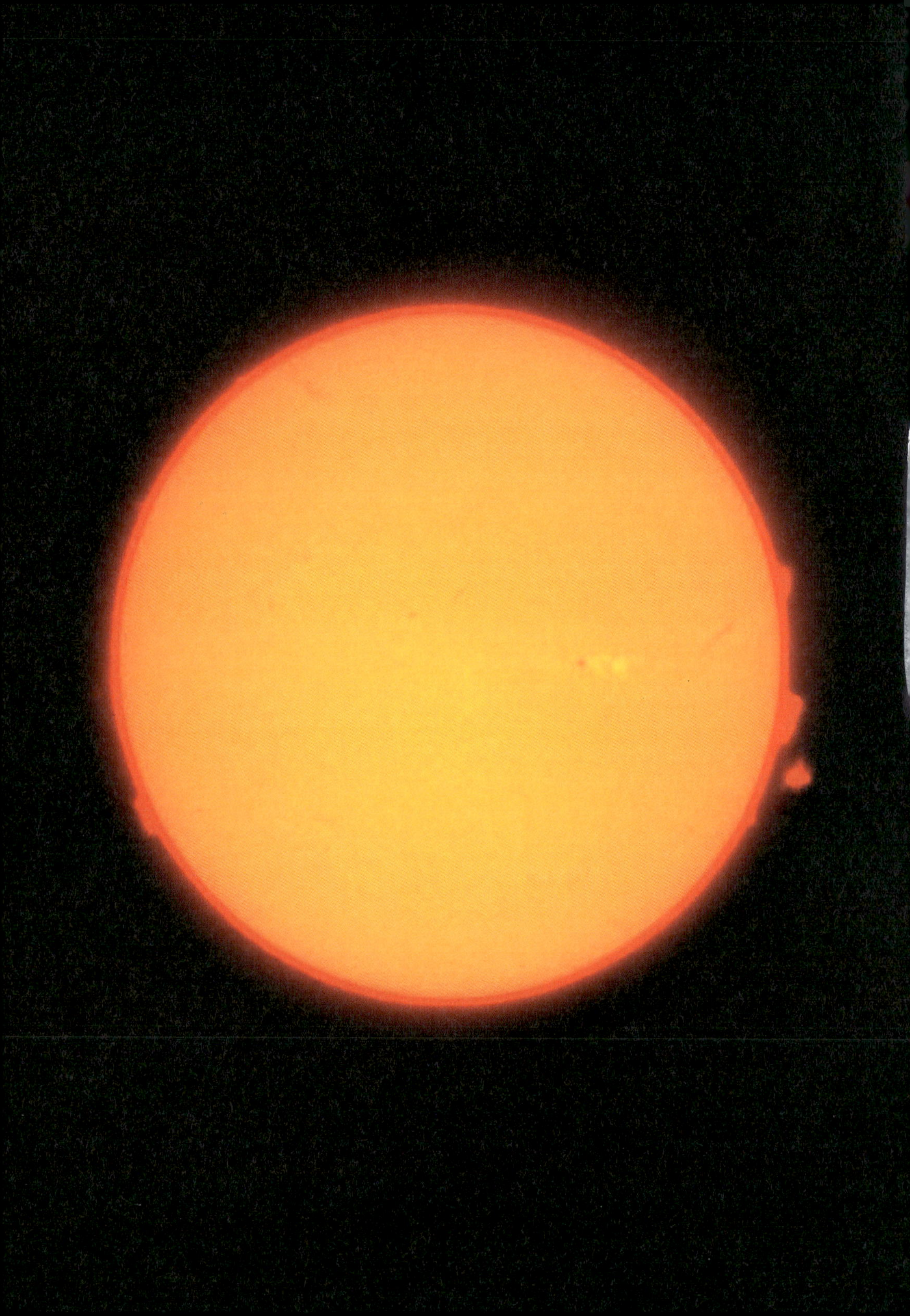

Unzählige schwarze Flecken sind auf der Oberfläche verteilt. Diese Flecken erscheinen unwillkürlich, wandern und verschwinden wieder. Sie sind etwas kühler als die Oberfläche, nur etwa 5000 °C heiß, und wirken deswegen dunkel.

Die Sonne hat verschiedene Rhythmen. Zum Beispiel erscheinen alle 11,7 Jahre viel mehr Sonnenflecken. In diesem Rhythmus ändert sich auch die Sonnenaktivität.

Die Sonne pendelt innerhalb unserer Galaxie zyklisch innerhalb von 26 000 Menschenjahren auf und ab. Im Dezember 2012 endete ein solcher Zyklus auf der 0-Achse.

Unsere Sonne hat bereits etwa die Hälfte ihres Brennmaterials verbraucht. Berechnungen zufolge soll die Sonne in 7 Milliarden Jahren heller und größer werden und als Supernova enden.

Die Jahreszeiten auf der Erde entstehen, weil die Erdachse um ca. 23,4° geneigt ist. Während die Erde um die Sonne kreist, zeigt die Erdachse immer in die gleiche Richtung.

Für das menschliche Auge ist die Sonne so gefährlich, dass wir erblinden können. Deshalb darf nie direkt in die Sonne geschaut werden. Astronomisch beobachten lässt sich die Sonne ebenfalls nur mit speziellen Filtern.

Mythen/Geschichte/Erzählungen

Zahlreiche Kulturen erhoben die Sonne zu ihrer wichtigsten Gottheit, da sie Licht und Wärme spendet und so das Leben überhaupt ermöglicht (Sumerer: Utu, Babylonier: Schamasch, altes Ägypten: Ra, Aton, antikes Griechenland: Helios, römisch und nordisch: Sol, Mexiko: Tonatiuh, Itzamná, Inti und viele weitere).

Sonnenfinsternisse lösten große Furcht und Angst aus. Damals meinte man, die Sonne werde von einem Drachen oder Monster gefressen. Tauchte die Sonne wieder auf, war dies der Beginn einer neuen Ära. Mit Ritualen und Festen wurde deshalb die Sonne beschworen und verehrt.

Mit dem Sesshaftwerden der Menschheit und der Einführung des Ackerbaus wurde die Beobachtung der Sonne wichtig, denn sie bestimmte, wann die Aussaat, die Ernte und der Verkauf von überschüssiger Ernte zu erfolgen hatten. Zur einfachen Bestimmung der Sonnenwenden wurden deshalb Monumente, wie z. B. Steinkreise errichtet, die als Jahreskalender dienten.

Als natürliche Uhr bestimmte die Sonne das Tagesgeschehen. Mit der Sonne wurde aufgestanden, wenn unser Körper den kleinsten Schatten warf, wurde zu Mittag gegessen und bei Sonnenuntergang wieder geschlafen. Daraus entwickelte sich die Schattentafel und in der Antike die Sonnenuhr, die noch bis ins 19. Jahrhundert verwendet wurde.

Im alten Griechenland entstanden die ersten Überlegungen, ob die Sonne wohl ein physikalisches Gebilde, also ein natürliches Objekt, sei. Dies war zu damaliger Zeit ein großer kulturhistorischer Schritt. Gemäß vorheriger Auffassung galt die Sonne als göttliches Wesen. Wegen dieser neuen Betrachtungsweise gab es heikle Konfrontationen mit den vermenschlichten Götterbildern des antiken Griechenlands. Zahlreiche griechische Philosophen nahmen aber diesen Gedanken auf und rätselten darüber, was die Sonne sein könnte.

In der Antike (800 v. Chr.–600 n. Chr.) wurde die Erde als Mittelpunkt des Universums betrachtet (geozentrisches Weltbild), also Sonne, Mond und Sterne umkreisten die Erde. Diese Vorstellung hielt sich über 2000 Jahre lang. Erst der deutsche Nikolaus Kopernikus (1473–1543) nahm den Gedanken von Aristarchos von Samos (310 v. Chr.–230 v. Chr.) wieder auf, nach dem die Sonne der Mittelpunkt des Universums sei (heliozentrisches Weltbild). Kopernikus versuchte, eine mathematische Grundlage dafür zu schaffen, was ihm nicht gelang. Er inspirierte andere Forscher wie Galileo Galilei und Johannes Kepler, die das heliozentrische Weltbild durch die elliptischen Planetenbewegungen beweisen konnten. »Und die Erde bewegt sich doch«, hatte Galilei im 17. Jahrhundert gesagt und wurde wegen der Veröffentlichung des heliozentrischen Weltbildes von der Kirche unter Hausarrest gestellt und mit einem Lehrverbot belegt. Das neue Weltbild setzte sich in den folgenden Jahren immer mehr durch. Die Astronomie entwickelte sich weiter, und die technischen Hilfsmittel wurden immer besser. Erst 1992 distanzierte sich der Heilige Stuhl in Rom öffentlich vom geozentrischen Weltbild und bezeichnete es als

Irrtum. Heute weiß man, dass die Sonne keine überragende Stellung im Universum einnimmt, sondern einer von hundert Milliarden Sternen der Milchstraße ist, die wiederum Teil einer größeren Struktur im Kosmos ist.

Wirkung auf den Menschen

Die Sonne ist das Symbol für Urvertrauen. Wir vertrauen bei jedem Sonnenuntergang darauf, dass die Sonne am nächsten Morgen wieder aufgehen wird. Dieses Vertrauen ist in uns so fest verankert, dass wir uns dessen gar nicht bewusst sind.

Der Sonnenauf- und -untergang, weist uns den Weg zu einem Neuanfang und Abschluss. Jeder Tag ist für uns eine neue Chance. Jeden Tag müssen wir neu beginnen. Wir entscheiden jeden Morgen aufs Neue, ob wir die Gedanken aus dem gestrigen Tag mitnehmen oder eben einen Neubeginn wagen. Beim Sonnenuntergang kommen wir zur Ruhe und lassen uns den Tag nochmals durch den Kopf gehen, finden dabei einen würdigen Abschluss und bedanken uns für den wundervollen Tag, den wir erleben durften. Die Sonne zeigt dir auf deinem Weg zur Selbstverwirklichung, wann du einen Neustart beginnen und wann du etwas abschließen solltest. Dies tust du in deinem Urvertrauen, dass alles gut wird und du jeden Tag neue Chancen erleben darfst.

Die Sonne schenkt uns Wärme, Kraft, Licht und Leben. Durch sie erlernen wir echte Lebensfreude. Wir erkennen, wie wichtig es ist, Spaß und Freude zu haben und diese Ausstrahlung mit Liebe an andere Lebewesen weiterzugeben.

Durch die Sonne entsteht Leben. Durch sie haben wir gesunde Nahrung zur Verfügung. Nahrungsmittel, welche durch Sonnenlicht gediehen sind, erfüllen uns von innen mit Sonnenkraft und lassen uns vitaler am Leben teilnehmen. Das Bild der Sonne lehrt uns, naturverbunden zu sein und auf unsere Umwelt zu achten. Sie weist uns darauf hin, dankbar zu sein für das, was wir haben, im Kleinen wie auch im Großen, für den Tag, für das Jahr wie auch für das ganze Leben.

Der Stern lehrt uns Gerechtigkeit, denn er wirft sein Licht auf jedes Objekt und lässt uns alles gut beleuchtet betrachten, um weise danach zu handeln. Durch die Sonne lernen wir zu vertrauen. Sie zeigt uns nicht nur, Vertrauen in kleinen alltäglichen Situationen, sondern auch Vertrauen im großen Ganzen zu haben.

Wenn der Tag trübe beginnt und wir in die Trägheit fallen, dann dreht das Bild der Sonne alles um, und in uns startet das Aktivitätsprogramm, das uns mobilisiert, aufheitert und den Tag zu einem erfolgreichen Tag werden lässt.

Wirkung im Raum

Als Raumbild sorgt die Sonne für eine ruhige, stabile Atmosphäre. Das Bild lässt uns fröhlich und kreativ unsere Aufgaben angehen. Die Sonne zeigt jedem seine Identität. Wir lernen, mit unserer Persönlichkeit umzugehen und können uns dabei selbst verwirklichen.

Die Sonne, als Dirigent im Orchester unseres Planetensystems, gibt im Büro der Firmenleitung Kraft und Ehrgeiz, das System sanft anzutreiben und im harmonischen Gleichgewicht zu halten.

In Sitzungszimmern beleuchtet die Sonne jeden Tagesordnungspunkt. Es wird gerecht und strukturiert gehandelt. Aktiv und schöpferisch werden neue Themen angegangen. Die Sitzungsteilnehmer fühlen sich aktiv einbezogen und wertgeschätzt.

In Arbeitsräumen bzw. Büros werden die Arbeitnehmer aktiviert, motiviert und sind voller Tatendrang. Sie wollen etwas (Weltbewegendes) erschaffen. Sie fühlen sich gestärkt, kreativ und entfalten sich dabei selbst.

In Praxisräumen wird dem Klienten eine wohlige Wärme vermittelt. Wenn die Klienten nur noch Schwarz sehen, gibt das Bild ihnen die Energie, die Dinge wieder im Sonnenschein zu betrachten. Die Welt wird strahlender und freudvoller. Die Sonne zeigt, dass wir hoffen dürfen. Ein neuer Funke Hoffnung entsteht und führt uns wieder auf neue Wege.

Eine Familie mit dominanter Frau und Mutter kann durch das Sonnenbild wieder mehr in Balance gebracht werden. Auch zu feminin eingerichtete Räume können durch ein Sonnenbild der Männlichkeit Raum schenken.

Astronomisches Symbol	
Numerologie	1
Chakra	
Farben	

Triangulum-Galaxie

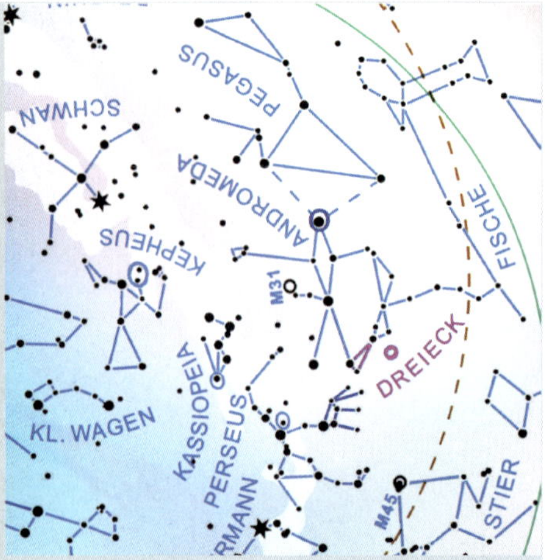

Astronomische Daten

Objektbezeichnung	Triangulum-Galaxie
Messier-Katalog	M 33
New General Catalogue	NGC 598
IC Katalog	-
Objektart	Galaxie
Sichtbarkeit	Juni–März, optimal im Oktober
Sternbild	Dreieck
Helligkeit (visuell)	5,7 mag
Entfernung	2,8 Mio. Lichtjahre
Größe/Ausdehnung	60 000 Lichtjahre
Masse/Gewicht	4–6 Mrd. Sonnenmassen
Anzahl Satelliten	-
Entdecker	1654, Giovanni Battista Hodierna (IT, 1597–1660)

Astronomischer Steckbrief

Als drittgrößte Galaxie unserer Lokalen Gruppe, nach der Andromeda-Galaxie und unserer Milchstraße, ist sie schwer im Teleskop zu finden, da sie nur knapp heller als der Himmelshintergrund ist. Erst auf Fotos ist die Galaxie erkennbar.

Ihre helle Kernregion wird von zwei dicken Armen aus Sternwolken im Uhrzeigersinn umkreist und lässt so eine Spiralgalaxie erscheinen. Viele Nebelregionen gestalten die Galaxie und lassen sie locker und ungleichmäßig erscheinen.

Die Triangulum-Galaxie ist eine sehr beschäftigte und tüchtige Galaxie. Sie hat solch gewaltige Energien, dass sie kaum weiß, wohin damit, und sie lässt dadurch viele neue Sterne entstehen. Die Galaxie besitzt so viele junge und heiße Sterne wie keine andere Nachbargalaxie unserer Milchstraße. In ihr finden Wissenschaftler unzählige Objekte verschiedenster Art, wie unterschiedliche Sternarten, Kugelsternhaufen, Novae und Nebelfelder.

Die Galaxie erscheint bläulich, weil sie in den Randzonen zahlreiche blaue Riesen beherbergt. Das sind Sterne, die so viel Masse haben, dass sie mit ihrem Energiehaushalt an ihre Grenzen kom-

men und bereits nach wenigen Millionen Jahren zu roten Überriesen werden und mit einer Supernova enden. Blaue Riesen entwickeln viel Energie und erreichen Oberflächentemperaturen bis zu 30 000 °C, weshalb sie extrem leuchtkräftig blau erscheinen und die Triangulum-Galaxie blau bestrahlen.

Mythen/Geschichte/Erzählungen

Weil die Triangulum-Galaxie im Sternbild Dreieck zu finden ist und früher nur als Nebel erkennbar war, wurde das Objekt Dreiecksnebel genannt. Erst später, als man in den besseren Teleskopen die Spirale mit dem leuchtenden Kern sah, wurde der Dreiecksnebel in Triangulum-Galaxie umbenannt. »Triangulum« kommt aus dem Lateinischen und bedeutet »Dreieck«. Heute werden beide Namen verwendet.

Wirkung auf den Menschen

In der Triangulum-Galaxie finden wir den Anfang der Entstehung. Durch Energie wurden wir gezeugt, und das Leben bestand von Anfang an aus Energie. Ohne diese würden wir nicht leben. Mit der Nahrung nehmen wir Energie auf. Durch Liebe, Wärme und Freude entsteht in uns Energie. Wir lernen schon als Baby, instinktiv mit unserem Energiehaushalt zu überleben. Wir sind große strahlende Energiewesen. Die Triangulum-Galaxie lehrt uns, wieder auf unseren Energiehaushalt zu achten und ihn bewusst wahrzunehmen. Wie gehen wir mit der Nahrungsenergie um? Essen und trinken wir gesunde Energie? Erhalten wir von unserem Umfeld Energie, oder müssen wir uns diese abholen oder gar erkämpfen? Was kann ich tun, um für mich mehr Energie zu haben? Welche Veränderung muss ich zulassen?

Die Galaxie zeigt uns, dass durch Aktivität neue Energie und neue Sterne entstehen. Genieße ein aktives Leben. Tue Dinge, die dir Spaß machen. Wenn ich Energie weitergebe in Form von Liebe und Wärme, dann werde ich in hellem Licht erstrahlen, und meine Energie wird nie versiegen.

Wir haben unzählige Fähigkeiten, nutzen jedoch nur einen geringen Teil davon. Trotzdem haben wir bereits viel erreicht und bewirkt in unserem Leben, ohne die in uns versteckten Talente zu nutzen. Vielleicht macht es Sinn, sich an eine neue Fähigkeit heranzuwagen. In unserem Leben müssen wir Neues lernen und unser Geschick bis ins hohe Alter bewahren.

Mit der Triangulum-Galaxie fällt es uns leichter, unsere Berufung zu finden. Hat man diese gefunden, fällt der Energiefluss leichter. Das ganze Leben erscheint plötzlich im Fluss zu sein und wir können auf der Welle surfen und uns einfach gleiten lassen.

Wirkung im Raum

Wenn wir Aufgaben haben, die uns schwerfallen, oder die endlos sind, hilft uns die Galaxie, richtig zu denken, zu reden und zu handeln. Dabei werden wir stark und erkennen, dass wir vielseitig sind und viele Fähigkeiten haben, die wir jederzeit abrufen können. Wir wissen, dass wir alles erreichen können.

In Firmen unterstützt uns die Triangulum-Galaxie, die Fähigkeiten jedes Mitarbeiters anzuerkennen. Jeder wird geschätzt, so, wie er ist, und mit dem, was er kann.

Auch in Familien wird jedes Mitglied gestützt, um seine Fähigkeiten auszuprobieren und sich zu verwirklichen. Dabei zeigt die Galaxie, dass wir mit Liebe und Wärme noch zu viel größeren Leistungen fähig sind. Gerade für Kinder ist es wichtig, im Entwicklungsalter verschiedene Dinge auszuprobieren, um sich dabei zu entdecken. Der Zusammenhalt der Familie wird gestärkt, weil jeder erkennt, wie wichtig seine Persönlichkeit ist. In Familienräumen schenkt die Galaxie viel Glück, Freude und Liebe.

Astronomisches Symbol	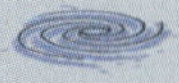
Numerologie	3 | 7
Chakra	
Farben	

Trifidnebel

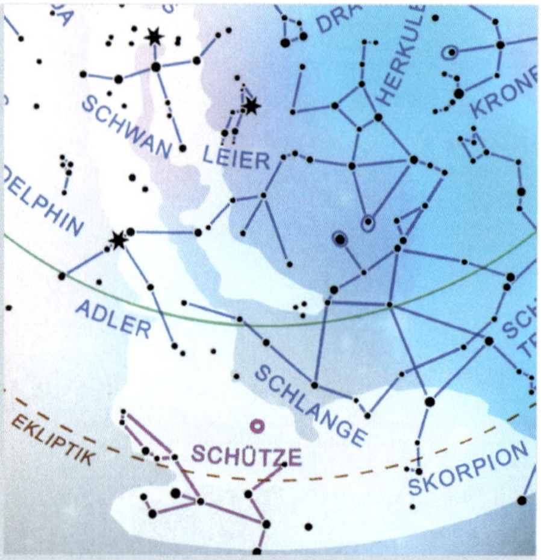

Astronomische Daten

Objektbezeichnung	Trifidnebel
Messier-Katalog	M 20
New General Catalogue	NGC 6514
IC Katalog	-
Objektart	Emissionsnebel
Sichtbarkeit	Juni–September
Sternbild	Schütze
Helligkeit (visuell)	6,3 mag
Entfernung	5200 Lichtjahre
Größe/Ausdehnung	23 Lichtjahre
Masse/Gewicht	-
Anzahl Satelliten	-
Entdecker	1764, Charles Messier (FR, 1730–1817)

Astronomischer Steckbrief

In einem besonders dichten Bereich der Milchstraße mit unzähligen Sternen und Dunkelnebeln befindet sich der Trifidnebel. Es handelt sich dabei um eine Kombination aus Emissions- und Reflexionsnebeln. Der rote Emissionsnebel ist auffällig durch eine Dunkelwolkenzone strukturiert. Im Inneren dieses Nebelteils entstehen junge heiße Sterne. Gewaltige Sternwinde dieser hell funkelnden Sterne regen die Gaswolken zum Leuchten an. Der blaue Reflexionsnebel wird hier durch einen weniger heißen Stern beleuchtet.

Mythen/Geschichte/Erzählungen

Wegen seiner dreiförmigen Spaltung, die man im Teleskop gut wahrnimmt, gab John Herschel (1792–1871) diesem Nebel den Namen »Trifidnebel«, welchen er vom lateinischen Wort »trifidus«, das für »dreigeteilt« oder »dreigespalten« steht, ableitete.

Wirkung auf den Menschen

Der Trifidnebel symbolisiert Feuer und Wasser. Damit ist dieses Bild eine gute Unterstützung bei Neubeginn in jeglicher Hinsicht. Wir haben hier die Reinigungskraft des Wassers und die Aktivität und Schnelligkeit des Feuers mit

seiner enormen Wandlungskraft. Nutze die Kraft des Trifidnebels, um deine Träume, Wünsche und nächsten Tätigkeiten mit Elan anzugehen. Bei Tätigkeiten, die dir nicht liegen oder viel Kraft zum Anpacken abverlangen, ist das Bild in deiner Nähe der richtige Katalysator. Der Nebel hilft uns auch, bei Entscheidungen die wichtigen, tief greifenden Aspekte zu finden.

So erkennen wir in diesem Bild eine Art Yin und Yang, die uns im Alltag immer wieder begleiten.

Wirkung im Raum

Der Trifidnebel aktiviert unbewusst das Feuer in uns. Durch die dazugehörige Reinigungsenergie können Konflikte jeglicher Art anhaltend gelöst werden. Das Arbeiten in diesen Räumen macht wieder Spaß, und spezielle Aufgaben werden eifrig und mit viel Freude angegangen.

Der Trifidnebel im Büro eines Vorgesetzten gibt dem ganzen Team Vertrauen in sein Handeln. In Teams hilft der farbenfrohe Nebel dabei, Lästereien, Mobbing und Sticheleien zu lösen und gemeinsam mit Schwung und mehr Nächstenliebe das Ziel zu erreichen.

Astronomisches Symbol 

Numerologie 8 | 9 | 7

Chakra

Farben

Wenn wir das Bild des Trifidnebels in Wohnbereiche hängen, dann fördern wir das aktive Zusammenleben, durch das es weniger Heimlichkeiten und mehr Verständnis füreinander gibt. Die Wandlungsfähigkeit wird aktiviert, sodass wir uns im ständigen Prozess ehrlich verändern dürfen und dieses Miteinander als Wachstum erleben.

Uranus

Astronomischer Steckbrief

Als siebter Planet von der Sonne aus gesehen ist Uranus etwa viermal so groß wie die Erde und besteht größtenteils aus Gestein, Eisarten und Wasserstoff. In seiner Atmosphäre kommen hauptsächlich Wasserstoff, Methan und Helium vor.

In jedem Tierkreiszeichen hält er sich ungefähr sieben Jahre lang auf. Besonders ist, dass seine Rotationsachse gekippt ist und fast in einer Ebene zu seiner Umlaufbahn liegt.

Auch Uranus besitzt elf bekannte dunkle Ringe aus Staub und großen Partikeln mit bis zu zehn Metern Durchmesser.

Seine 27 Monde bestehen überwiegend aus Eis. Die größten Monde messen gerade mal 1000 km im Durchmesser. Die meisten Namen der Uranus-Monde wurden aus den Werken der englischen Schriftsteller William Shakespeare und Alexander Pope bezogen.

Uranus kann in klaren Nächten gerade noch mit bloßem Auge gesehen werden, wenn man weiß, wo er zu finden ist. Kleine Teleskope zeigen eine kleine farblose Scheibe.

Astronomische Daten

Objektbezeichnung	Uranus
Objektart	Gasplanet
Sichtbarkeit	ganzjährig
Sternbild	Zodiak
Helligkeit (visuell)	5,6 mag
Entfernung	~ 2880 Mio. km zur Sonne
Größe/Ausdehnung	51 118 km
Masse/Gewicht	14 Erdenmassen
Anzahl Satelliten	27 Monde und 13 Ringe
Temperatur	–220 °C
Umlaufzeit um die Sonne	~ 84 Jahre
Umlaufzeit um eigene Achse	17 Stunden
Entdecker	1781, William Herschel (GB, 1738–1822)

Uranus ist so klein und so weit von uns entfernt, dass er mit normalen Teleskopen nicht fotografiert werden kann. Wir danken einem Freund von uns für dieses wunderbare Foto von Uranus, das er mit einem speziellen Planeten-Teleskop aufnehmen konnte.

Mythen/Geschichte/Erzählungen

Schon im antiken Griechenland wusste man um die Existenz des Planeten Uranus. Leider ging dieses Wissen später wieder verloren. Bereits viele Male wurde er neu entdeckt und auf Sternkarten als Stern eingezeichnet.

Uranus wurde per Zufall entdeckt. William Herschel dachte zunächst, einen Kometen gefunden zu haben. Nachdem er den kleinen Punkt einige Monate lang beobachtet hatte, erkannte er, dass es ein Planet sein müsse. Das war damals eine große Sensation, denn andere Planeten (von Merkur bis Saturn) waren schon seit Jahrtausenden bekannt und am Himmel nicht zu übersehen.

Herschel nannte den Planeten »Georgium Sidus« (den Georgischen Planeten), in Gedenken an den König Englands. Andere nannten ihn »Herschel«. Zur Übereinstimmung mit den anderen planetarischen Namen aus der klassischen Mythologie begannen einige, den Planeten »Uranus« zu nennen, was sich erst 1850 durchzusetzen begann.

Er wurde nach dem Himmelsgott Uranos benannt. In der griechischen Mythologie ist Uranus der Vater von Jupiter und Saturn.

Wirkung auf den Menschen

Uranus repräsentiert die Ideale der Französischen Revolution (1789): Freiheit, Gleichheit und Brüderlichkeit.

Uranus hilft uns dabei, plötzliche Veränderungen schnell anzunehmen. Spontane Verhaltensweisen werfen uns nicht so schnell aus der Bahn, sondern wir reagieren ebenso spontan, ruhig und locker.

Uranus lehrt dich, deine Fantasie und Originalität auszuleben und eigene Grenzen zu sprengen. Er fördert dich dabei, dich nicht zu sehr an materielle Werte zu binden, sondern dich durch deine Gefühle leiten zu lassen. Dabei lässt dich Uranus sprunghaft erscheinen. Für deine Umwelt sorgst du für positive Überraschungen. Du lebst in deiner Freiheit.

Durch Uranus erkennen wir alle Wesen als gleichwertig an. Es gibt keine besseren oder schlechteren Wesen, sondern alle sind gleichwertig. Jedes Wesen hat seinen Sinn und jedes Leben hinterlässt einen Fußabdruck, eine Wirkung auf diesem Planeten. Uranus hilft uns, alles mit Liebe zu betrachten und liebevoll zu handeln. Uranus bestärkt uns dann, gegen Unterdrückung einzutreten und Reformen, die Gutes bewirken, zu fördern. Uranus fordert uns auf, international und sogar kosmopolitisch (weltumspannend) zu denken.

Astronomisches Symbol	
Numerologie	1
Chakra	
Farben	

Venus

Astronomischer Steckbrief

Der Planet Venus ist der Sonne am zweitnächsten. Venus ist fast so groß wie die Erde, und ihre Erscheinung ähnelt sehr der Erde, weshalb sie auch zu den terrestrischen Planeten zählt und oft als Planetenschwester bezeichnet wird. Doch ähnlich sind nur Größe, Masse und die chemische Zusammensetzung, Oberfläche und Atmosphäre unterscheiden sich jedoch stark von denen der Erde.

Venus hat einen festen Eisenkern, um den alles flüssig ist bis auf die äußerste feste Kruste. Die Atmosphäre auf unserem Nachbarplaneten besteht zu 97 % aus Kohlendioxid und zu 3 % aus Schwefelgasen. Darum ist Venus permanent dicht bewölkt, und mächtige Winde toben in der Atmosphäre. Wegen der Wolken kann die Hitze nicht entweichen, und der Treibhauseffekt lässt die Oberfläche sehr heiß werden. Riesige Lavaströme bedecken den Planeten, obwohl die Vulkane nicht mehr aktiv sind.

Venus ist ein besonderer Planet. Vieles ist anders als bei den anderen Planeten. Zum Beispiel besitzt sie kein Magnetfeld.

Venus wandert schneller um die Sonne als um sich selbst. Also ist ein Venusjahr

Astronomische Daten

Objektbezeichnung	Venus
Objektart	Planet
Sichtbarkeit	ganzjährig
Sternbild	Zodiak
Helligkeit (visuell)	–4,6 mag
Entfernung	~ 108 Mio. km zur Sonne
Größe/Ausdehnung	~ 12 103 km
Masse/Gewicht	4,869 x 10^{24} kg
Temperatur	500 °C
Umlaufzeit um die Sonne	225 Tage
Umlaufzeit um eigene Achse	243 Tage
Anzahl Satelliten	-
Entdecker	16. Jahrhundert v. Chr., 21 Tontafeln (Babylonier)

kürzer als ein Venustag! Ebenfalls speziell ist, dass sie sich, im Gegensatz zu den anderen Planeten, im Uhrzeigersinn um ihre Achse dreht. Die Sonne geht auf der Venus demnach im Westen auf und im Osten unter.

Weil Venus sehr sonnennah ist, können wir unseren Nachbarplaneten entweder morgens vor Sonnenaufgang oder abends nach Sonnenuntergang beobachten. Sie ist nach Sonne und Mond das hellste Objekt am Himmel und ist daher gut erkennbar. Geschulte Augen können die helle Venus sogar am Taghimmel entdecken – aber Achtung: Nie direkt in die Sonne schauen!

Venus ist so nah an der Sonne, dass sie mit normalen Teleskopen nicht fotografiert werden kann. Wir danken einem Freund von uns für dieses wunderbare Foto von Venus, das er mit einem speziellen Planeten-Teleskop aufnehmen konnte.

Mythen/Geschichte/Erzählungen

Venus trägt den Namen der römischen Göttin der Liebe und Schönheit. Sie wird auch Morgenstern oder Abendstern genannt, weil sie morgens oder abends am besten sichtbar ist.

Zahlreiche Kulturen gaben Venus Namen ihrer Gottheiten. Meistens waren es weibliche Gottheiten, die mit Weiblichkeit, Fruchtbarkeit, Liebe und Licht im Zusammenhang standen. Allein über die Venus-Gottheiten lassen sich Bücher füllen.

Die germanische Göttin Frija war gleichgesetzt mit der italienischen Venerdi. Beide wurden Venus und dem sechsten Tag zugeordnet, wovon auch der heutige Freitag abgeleitet werden kann.

Im 16. Jahrhundert v. Chr. hatten die Babylonier 21 Jahre lang auf Tontafeln in Keilschrift Buch über die Venus geführt. Diese Tontafeln sind bekannt unter dem Namen »Ammisaduqa«. Sie enthüllen ein genaues Pentagramm, das der Planet Venus im Zeitraum von 8 Jahren beschreibt.

Mit den ersten Teleskopen erkannten die Astronomen um 1610, dass Venus wie der Mond Phasen zeigt und deshalb um die Sonne kreist und nicht um die Erde. Dies wiederum war in der damaligen Zeit eine wichtige Entdeckung, zeigte sie doch, dass nicht die Erde der Mittelpunkt des Universums ist. Bereits 1631 wurde der erste Venustransit – Venus wandert vor der Sonnenscheibe durch und ist als schwarzer Punkt in Teleskopen mit Sonnenfiltern zu sehen – beobachtet und dokumentiert.

Durch immer bessere technische Hilfsmittel wurden portionenweise Hinweise um unseren Nachbarn bekannt. Viele unbemannte Raumsonden wurden zu Venus geschickt, jedoch mit mäßigem Erfolg. Die dicke, stürmische Wolkenschicht, die starke Hitze, der weiche Untergrund und viele andere Faktoren machen es schwer, den Planeten zu erforschen.

Lange wurde geglaubt, dass sich unter der dicken Wolkenschicht lebensfreundliche Zonen wie Urwälder oder Wüsten befänden. Dies beflügelte einige Autoren seit den 1930er-Jahren, zahlreiche Science-Fiction-Romane mit Venus als Schauplatz zu schreiben.

Wirkung auf den Menschen

Venus lässt uns unsere Sinne wiederentdecken. Du fühlst, riechst, schmeckst, siehst und hörst besser. Dadurch nimmst du deine Umgebung differenzierter wahr. Hinterfrage deine Gefühle und Ahnungen, und schiebe die Wolken beiseite. Venus wird dir dann offenbaren, was du auf deinem Weg brauchst. Sie zeigt dir, dass in allem, was du wahrnimmst, Liebe steckt. Du wirst gestreichelt vom Wind, du riechst das Feuer, das dich schützt, du schmeckst die Erde, aus der wir Nahrung bekommen, du hörst das Wasser, das dich lebendig macht, und du siehst die Liebe in allem.

Venus, der Planet der Liebe und Verliebtheit ist umgeben von einer dichten, feinen Wolkendecke, die dich in deine Gefühle, Wünsche und Träume weich einbettet. Lasse dich tragen, und finde dein »kleines Glück«.

Venus hilft dir dabei, zu erkennen, wie deine (Liebes-)Beziehungen wirken und funktionieren. Dabei lehrt sie dich, auf eine neue Art zu lieben und Beziehungen intensiver zu gestalten. Jeder Mensch sehnt sich nach Liebe. Doch ist dir bewusst, was dir gefällt? Bist du zufrieden mit dem, was du hast? Bevor du an deiner Beziehung Kritik übst, finde dein eigenes Gleichgewicht. Bringe dich selbst in Harmonie. Dann fühlt sich die Liebe sanfter an, du nimmst den Partner intensiver wahr, du tauchst ein in die süß schmeckende Liebe und hörst den harmonischen Schlag des Herzens.

Wirkung im Raum

Im privaten Bereich gleicht Venus die Kräfte zwischen Mann und Frau aus.

Es wird eine harmonische Balance geschaffen. Wir fühlen uns wohl, können besser miteinander kommunizieren und finden immer näher zusammen. Die Liebe zueinander wird angereichert durch neue Ideen und auf wundersame Weise attraktiv und spannend gehalten. Auch wenn die Sexualität über die Jahre etwas eingeschlafen ist, hilft uns Venus, diese wieder zu wecken. Wir fühlen uns attraktiver, begehrter und bereit für die wahre Liebe.

Das Bild von Venus im Kinderzimmer zeigt dem Kind die bedingungslose Liebe der Eltern und der Natur ihm gegenüber. Es fühlt sich geborgen und behütet. Leicht kann das Kind zwischen Träumen und dem Hier und Jetzt wechseln. Venus fördert den Gleichgewichtssinn und lässt das Kind sicherer auf der Erde wandeln.

In Firmen kann Venus genutzt werden, um in gemischten Teams die Kommunikation zwischen Frauen und Männern zu klären und zu verbessern. Es wird ein natürliches Gleichgewicht geschaffen, in dem sich alle gut fühlen und sich wieder besser ihrer Arbeit widmen können. In Teams verschwinden Machtkämpfe und Unzufriedenheiten. Venus schafft eine Atmosphäre, die gegenseitiges Verständnis, Wertschätzung und einen liebevollen Umgang miteinander fördert.

Astronomisches Symbol	
Numerologie	6
Chakra	
Farben	

Whirlpool-Galaxie

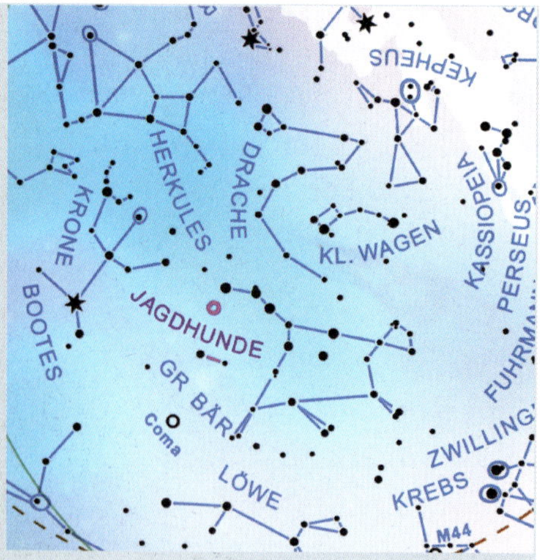

Astronomische Daten

Objektbezeichnung	Whirlpool-Galaxie
Messier-Katalog	M 51
New General Catalogue	NGC 5194/ NGC 5195
IC Katalog	-
Objektart	Spiralgalaxie
Sichtbarkeit	ganzjährig
Sternbild	Jagdhunde
Helligkeit (visuell)	8,1 mag/9,6 mag
Entfernung	~ 31 Mio. Lichtjahre
Größe/Ausdehnung	103 000 Lichtjahre
Masse/Gewicht	10 000 Mrd. Sonnenmassen
Anzahl Satelliten	-
Entdecker	1773, Charles Messier (FR, 1730–1817)

Astronomischer Steckbrief

Die Whirlpool-Galaxie (auch Strudelgalaxie genannt) ist eine Spiralgalaxie mit klarer, auffälliger Spiralstruktur. Was wir als ein Objekt wahrnehmen, sind in Wirklichkeit zwei Objekte. Die Whirlpool-Galaxie hat einen kleineren Begleiter, den wir im Bild oben als orangefarbene Kugel wahrnehmen.

Derzeit findet durch das Zusammenspiel der beiden Galaxien eine außergewöhnlich aktive Sternentstehung statt. Die noch jungen Sterne werden vermutlich sehr kurzlebig sein, denn innerhalb von nur 17 Jahren wurden drei Supernovae beobachtet, die teilweise das Ende solch junger Sterne markieren.

Im Zentrum von M 51 befindet sich ein aktiver galaktischer Kern mit einem supermassiven schwarzen Loch. Aus diesem Grund, und weil es eine der nächsten Galaxie ist in dieser Art, ist dieses Objekt für die Wissenschaftler sehr interessant.

Mythen/Geschichte/Erzählungen

Der französische Astronom Charles Messier nahm diese Galaxie nach seiner Entdeckung in seinen Katalog »diffuser Objekte« mit der Nummer 51 auf. Mit dem 1845 in Betrieb genommenen Rie-

senteleskop erkannte der irische Astronom William Parsons als Erster die spiralförmige Struktur des Objektes. Beim Blick durchs Teleskop erkannte er wohl einen Abflussstrudel, wie wir ihn von der Badewanne her kennen.

Wirkung auf den Menschen

Seit Millionen von Jahren tanzen diese zwei Galaxien ruhig ihren Walzer und versuchen sich zu vereinen. Irgendwann nach weiteren Millionen von Jahren wird es so weit sein. Aber wir brauchen viel Geduld und Ruhe. Alles ist im Fluss und steht nie still. In all den Jahren hat in jedem Augenblick eine immerwährende und spannende Wandlung stattgefunden. Nur durch Veränderung kann Neues (die Fusion) entstehen. Dafür braucht es zündende Ideen, die auch wieder verblassen dürfen, um Neues zum Entstehen zu bringen.

Durch das Betrachten der Whirlpool-Galaxie fühlen wir uns bereits nach kurzer Zeit ausgeglichen und zufrieden, was wiederum unser Selbstbewusstsein stärkt. Damit erhalten wir Lust, neue Ansichten des Lebens auszuprobieren, und nehmen die damit verbundenen Veränderungen eher an.

Menschen, welche zu Überreaktionen neigen oder Zorn in sich spüren, sollten sich öfter die Whirlpool-Galaxie anschauen. Denn durch das Betrachten werden die Nerven beruhigt, und die Gedanken werden auf anderes fokussiert. Es ist, als würden wir uns für kurze Zeit tatsächlich in einem Whirlpool entspannen.

Das Bild der Galaxie hilft uns dabei, mit mehr Zielstrebigkeit an Wünsche, Bedürfnisse und Ziele heranzugehen. Erfolgreich können wir nur sein, wenn wir unsere Neugier und unser Wissen gezielt einsetzen.

Die Galaxien stehen für das Herz- und das Nabel-Chakra. Sehen wir uns das Objekt mit der hellen Kugel unten an, haben wir ein starkes Nabel-Chakra, welches das Herz-Chakra aktiviert. Drehen wir das Objekt so, dass die helle Kugel oben ist, haben wir ein großzügiges Herz- und ein forderndes Nabel-Chakra.

Auf dem gemeinsamen Weg unterstützt das Bild unsere Freundschaften, unsere Ehe oder unser Team, lässt aber gleichzeitig jedem Individuum seinen persönlichen Raum. So, wie sich diese zwei Galaxien vereinen, sollten auch wir einander näherkommen, damit weibliche und männliche Energien zu einem neuen, harmonischeren Ganzen verschmelzen können.

Wirkung im Raum

Die Whirlpool-Galaxie kann den Zusammenhalt von unterschiedlichen Teams oder firmenübergreifenden Projekten fördern und zu einer erfolgreichen Zusammenarbeit führen.

Im Beruf und in der Schule ist das Bild konzentrationsstärkend, hilft beim Lernen und bei Prüfungsängsten. Es macht neugierig und fördert den Wissensdurst.

Es ist wie die Weinbergschnecke, die sich im Bild der Whirlpool-Galaxie zeigt: der helle Kopf, welcher interessiert und wissbegierig wirkt, und das große Schneckenhaus, welches für das gesammelte Wissen steht. Die Fühler strecken sich weit nach vorne, um den Weg zu erkunden. Die langsame, gleichmäßige Gleitbewegung der Schnecke steht für die Zielstrebigkeit, für kluge Vorsicht sowie für Geduld und Veränderung.

Bei Firmenfusionen fördert die Whirlpool-Galaxie es, dass die Mitarbeiter besonnen handeln und das Wissen in der Firma bleibt. Schlüsselpersonen erhalten die Möglichkeit, ihre Ideen und Wünsche für ihre Mitarbeiter zielorientiert einzubringen. Dadurch ist die Akzeptanz aller Mitarbeitenden größer und nachhaltiger.

Astronomisches Symbol	
Numerologie	4 | 7
Chakra	
Farben	

Nachschlagen

Die astronomischen Symbole

Galaxien Andromeda-Galaxie, Antennen-Galaxie, Bode's Galaxien, Centaurus A, Triangulum-Galaxie, Whirlpool-Galaxie

Nebel Adlernebel, Antaresregion, Blasennebel, Cirrusnebel, Der dunkle Turm, Embryonebel, Flammennebel, Hantelnebel, Helixnebel, Hummernebel, Irisnebel, Katzenpfotennebel, Krebsnebel, Lagunennebel, McNeil's Nebel, Nordamerikanebel, Orionnebel, Pac-Man-Nebel, Pelikannebel, Pferdekopfnebel, Ringnebel, Running Man, Schmetterlingsnebel, Trifidnebel

Kometen Komet Garradd, Komet Holmes, Komet Lulin

Planeten Merkur, Venus, Erde, Mars, Jupiter, Saturn, Uranus, Neptun, Pluto

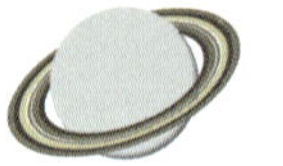

Sonne/Doppelsterne Antaresregion, Sirius, Sonne

Mond Mond

Sternhaufen Antaresregion, Kugelsternhaufen, Plejaden

Die Sternbilder

Vor ein paar tausend Jahren saßen die Menschen abends zusammen und sahen sich den Sternenhimmel an. Sie sahen Tiere und Menschen in den Sternen und erzählten sich Geschichten zu diesen Figuren. Die Sternbilder gaben eine Ordnung im Chaos, dienten als Kalender in der Landwirtschaft und führten die Menschen sicher über die Meere und durch die Wüsten.

Einige Sternbilder sind das ganze Jahr über sichtbar, während andere nur im Sommer und wiederum andere nur im Winter sichtbar sind. Tauchte ein bestimmtes Sternbild das erste Mal im Jahr am östlichen Nachthimmel auf, waren dies zuverlässige Zeichen für eine Reihe von Tätigkeiten und Ereignisse. Mithilfe dieses Wissens erschufen sich die Völker Kalender.

Die heutigen 12 Tierkreiszeichen liegen auf der sogenannten Ekliptik, einem gedachten Himmelsband von $\pm 10°$, das die Sonne, der Mond und alle Planeten durchlaufen. Bereits im 8./7. Jahrhundert v. Chr. waren die heute noch gültigen Tierkreiszeichen durch die Babylonier aufgezeichnet worden.

Im Altertum benannten die Griechen 48 Sternbilder nach Personen und Objekten aus ihren Mythologien. Von da verbreitete sich das Wissen über die Sternbilder in die arabische Welt. Dort wurde das Wissen ins Lateinische übersetzt und ins europäische Mittelalter weitergereicht. Erst im 17. Jahrhundert, mit dem Beginn der Schifffahrt nach Süden, wurden dem Südhimmel ebenfalls Sternbilder zur leichteren Orientierung zugeordnet. Diese neuen Sternbilder wurden nach Alltagsgegenständen aus der Schifffahrt und dem technischen Fortschritt benannt. Die Internationale Astronomische Union (IAU) legte 1922 die heutigen 88 Sternbilder fest. Es gibt zahlreiche weitere Sternformationen, die aber von der IAU nicht anerkannt sind. Im nördlichen Sternenhimmel finden sich 36 Sternbilder und im südlichen die übrigen 52.

Der ganze Sternenhimmel ist in die 88 Sternbilder eingeteilt. Damit ist jedes SternenEnergie®-Bild in einem Sternbild zu finden. Unsere Bilder aus diesem Buch hat Michael am Nordhimmel aufgenommen.

Sternbild	SternenEnergie®-Bild
Andromeda	Andromeda-Galaxie
Dreieck	Triangulum-Galaxie
Fuchs	Hantelnebel
Großer Bär	Bode's Galaxien
Großer Hund	Sirius
Herkules	Komet Garradd, Kugelsternhaufen
Jagdhunde	Whirlpool-Galaxie
Kassiopeia	Blasennebel, Embryonebel, Pac-Man-Nebel
Kepheus	Irisnebel
Leier	Ringnebel
Löwe	Komet Lulin
Orion	Flammennebel, McNeil's Nebel, Orionnebel, Pferdekopfnebel, Running Man
Perseus	Komet Holmes
Rabe	Antennen-Galaxie
Schlange	Adlernebel
Schütze	Lagunennebel, Trifidnebel
Schwan	Cirrusnebel, Nordamerikanebel, Pelikannebel, Schmetterlingsnebel
Skorpion	Antaresregion, Der dunkle Turm, Hummernebel, Katzenpfotennebel
Stier	Krebsnebel, Plejaden
Wassermann	Helixnebel
Zentaur	Centaurus A

Früher wurden die Sternkarten mit den entsprechenden Bildern und Geschichten ausgeschmückt, und man konnte sich die Sternbilder gut im Himmel vorstellen. Leider werden in den heutigen Sternkarten nur noch die hellsten Sterne durch Striche verbunden, sodass man die Sternbilder kaum noch erkennen kann. Die sogenannten Urner Sternkarten, benannt nach dem im Urnerland lebenden Schweizer Karl Oechslin, verbinden die Sterne ebenfalls mit Strichzügen, aber in erkennbarer Form. Bei unserer Sternkarte haben wir uns an die Notation von dieser Urner Sternkarte gehalten. Vielleicht erkennst du so einige Sternbilder einfacher am Himmel.

Beispiel Sternbild Perseus:*

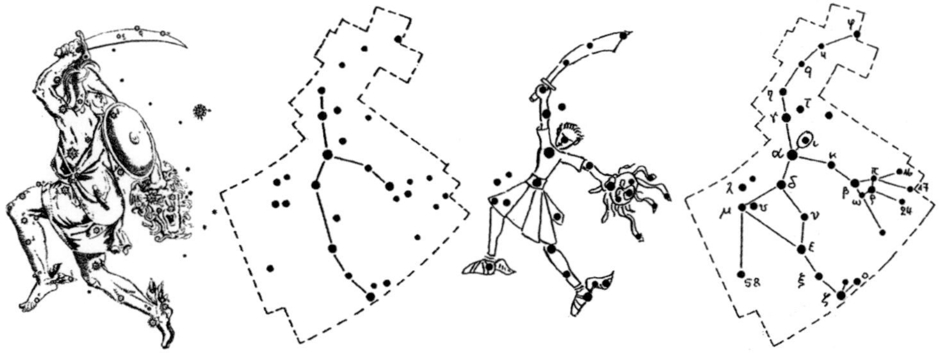

Johannes Bayer gezeichnet 1603

Linienzug SIRIUS-Karte seit Ende des 19. Jh. üblich

Skizze und Sternkarte mit Strichfigur gezeichnet 1943–2000

Bei jedem SternenEnergie®-Bild haben wir das dazugehörige Sternbild hier im Buch abgebildet. Im Kartenset ist auf der Kartenrückseite der Sternenhimmel abgebildet und das jeweilige Sternbild, in dem das Objekt liegt, hervorgehoben.

* Quelle: Karl Oechslin, Sternbilder zum Anfassen. Berichte der Naturforschenden Gesellschaft Uri 22. Altdorf 2002. ISBN 3-907083-14-8

Sternkarte

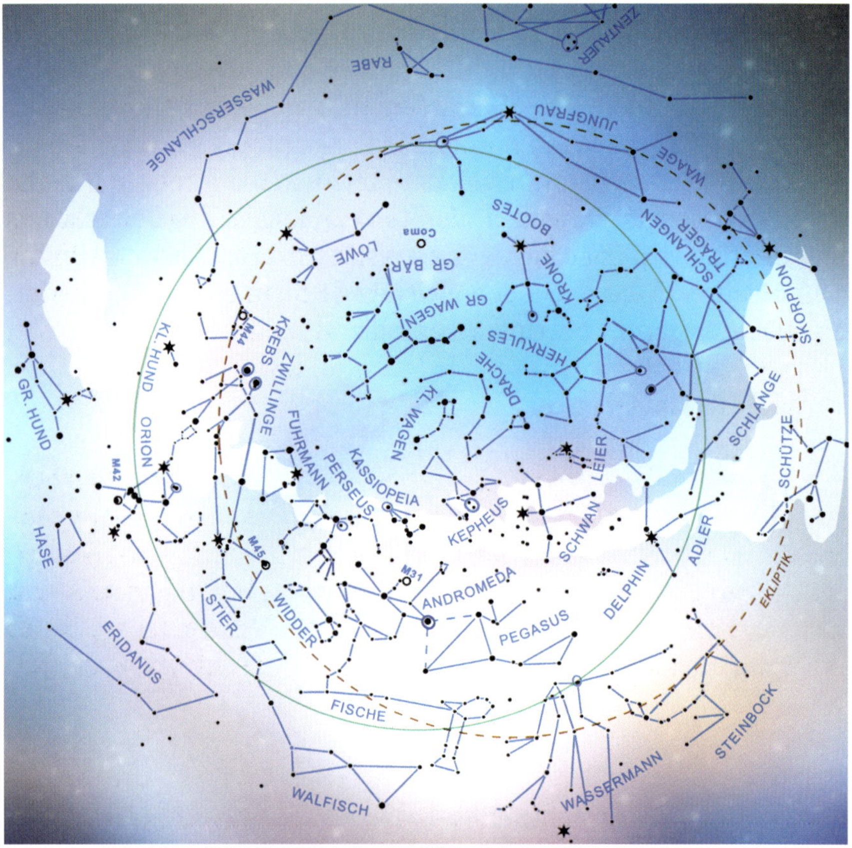

Die grüne Kreislinie beschreibt unseren südlichen Horizont. Je nördlicher wir uns befinden, desto kleiner wird der grüne Kreis.

Die rot gestrichelte Ekliptik umschreibt ein etwa 20 Grad breites Band um die gedachte Linie des Sonnenlaufes, auch Zodiak genannt, vor dem Sternenhimmel. In diesem Bereich finden wir 13 Sternbilder, von denen 12 als Sonnen-, bzw. Tierkreiszeichen bekannt sind. Alle Planeten unseres Sonnensystems und der Mond durchlaufen den Zodiak. Kein Objekt ist jemals außerhalb dieses Bandes.

Die weiße Wolke stellt die Milchstraße dar.

Die Qualität der Zahlen

Pythagoras (570–510 v. Chr.) war neben der universellen Wissenschaft besonders an der Zahlensymbolik interessiert. Er betrachtete diese Symbolik in der Kosmologie (mythische Lehre oder wissenschaftliche Theorienbildung über die Entstehung der Welt und des Weltalls), denn er glaubte an eine Ordnung im Universum. Für ihn war alles eine Zahl. Unter anderem entdeckte er die Zahlendeutung auf den Menschen bezogen. Aufgrund der Quersumme des Geburtsdatums oder des Namens einer Person lassen sich gewisse charakteristische Züge ableiten, die sich bei den gleichen Zahlenmenschen wiederholen. Über die Jahrhunderte hat sich die »Qualität der Zahlen nach Pythagoras« nicht verändert. Sie ist heute noch gültig. Zahlreiche Bücher beschreiben die sogenannte Numerologie ausführlich.

Das Wissen der Zahlensymbolik machen wir uns auch in der SternenEnergie® zunutze. Sie gibt weitere Deutungsgrundlagen. Der grüne Bereich unterstützt und fördert uns, und der rote Bereich schützt uns vor den aufgeführten Eigenschaften bzw. Gefahren und zeigt uns unsere Herausforderungen. Wählen wir ein SternenEnergie®-Bild, so haben auch seine Zahlen Auswirkung auf uns, die Betrachter des Bildes.

Wir haben die Zahlen der Objekte berechnet, indem wir den Namen des Objektes plus die Monatszahlen, in denen das Objekt für uns sichtbar ist, addieren. Man nimmt daraus die Quersumme und wieder die Quersumme, bis nur noch eine Zahl zwischen 1 und 9 vorhanden ist.

Wenn in den Endresultaten eine Ziffer mehrmals vorkommt, gilt diese als eine »starke Zahl« und wird als unterstrichene Ziffer dargestellt.

Bei zwei Objektbezeichnungen werden beide Namen für sich berechnet. Für eine bessere Lesbarkeit sind die beiden Zahlencodes mit einem doppelten Strich || abgegrenzt.

Beispiel:

Der Irisnebel hat auch die Katalogbezeichnung NGC 7023 und ist das ganze Jahr über für uns sichtbar. In der Zahlensymbolik berücksichtigen wir beide Namen und alle Monatszahlen. Die Buchstaben werden mit der folgenden Tabelle aufgeschlüsselt.

Schlüssel nach Pythagoras

1	2	3	4	5	6	7	8	9
A	B	C	D	E	F	G	H	I
J	K	L	M	N	O	P	Q	R
S	T	U	V	W	X	Y	Z	

1 2 3 4 5 6 7 8 9 10 11 12 = 78 = 15 = 6

I R I S N E B E L = 48 = 12 = 3 + 6 (Sichtbarkeit) = **9**

N G C 7 0 2 3 = 27 = 9 + 6 (Sichtbarkeit) = 15 = **6**

1

Ich bin die Eins, die All-Einheit und All-Verbundenheit. Ich bin der Anfang, denn aus mir werden alle anderen Zahlen und Möglichkeiten geboren. Ich teile nicht gern, stehe aber gerne im Mittelpunkt. Meine Einzigartigkeit macht mich mutig und selbstbewusst. Ich bin entschlossen, noch viel zu erreichen in meinem Leben, denn ich kann nur noch größer werden. Ich bin ein aktiver Einzelkämpfer.

Ich sollte lernen, mir selbst zu genügen.

Die Null, das Nichts und das Nicht-Sein. Die Null ist die mächtigste Zahl, denn steht sie vor dem Komma, nimmt sie Größe, und steht sie hinter einer Zahl, gibt sie Größe. Null ist der Ursprung aller Dinge und die Harmonie des Universums. Die Eins entsteht bei der Quersumme nur durch die Null. Null ist unbegrenzt und somit die Unendlichkeit und Ewigkeit. Null ist die unteilbare Einheit. Die Null ist die vollendete Form und die Leere.

das ICH, das Ego	Egoismus
Einzigartigkeit	Einsamkeit
geistige Einsicht	Minderwertigkeit
gesunde Selbstliebe	Opfer
Individualität	Selbstbetroffenheit
Selbstmotivation	Selbstüberheblichkeit
Unabhängigkeit	Selbstzweifel
Visionär und Schöpfer	
wahrhaftig	

- Bode's Galaxien
- Hantelnebel
- Katzenpfotennebel
- McNeil's Nebel
- Nordamerikanebel
- Orionnebel
- Pelikannebel
- Ringnebel
- Running Man
- Uranus

2

Du bist die Zwei, der Träumer und der Zweifler. Du bist das geteilte irdische Sein. Du liebst die Zweisamkeit und lebst die Polarität. Oft fühlst du dich unentschlossen, und doch willst du alles zusammenfügen. Die Zwei trennt, und doch liegt dir die Harmonie am Herzen. Deine Gefühle bestimmen, wie du handelst. Das macht dich sehr verletzlich, und oft leidest du.

Lerne, dich leidenschaftlich dem Leben gegenüber zu öffnen, und du findest dein Glück.

das DU	Abgrenzungsschwierigkeit
Integrationsfähigkeit	Entscheidungsschwäche
Intuition	Kontrolle
Kooperation	mentale Zerrissenheit
logisches Denken	Sehnsucht
Polarität und Dualität	Ver-2-flung
Unterscheidungsvermögen	Zwang- und Suchtverhalten
Vermittler, Diplomat, Berater	Zwiespalt

- Bode's Galaxien
- Erde
- Komet Holmes
- Komet Garradd
- Komet Lulin
- Lagunennebel
- Merkur
- Orionnebel
- Pac-Man-Nebel
- Ringnebel
- Running Man

3

Wir sind die Drei, das fröhliche und aktive Team. Wir schauen vorwärts und setzen spontan um, was andere planen. Uns wird schnell langweilig, und deshalb nutzen wir unsere Begabungen für Kreatives oder um Wissen anzueignen. Wir sind Körper, Geist und Seele, aber auch Geburt, Leben und Tod. Unsere Kraft ist universell. Wir haben einen Mittelpunkt und sind deshalb im Gleichgewicht und umgänglich. Uns fällt es leicht, Entscheidungen zu treffen. Durch unsere schnelle Auffassungsgabe fällt es uns leicht zu kommunizieren. Wir sind alles und können alles. Wir sind die Tat.

Wir lernen, alles etwas ruhiger und geplanter anzugehen.

das WIR/Team	destruktive Handlung
Durchsetzungsvermögen	Entmutigung
Dynamik	Kritiksucht
Kommunikation des Herzens	manipulative Sprache
Kreativität	Misstrauen
Macht der Worte	Überempfindlichkeit
Selbstverantwortung	Unberechenbarkeit
Umsetzungs- und TAT-Kraft	Verschlossenheit
Zahl des Werdens: toi-toi-toi	

- Adlernebel
- Flammennebel
- Helixnebel
- Hummernebel
- Lagunennebel
- Mars
- Pferdekopfnebel
- Triangulum-Galaxie

4

Wir sind die Vier, die Materie und der Raum. Wir werden der Erde zugeordnet, weil die Erde vier Elemente, Jahreszeiten und Himmelsrichtungen hat. Wir schaffen Ordnung und bringen Stabilität. Wir Vierer haben viel Organisationstalent und können hart und zuverlässig arbeiten. Was wir begonnen haben, bringen wir zur Vollendung.

Wir lernen, zu lernen und uns mit der Vergangenheit auszusöhnen. Wir brechen aus unserem Viereck aus und werden Neuem gegenüber offen.

der Raum, das Re-4	Angst davor, aus dem Rahmen zu fallen
Disziplin und Geduld	Aussöhnen mit Vergangenem
Ordnung und Stabilität	bewerten und verurteilen
Planer, Ratgeber, Administrator	Fixierung
Schöpfungskraft	Instabilität und Unschlüssig
Sozialengagement	Verletzungsangst
Tradition	

- Andromeda-Galaxie
- Centaurus A
- Cirrusnebel
- Der dunkle Turm
- Hummernebel
- Plejaden
- Sonne
- Whirlpool-Galaxie

5

Wir sind die Fünf, der menschliche Mikrokosmos. Im fünfzackigen Stern, dem Pentagramm, lässt sich der Mensch abbilden. Die Fünf erschafft sich immer wieder neu. Dort, wo wir sind, verändert sich etwas. Gerne spielen wir den Unterhalter. Deshalb wird es unserem Umfeld nie langweilig mit uns. Wir bringen Menschen zusammen. An Bildung sind wir sehr interessiert. Wir sind neugierig und unternehmen viele Reisen. Wir lieben die Freiheit, Unabhängigkeit und neue Herausforderungen.

Wir lernen, uns treu zu bleiben.

begeisterungsfähig	Abhängigkeit(en)
Freiheit, Grenzen sprengen	Angst davor, Rahmen zu sprengen
Organisationstalent	Harmoniesucht
Quintessenz der Menschen	Märtyrer
Selbstverwirklichung	Oberflächlichkeit
Sinn für Wahrheiten	Selbstgerechtigkeit
temperamentvoll	Selbstvergessenheit
Vermittlerrolle	Zerstreutheit

- Antaresregion
- Flammennebel
- Hantelnebel
- McNeil's Nebel
- Pac-Man-Nebel
- Pferdekopfnebel
- Sirius

6

Wir sind die Sechs, das Glück, der Zufall und das Altbewährte. Wir lieben die Harmonie und sind am liebsten mit der Familie oder den Freunden zusammen. Tradition liegt uns am Herzen. Wir versuchen, diese mit allen Mitteln zu bewahren. Nur widerwillig nehmen wir Neues an. Gerne geben wir Unterstützung oder beschützen. Wir wollen körperlich und im Ausdruck perfekt sein. Wir sind häuslich und nicht sehr gesellig. Unser Symbol ist der sechszackige Stern als Einheit der Polarität, denn der Stern besteht aus zwei gegenseitigen Dreiecken.

Wir lernen, unseren Körper zu akzeptieren und mit ihm liebevoll umzugehen.

(Selbst-)Liebe	Aggression, Zerstörung
Drang nach Perfektion	Opfer
Eigendynamik	realitätsfremd
formschaffendes Prinzip	rohe Körperkraft
Geduld und Toleranz	Selbst-(Kritiker)
körperliche Ausdruckskraft	Überperfektionsmus
Lebensprinzip	Unruhe
Lust an Bewegung und Sport	Zwänge

- Blasennebel
- Centaurus A
- Embryonebel
- Helixnebel
- Irisnebel
- Jupiter
- Krebsnebel
- Kugelsternhaufen
- McNeil's Nebel
- Neptun
- Nordamerikanebel
- Pelikannebel
- Ringnebel
- Schmetterlingsnebel
- Venus

7

Wir sind die Sieben, der Makrokosmos und die Zahl des Universums. Wir umspannen das Weltliche und das Geistige. Unser Ziel ist, Körper und Geist zu verbinden, um eine höhere Lebensqualität zu erhalten. Wir besitzen viel Wissen, und das stärkt unser Selbstvertrauen. Wir beobachten kritisch und forschen gerne. Wir arbeiten analytisch und auch spirituell. Das macht uns rätselhaft. Oft sind wir mit uns selbst vertieft. Wir brauchen die Ruhe und Sicherheit, um unsere Heilungskräfte zu aktivieren, die wir zu gerne weitergeben. Im Geben und Nehmen finden wir unsere Balance. Wir sind erfüllt vom Leben.

Wir lernen, unser Misstrauen und unsere Unsicherheit zu zügeln, um freier leben zu können. Das nimmt uns unsere Lebensangst.

Heilsein und Psychosomatik	Helfersyndrom
Klarheit und Balance	Isolation und Einzelgänger
Lebensfülle und -freude	Macht der Gedanken
Lehrer, Therapeut, Dienstleister	Mangeldenken
materielle Durchsetzungskraft	Misstrauen
Selbstvertrauen	Stagnation
Vertrauen und Akzeptanz	Unsicherheit
Wohlfühlwerte	Zwanghaftigkeit

- Andromeda-Galaxie
- Blasennebel
- Bode's Galaxien
- Cirrusnebel
- Hantelnebel
- Mond
- Nordamerikanebel
- Pelikannebel
- Triangulum-Galaxie
- Trifidnebel
- Whirlpool-Galaxie

8

Wir sind die Acht, die Macht und Ohnmacht. Wir wandeln das Quadrat zu einem Kreis oder umgekehrt. Wir sind das Ganze und unendlich, so wie die Lemniskate (∞). Wir bieten alle Möglichkeiten in der Manifestation. Wir werden als Chef eingesetzt, weil wir professionell sind, zielgerichtet, ehrgeizig und hart arbeiten. Mit Geld zu arbeiten, fällt uns leicht. Wir lassen uns nicht in die Karten schauen, durchschauen aber andere Menschen schnell. Wir sind sehr direkt. Andere empfinden das als extrem oder rücksichtslos. Unserer Ausstrahlung kann man sich nur schwer entziehen. Wir fühlen uns stark, aber auch ohnmächtig. Ständig fahren wir Achterbahn.

Wir lernen, mit unseren Extremen umzugehen, indem wir unsere alten Verstrickungen auflösen.

8 geben	(Selbst-)Betrug
Ewige Wandlung	Abhängigkeit
Gerechtigkeit und ausgleichen	Achterbahn fahren
Kunst und Ästhetik	Kontrolle
Lustprinzip	Kritikangst
Macht und Autorität	M-8-missbrauch
Selbstverwaltung	Ohnmacht
Sinnlichkeit	Verstrickungen
visionäre Weitsicht	Wiederholungszwang

- Adlernebel
- Antennen-Galaxie
- Cirrusnebel
- Der dunkle Turm
- Katzenpfotennebel
- Krebsnebel
- Kugelsternhaufen
- Orionnebel
- Running Man
- Trifidnebel

9

Wir sind die Neun, die Vollendung und das irdische Paradies. Wir sind unzerstörbar, und wir sind Anfang und Ende zugleich. Wir bringen alles zur Vollendung. Unsere Geschichte schreiben wir selbst immer wieder neu. Wir sind intelligent und weise. Wir sind Liebe, aber auch Hass. Etwas dazwischen gibt es nicht. Grundsätzlich lieben wir es, dem Menschen zu helfen. Wir haben Verständnis und das Talent, in jedem etwas Positives zu sehen. Wir versprühen Lebensfreude und haben selbst Lebenslust. Im größten Chaos finden wir Harmonie und Ordnung.

Wir lernen, unsere Verlustängste und die Orientierungslosigkeit aufzulösen, indem wir wahrhaftig zu uns selbst und anderen gegenüber sind.

Auflösung und Chaos	Einsamkeit
Dynamik und Wandlung	Fremdbestimmung
formauflösendes Prinzip	Korruption
geistige Flexibilität	Nervosität
Handeln: Hirn, Herz, Hand	Schuldgefühle
Integrität und Kooperation	Verlust und Unruhe
Intellekt	Zeitsplitterung
kosmische Transformation	Zerstörungskraft
Vorbild, Lehrer	

- Antennen-Galaxie
- Irisnebel
- Nordamerikanebel
- Pelikannebel
- Pluto
- Saturn
- Trifidnebel

Die Chakren

Die Lehre der Chakren entstand vor über 5000 Jahre in Indien. Es ist das Wissen um die Entwicklung des Menschen im feinstofflichen Bereich. Dabei werden Körper und Geist gleichermaßen betrachtet.

Der menschliche Körper braucht Energie, um zu leben. Neben der Nahrung nimmt der Mensch über die Chakren Energie auf. Chakren sind sogenannte feinstoffliche Energiezentren, an die unsere Drüsen und Organe angeschlossen sind. Sie nehmen Energie und Informationen aus der Umwelt auf, verstoffwechseln diese und geben die verbrauchte Energie wieder über die Chakren ab. Im optimalen Fall schwingen diese ruhig und gleichmäßig. Im ungünstigeren Fall sind sie blockiert, und ein Energiestau entsteht, oder die Chakren fließen nur noch in die eine Richtung, und wir erleiden einen Energiemangel.

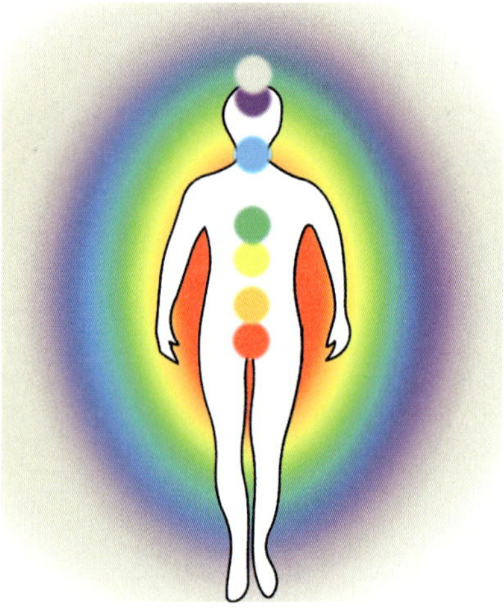

Wählen wir ein SternenEnergie®-Bild, hat dies eine Wirkung auf uns. Die SternenEnergie® wird durch die Chakren aufgenommen und in unserem Körper verteilt und verarbeitet. Dies geschieht im Unterbewusstsein. Wir können jedoch auch bewusst mit den Chakren und der SternenEnergie® zusammenarbeiten. Dazu nehmen wir die gewählte Karte und legen diese mit der Bildseite auf den Körperteil mit dem betreffenden Chakra. Damit nimmt das Chakra die Energie direkt auf und wirkt schneller in uns. Es empfiehlt sich, immer zuerst mit den unteren Chakren zu beginnen und sich langsam höher zu arbeiten. Wer nur mit den oberen Chakren arbeitet, kann den Boden unter den Füßen verlieren. Dies kostet sehr viel Lebenskraft und führt zu seelischer Unausgeglichenheit.

Um einen Chakren-Ausgleich zu schaffen, wählen wir für jedes Chakra eine Karte, also sieben Karten. Wähle zuerst für das Wurzel-Chakra eine Karte und danach aufsteigend die nächsten. Klebe die Karten in dieser Reihenfolge mit Klebeband aneinander und hänge die Karten so im Badezimmer auf oder mit Magneten an den Kühlschrank. Unser Energiehaushalt wird nun ständig ausgeglichen und optimiert.

In der folgenden Auflistung werden die Chakren und einige ihrer Themengebiete stichwortartig beschrieben. Für weitere Informationen empfehlen wir das Buch von Aldo Berti »Geistheilung und Energiearbeit«.

Wurzel- oder Basis-Chakra (4 Blätter) Fortpflanzung, in der Realität leben, Lebenskraft, mit beiden Beinen auf der Erde stehen, Sicherheit, Urvertrauen, Verbundenheit mit der Erde, vitale Energie, Willen Knochen, Wirbelsäule, Nebennieren, Zähne und Nägel, Blutbildung im Knochenmark, Wasser- und Salzhaushalt	Adlernebel Antaresregion Blasennebel Cirrusnebel Der dunkle Turm Embryonebel Erde Flammennebel Hummernebel Katzenpfotennebel Krebsnebel Kugelsternhaufen Mars Mond Nordamerikanebel Pelikannebel Pferdekopfnebel Sonne
Nabel-, Sakral- oder Sexual-Chakra (6 Blätter) Aktivität, Begeisterungsfähigkeit, Erotik, im Fluss des Lebens sein, innere Stärke, Qualität der Liebe für das andere Geschlecht, Reinigung (körperlich und seelisch), Wahrnehmung der Gefühle Ausscheidung, Verdauung, Blut, Lymphe, Sperma, Tränen und alle anderen Flüssigkeiten in uns	Antaresregion Antennen-Galaxie Blasennebel Cirrusnebel Embryonebel Erde Krebsnebel Kugelsternhaufen Mars Mond Pluto Sonne Trifidnebel Whirlpool-Galaxie

	Solarplexus-Chakra oder Sonnengeflecht (10 Blätter) Beziehungen, Einzigartigkeit, Geist und Seele, innere Harmonie für Körper, Lebensfreude, mit Gefühlen leben, seinen Platz im Universum erleben, starke Persönlichkeit, Umwandlung von Grobstofflichem in Feinstoffliches, Verbindungspunkt zwischen Erd- und Himmelskräften, Wahrnehmung der Intuition und Ahnung Magen, Bauchspeicheldrüse, Gallenblase, Leber, Milz, Darm, Teile des Nervensystems	Antaresregion Cirrusnebel Erde Komet Garradd Krebsnebel Kugelsternhaufen McNeil's Nebel Neptun Orionnebel Plejaden Ringnebel Running Man Schmetterlingsnebel
	Herz-Chakra (12 Blätter) gesunde Selbstliebe, Gnade, Harmonie, Kommunikation, Mitgefühl, reine Liebe, Seelenwärme, selbstlose Liebe, Stabilität, Überwinden von Ängsten, Verständnis, Zweifel und Unsicherheit Herz, Blutkreislauf, unterer Lungenbereich, Nervus vagus (zehnter Hirnnerv), Thymusdrüse, Immunsystem	Antaresregion Centaurus A Cirrusnebel Erde Flammennebel Hantelnebel Helixnebel Hummernebel Krebsnebel Kugelsternhaufen Orionnebel Pferdekopfnebel Running Man Sonne Trifidnebel Venus Whirlpool-Galaxie

Kehlkopf-Chakra (16 Blätter) Ausdruck unserer Gedanken und Gefühle, Einsatz mit Eifer und Hingabe, individuelle Verwirklichung, Körper und Geist verbinden, Kreativität, Liebe in Gedanken und Wort, Selbstbewusstsein, Selbstvertrauen, Sprache, Verantwortung übernehmen, Wachstum, Wahrnehmung Stimmbänder, Speiseröhre, Rachenraum, Ohren, Bronchien, obere Lunge, Schilddrüse, Hören, Riechen und Schmecken, Stoffwechselregulation, hormonelle Prozesse	Antaresregion Cirrusnebel Erde Irisnebel Komet Holmes Krebsnebel Kugelsternhaufen Merkur Plejaden Saturn Sirius
Stirn-Chakra oder Drittes Auge (2 Blätter) Fantasie, geistige Kommunikation, intellektuelles Erkennen und Begreifen, Konzentrationsfähigkeit, Kreativität, Manifestation durch Gedankenkraft, Sinn für das Übersinnliche, Visualisierung, Vorstellungskraft, Wahrnehmung von Bildern Zwischenhirn, linkes Auge, Ohren, Nase, Nervensystem, Hirnanhangsdrüse	Andromeda-Galaxie Antaresregion Bode‘s Galaxien Centaurus A Cirrusnebel Erde Hantelnebel Helixnebel Hummernebel Jupiter Krebsnebel Kugelsternhaufen Lagunennebel Neptun Pac-Man-Nebel Sirius Triangulum-Galaxie
Kronen-Chakra (972 Blätter) All-Bewusstsein, Erleuchtung, das reine Sein, Spiritualität, alles Trennende verbinden (Anfang und Ende, oben und unten, Himmel und Erde, Mann und Frau), Verbindung mit der Unendlichkeit, der Göttlichkeit, der spirituellen und kosmischen Welt und ihrer unerschöpflichen Energie, höchste Vollendung in der Einheit von spirituellem und physischem Leben Gehirn, Rückenmark, rechtes Auge, Hirnfunktionen, Zirbeldrüse	Antaresregion Andromeda-Galaxie Bode’s Galaxien Cirrusnebel Erde Krebsnebel Kugelsternhaufen Uranus

Die Farben

Am Anfang war das Licht …

Licht und Farben tragen in unserem Alltag wichtige Funktionen. Licht ist Energie, und durch das Licht und diese Energie gibt es Leben. Aus dem Licht entstehen die Farben. Wir nutzen Farben als Stimmungsbilder, in der Heilung und um bestimmte Ziele zu erreichen. Die Farbe der Kleider, die wir tragen, sind Spiegel unseres momentanen seelischen Zustandes. Unsere Wohnung wird mit denjenigen Farben eingerichtet, die wir unbewusst benötigen, um uns wohlzufühlen. Farben sind auch Stimmungsbilder, die wir unbewusst aufnehmen und teilweise werten. Farben werden erst durch Licht sichtbar. Trägst du ein rotes T-Shirt, und du stehst im lichtlosen dunklen Keller, so ist das T-Shirt einfach dunkel. Sobald aber Licht angeknipst wird, kommt auch das Rot zur Geltung. Farben brauchen Licht und werden durch dieses verstärkt.

Die Bilder der SternenEnergie® enthalten das ursprüngliche Licht und dessen Farben. Der selbstleuchtende planetarische Nebel oder der Emissionsnebel erhalten ihre Farben durch natürliche, chemische und physikalische Prozesse. Der Reflexionsnebel, wie auch die Planeten und der Mond, werden durch Sterne und Sonnen beleuchtet und zeigen so ihre Farbenpracht. Dunkelwolken hingegen enthalten einen so hohen Staubanteil, dass diese alles Licht schlucken und deshalb schwarz erscheinen.

Aus diesem Grund ist es Michael wichtig, von Beginn an farbechte Astronomiefotos zu machen. Würde Michael mit Filter oder eingefärbten Schwarz-Weiß-Bildern arbeiten, wäre das nicht die echte Farbe, und somit hätten wir in der Farb-Energie eine Verfälschung.

Wählen wir ein SternenEnergie®-Bild, so zeigt dies auch die Farben, die uns dabei helfen, die SternenEnergie® besser aufzunehmen, und sie erzielen durch ihre Farbeigenschaften die gewünschte Wirkung.

Violett	bedingungslose Liebe, Befreiung, Entspannung, Erweiterung des Bewusstseins, fördert den Schlaf, Fürsorge, Glückseligkeit, hilft bei Meditationen, Loslassen, Mitgefühl, Optimismus, Reinigung, Respekt, Weisheit, Würde, zentrales Nervensystem	Antaresregion, Andromeda-Galaxie, Antennen-Galaxie, Krebsnebel, Lagunennebel, Whirlpool-Galaxie
Rot	Aktivität, Bewegung, Energie, entscheidungsfördernd, Erotik, Geist des Lebens, Kraft, Leidenschaft, Liebe, lösend, Macht, Mut, Selbstbehauptung, Selbstwertgefühl, Standhaftigkeit, Stress, Temperament, Überleben, Vitalität, Wärme	Adlernebel, Antaresregion, Blasennebel, Bode's Galaxien, Cirrusnebel, Der dunkle Turm, Embryonebel, Flammennebel, Hantelnebel, Helixnebel, Hummernebel, Katzenpfotennebel, McNeil's Nebel, Mars, Nordamerikanebel, Orionnebel, Pelikannebel, Pferdekopfnebel, Ringnebel, Running Man, Schmetterlingsnebel, Sonne, Triangulum-Galaxie, Trifidnebel
Gelb	Ausdruck, Austausch, Ehrgeiz, Einsicht, Entgiftung, Erkenntnis, Freude, Heiterkeit, Klarheit, Kommunikation, Konzentration, leichter Denken, Leichtigkeit, Mut, Reinheit, Schlauheit, schnelle Lösung, Verständnis, Wärme, Weisheit, Wissen	Andromeda-Galaxie, Antaresregion, Bode's Galaxien, Kugelsternhaufen, Pac-Man-Nebel, Sonne, Whirlpool-Galaxie
Grün	Aufbau, Ausgleich, Entspannung, Freiheit, Geborgenheit, Gesundheit, Großzügigkeit, Harmonie, Heilung, Hoffnung, Lebensfülle, Mitte, Naturbewusstsein, Neubeginn, Raum, Regeneration, Sicherheit, Stabilität, Vertrauen, Wachstum, Wahrheit	Centaurus A, Erde, Komet Garradd, Komet Lulin, Pac-Man-Nebel, Ringnebel, Uranus

Hellblau	Anmut, Ausgleich, Charme, Erfindungskraft, Fröhlichkeit, Heilung, Humor, Kommunikation, Kontakt, Kunst, Leichtigkeit, Loslassen, Schöpfung, Schutz, Selbstbewusstsein	Antennen-Galaxie, Centaurus A, Irisnebel, Whirlpool-Galaxie
Blau	Autorität, Diplomatie, Distanz, Einsamkeit, Entspannung, Erholung, Frieden, Geduld, Glauben, Hingabe, Inspiration, Klugheit, Konzentration, Kühlung, Reinigung, Ruhe, Schlaf, Schutz, Selbstdisziplin, Sicherheit, Tiefe, Treue, Unendlichkeit, Wahrheit, Weite	Adlernebel, Andromeda-Galaxie, Antaresregion, Antennen-Galaxie, Bode's Galaxien, Cirrusnebel, Der dunkle Turm, Erde, Helixnebel, Flammennebel, Irisnebel, Komet Garradd, Komet Lulin, Kugelsternhaufen, Neptun, Orionnebel, Pac-Man-Nebel, Pferdekopfnebel, Plejaden, Running Man, Sirius, Triangulum-Galaxie, Trifidnebel, Uranus, Venus
Braun	anspruchslos, Erfahrung, Geborgenheit, Gelassenheit, Häuslichkeit, Herkunft, Minderwertigkeitsgefühl, Ruhe, Sein, Sicherheit, Stabilität, Stärke, tiefe Sehnsucht, Unterdrückung, Wärme, Wurzel, Zuversicht	Centaurus A, Erde, Jupiter, Merkur, Venus
Grau	Demut, distanziert, elegant, Erneuerung, geisterhaft, neutral, sachlich, Schatten, schlicht, Übergang, unbewusst, Unbezwingbarkeit, Weisheit, Würde	McNeil's Nebel, Mond, Pluto
Weiß	Einheit aller Licht-Farben, Entschlossenheit, Erleuchtung, Friede, Heilung, Klarheit, Leere, Leiden, Reinheit, Tugend, Unschuld, Vergebung, Verständnis, Vollkommenheit, Wahrheit, Weisheit, Weite, wissend	Erde, Hantelnebel, Jupiter, Komet Holmes, Kugelsternhaufen, McNeil's Nebel, Mars, Mond, Plejaden, Pluto, Ringnebel, Saturn, Sirius, Triangulum-Galaxie

Die Zielliste

Hast du ein Ziel definiert oder einen Wunsch, was du gern anders haben möchtest an deinem Charakter, so kannst du in dieser Liste den Begriff oder einen ähnlichen Begriff suchen und das entsprechende SternenEnergie®-Bild im Buch aufschlagen.

Die SternenEnergie® kann zwar deinen Charakter nicht ändern, aber sie kann dich dahin führen, dass dich dein störender Charakter nicht belastet, du diesen positiv wahrnimmst oder du anders damit umgehst.

Achte darauf, was das Bild bei dir auslöst oder bewirkt. Wie fühlst du dich? Hast du ein ungutes Gefühl, so achte auf dein Bauchgefühl. Ist es, weil es genau das Problem anspricht, an dem du arbeiten möchtest, oder ein anderes, was vielleicht vorgängig bearbeitet werden sollte, oder ist es, weil es das falsche Bild ist? Kein Bild ist falsch, aber wenn es von deinem Gefühl her nicht passt, suche dir ein anderes Bild aus. Oft haben wir zum gleichen Wunsch mehrere SternenEnergie®-Bilder zur Auswahl.

Schaue dir das Bild immer wieder an. Vielleicht kannst du dir das Bild auch einprägen. Wann immer dir danach ist, denke an das Bild, oder schaue es dir an. Du wirst merken, dass sich etwas verändert. Dein Unterbewusstsein arbeitet mit und hilft dir dabei, deinen Wunsch zu erfüllen.

Abschluss	Sonne
Aggressivität	Mars
Aktivierung	Antaresregion, Sonne
alles ist möglich	Helixnebel, Orionnebel
analysieren	Centaurus A
Anerkennung	Centaurus A, Cirrusnebel, Pferdekopfnebel
annehmen	Mond
Anpassungsfähigkeit	Orionnebel, Schmetterlingsnebel

Ansporn	Antaresregion, Mars, Orionnebel, Pferdekopfnebel, Trifidnebel
anspruchslos	Pluto
Anteilnahme	Lagunennebel
attraktiv	Venus
Aufarbeitung	Mond
aufklären	Antaresregion
Auflösung von Verdrängtem	Pluto
Aufmerksamkeit	Antennen-Galaxie, Der dunkle Turm, Pferdekopfnebel
Aufnahmefähigkeit	Hummernebel
Aufschwung	Jupiter
Auftreten – locker, cool	Komet Holmes
Ausdauer	Adlernebel, Irisnebel, Ringnebel, Sirius
Ausgeglichenheit	Andromeda-Galaxie, Antaresregion, Bode's Galaxien, McNeil's Nebel, Mond, Nordamerikanebel, Pferdekopfnebel, Sirius
Aussprache	Irisnebel, Plejaden, Sirius
Ausstrahlung	Adlernebel, Irisnebel
Balance	Antaresregion, Saturn, Sonne, Venus
bedingungslose Liebe	Komet Lulin, Nordamerikanebel, Venus
Befreiung	Adlernebel, Katzenpfotennebel, Komet Holmes, Merkur, Nordamerikanebel, Orionnebel, Pac-Man-Nebel, Ringnebel
begehrenswert	Venus
begreifen	Merkur, Venus
bei sich bleiben	Komet Garradd
Belebung	Antaresregion
Berufung finden	Triangulum-Galaxie
bescheiden	Pluto
Bestätigung im Tun	Ringnebel
Betrachtung – von außen	Andromeda-Galaxie, Antennen-Galaxie

Beweglichkeit für Körper und Geist	Jupiter, Merkur
Bewegung im Raum	Hummernebel
Bewusstsein	Lagunennebel
Beziehungen	Antennen-Galaxie, Hummernebel, Katzenpfotennebel, Komet Garradd, Schmetterlingsnebel, Venus
Blickwinkel ändern	Pac-Man-Nebel, Pferdekopfnebel
Bodenständigkeit	Erde, Ringnebel, Venus
Chancen – neue	Cirrusnebel
Chancen erkennen	Andromeda-Galaxie, Sonne
Chancen packen	Komet Garradd
Dankbarkeit	Bode's Galaxien, Erde, Komet Garradd, Kugelsternhaufen, Nordamerikanebel, Sonne
Denken – abstraktes	Merkur
Denken – verknüpftes	Kugelsternhaufen, Merkur
Denkvermögen	Adlernebel, Merkur, Mond
Depression	Hantelnebel, Irisnebel
Disziplin	Mars, Saturn
Ehrgeiz	Komet Holmes, Sonne
Ehrlichkeit	Trifidnebel
Eigenverantwortung	Komet Lulin, Schmetterlingsnebel
eins werden	Kugelsternhaufen
Einstellung	Andromeda-Galaxie
Einzigartigkeit	Der dunkle Turm, Katzenpfotennebel, Ringnebel
emotionale Schwankung	Andromeda-Galaxie, Lagunennebel, Mond, Neptun
Energiebringer	Antennen-Galaxie, Centaurus A, Cirrusnebel, Pac-Man-Nebel, Triangulum-Galaxie
Entfaltung	Orionnebel, Pferdekopfnebel,
Entlastung	Antaresregion, Nordamerikanebel
Entmachtung	Andromeda-Galaxie, Cirrusnebel, Pluto
Entscheidungskraft	Antaresregion, Centaurus A, Mars, Trifidnebel
Entschlossenheit	Antaresregion

Entspannung	McNeil's Nebel, Neptun, Pac-Man-Nebel, Whirlpool-Galaxie
Enttäuschung	Bode's Galaxien, Neptun
Entwicklung	Pluto, Saturn
Erdverbundenheit	Andromeda-Galaxie, Erde, Nordamerikanebel, Plejaden
Erfolg	Antennen-Galaxie, Hummernebel, Pferdekopfnebel
Erfrischung	Sirius
Erholung	Pac-Man-Nebel, Whirlpool-Galaxie
Erinnerungsvermögen	Cirrusnebel, Plejaden
Erkenntnis	Andromeda-Galaxie, Antaresregion, Antennen-Galaxie, Der dunkle Turm, Helixnebel, Hummernebel, Irisnebel, Katzenpfotennebel, Komet Garradd, Komet Holmes, Kugelsternhaufen, McNeil's Nebel, Neptun, Orionnebel, Pac-Man-Nebel, Pferdekopfnebel, Plejaden, Venus
Erneuerung	Embryonebel, Pluto
Ernsthaftigkeit	Saturn
erschaffen	Kugelsternhaufen, Triangulum-Galaxie
Erwartung	Antaresregion, Erde
Ethik	Jupiter
Ewigkeit	Ringnebel
Familienzusammenhalt	Andromeda-Galaxie, Mond, Nordamerikanebel, Plejaden
Fantasie	Antaresregion
Feedback unterstützend	Bode's Galaxien
Fleiß	Saturn
Flexibilität	Orionnebel, Uranus
Freiheit	Katzenpfotennebel, Komet Lulin, Krebsnebel, Mars, Pferdekopfnebel, Pluto, Uranus
Freiheit im Denken	Der dunkle Turm, Lagunennebel, Orionnebel
Fremdsprachen leichter lernen	Mond
Freude	Antaresregion, Bode's Galaxien, Embryonebel, Hantelnebel, Mars, Pac-Man-Nebel, Sonne, Whirlpool-Galaxie
Freundschaft	Whirlpool-Galaxie

friedvolle Kämpfer	Mars
Frohsinn	Antaresregion, Lagunennebel, Sonne
Führung	Hummernebel, Neptun
Fürsorglichkeit	Mond, Nordamerikanebel, Plejaden
ganzheitliche Erfassung	Jupiter, Uranus
Geborgenheit	Adlernebel, Antaresregion, Blasennebel, Embryonebel, Hantelnebel, Krebsnebel, Mond, Orionnebel, Triangulum-Galaxie, Venus
Geduld	Der dunkle Turm, Nordamerikanebel, Whirlpool-Galaxie
Gefühle	Mond
Gegensätzlichkeit	Trifidnebel
geistiges Wachstum	Lagunennebel
Gelassenheit	Nordamerikanebel, Schmetterlingsnebel, Uranus
Gemeinschaft	Bode's Galaxien, Jupiter, Plejaden, Ringnebel, Trifidnebel
Genügsamkeit	Katzenpfotennebel
Geradlinigkeit	Komet Lulin
Gerechtigkeit	Jupiter, Sonne
Geselligkeit	Jupiter, Plejaden
gesundes Maß	Saturn
Gesundheit	Embryonebel, Helixnebel, Komet Garradd, Lagunennebel, Pferdekopfnebel, Plejaden
Gleichgewicht – inneres	Kugelsternhaufen, Sonne
Gleichwertigkeit	Uranus
Glück	Adlernebel, Erde, Katzenpfotennebel, Kugelsternhaufen, Lagunennebel, Nordamerikanebel, Pac-Man-Nebel, Pferdekopfnebel, Triangulum-Galaxie, Venus
Grenzen erkennen	Andromeda-Galaxie, Saturn
Grenzen setzen	Saturn
Grenzen sprengen	Uranus
Harmonie	Antaresregion, Krebsnebel, Kugelsternhaufen, Plejaden, Venus, Whirlpool-Galaxie

Heilung	Antaresregion, Hantelnebel
Heiterkeit	Lagunennebel
Hilfe annehmen	Centaurus A
hinterfragen	Komet Holmes
Hoffnung	Antaresregion, McNeil's Nebel
Horizonterweiterung	Adlernebel, Antennen-Galaxie, Der dunkle Turm, Hummernebel, Jupiter, Pac-Man-Nebel
Humanität	Jupiter
Humor	Blasennebel, Hummernebel, Krebsnebel
Ideenfindung	Cirrusnebel, Hummernebel, Plejaden
Ideenreichtum	Kugelsternhaufen, Orionnebel, Whirlpool-Galaxie
Identität	Erde
Illusion	Neptun
im Fluss sein	Andromeda-Galaxie, Jupiter, Mars, Mond, Neptun, Saturn, Sirius, Triangulum-Galaxie, Whirlpool-Galaxie
Information	Merkur
Inspiration	Antaresregion, Der dunkle Turm, Hantelnebel, Neptun
Intelligenz	Nordamerikanebel
Intrigen aufdecken	Helixnebel
Intuition	Blasennebel, Hantelnebel, Jupiter, Plejaden
Kinderwunsch	Embryonebel
Klarheit	Antennen-Galaxie, Helixnebel, Irisnebel, Komet Lulin, Lagunennebel, Pac-Man-Nebel, Sirius, Venus
Klugheit	Erde, Komet Garradd, Komet Holmes, Komet Lulin, Whirlpool-Galaxie
Kommunikation	Bode's Galaxien, Cirrusnebel, Hantelnebel, Hummernebel, Irisnebel, Merkur, Plejaden, Sirius, Triangulum-Galaxie, Venus
Kommunikation – freie	Adlernebel, Cirrusnebel
Konflikte lösen/bereinigen	Trifidnebel
Kontinuität	Andromeda-Galaxie, Mond, Sonne, Whirlpool-Galaxie
Konzentration	Helixnebel, Merkur, Saturn, Sirius, Whirlpool-Galaxie

Konzentration auf das Wesentliche	Helixnebel, Komet Garradd, McNeil's Nebel, Plejaden, Sirius
Kooperation	Kugelsternhaufen
Körpergefühl	Plejaden
Kraft	Adlernebel, Cirrusnebel, Hantelnebel, Jupiter, Krebsnebel, Mars, Sonne
Kraft – innere	Schmetterlingsnebel
Kraft für Neues	Lagunennebel
Kreativität	Blasennebel, Cirrusnebel, Embryonebel, Hummernebel, Lagunennebel, Merkur, Pac-Man-Nebel, Sonne
Krise als Chance	Pluto
Laster – ablegen	Komet Garradd, Komet Lulin
Lebendigkeit	Pferdekopfnebel
Lebensfreude	Adlernebel, Embryonebel, Erde, Hantelnebel, Pferdekopfnebel, Sonne
Lebenslust	Adlernebel, Andromeda-Galaxie, Antaresregion, Sonne, Whirlpool-Galaxie
lebensphasenstärkend	Mond, Trifidnebel
Lebensraum	Erde, Pferdekopfnebel
Lebensweg	Andromeda-Galaxie
Lehrer	Saturn
Lernbereitschaft	Lagunennebel, Mond, Schmetterlingsnebel
lernen – einfacher	Antaresregion, Hummernebel, Komet Garradd, Merkur, Orionnebel
Licht im Dunkel	Antaresregion, Helixnebel, Irisnebel, Mond
Licht spendend	Sirius, Sonne
Liebe	Adlernebel, Antaresregion, Erde, Hantelnebel, Hummernebel, Komet Lulin, Kugelsternhaufen, Nordamerikanebel, Sonne, Triangulum-Galaxie, Uranus, Venus
loslassen	Hantelnebel, Irisnebel, Komet Garradd, Komet Holmes, Komet Lulin, Krebsnebel
lösungsorientiert	Blasennebel, Irisnebel, Katzenpfotennebel, Komet Garradd, Krebsnebel, McNeil's Nebel, Nordamerikanebel, Pac-Man-Nebel, Pluto, Sirius
Magie	Kugelsternhaufen

Männlichkeit	Mars, Sonne
Meditation	Der dunkle Turm, Hantelnebel
Mitgefühl	Lagunennebel
Mitte finden	Centaurus A
Moral	Jupiter
Motivation	Komet Lulin, Pluto, Schmetterlingsnebel, Sonne
Muster erkennen und auflösen	Blasennebel
Mut	Antaresregion, Cirrusnebel, Hantelnebel, Orionnebel, Pac-Man-Nebel, Ringnebel
Nachhaltigkeit	Antennen-Galaxie, Pferdekopfnebel, Ringnebel
Nächstenliebe	Hummernebel, Nordamerikanebel, Trifidnebel
Naturverbundenheit	Erde, Nordamerikanebel, Sonne
Netzwerk	Antennen-Galaxie, Plejaden
Neubeginn	Adlernebel, Antennen-Galaxie, Blasennebel, Embryonebel, Orionnebel, Pac-Man-Nebel, Sonne, Triangulum-Galaxie, Trifidnebel, Whirlpool-Galaxie
Neugierde	Whirlpool-Galaxie
Neuordnung	Der dunkle Turm, Pluto
Neutralität	Bode's Galaxien, Neptun
Offenheit	Adlernebel, Antennen-Galaxie, Pac-Man-Nebel, Pferdekopfnebel, Plejaden, Trifidnebel
Planung	Erde, Plejaden
positives Denken	Antaresregion
Priorität	Sirius
Produktivität	Bode's Galaxien
Prozessunterstützung	Plejaden
Prüfungsangst	Lagunennebel, Sirius, Whirlpool-Galaxie
Raum – mehr	Kugelsternhaufen, Nordamerikanebel, Pac-Man-Nebel, Whirlpool-Galaxie
Realität	Erde
Reflexion	McNeil's Nebel
Regeneration	Pac-Man-Nebel, Pluto

Reinigung	Antaresregion, Cirrusnebel, Komet Lulin, Lagunennebel, Trifidnebel
Respekt	Antennen-Galaxie, Bode's Galaxien, Schmetterlingsnebel
Rhythmus	Krebsnebel, McNeil's Nebel, Plejaden
Rückenstärkung	Centaurus A
Rückhalt	Centaurus A, Kugelsternhaufen
Ruhe	Lagunennebel, Pac-Man-Nebel, Whirlpool-Galaxie
Sachlichkeit	Orionnebel
Scharfsinn	Helixnebel, Merkur
Schönheit	Mond
Schöpfung	Embryonebel
Schutz	Embryonebel, Helixnebel, McNeil's Nebel, Orionnebel, Pac-Man-Nebel, Ringnebel, Triangulum-Galaxie
Schwung	Pferdekopfnebel, Trifidnebel
Selbstachtung	Helixnebel, Komet Garradd, Schmetterlingsnebel
Selbstständigkeit	Komet Garradd, Pferdekopfnebel
Selbstannahme	Embryonebel, Mond
Selbstbestimmung	Antaresregion, Erde, Krebsnebel, Pluto, Triangulum-Galaxie
Selbstbewusstsein	Centaurus A, Krebsnebel, Plejaden, Whirlpool-Galaxie
Selbsterkenntnis	Andromeda-Galaxie, Antaresregion, Blasennebel, Irisnebel, McNeil's Nebel, Orionnebel, Pferdekopfnebel, Ringnebel, Schmetterlingsnebel, Sirius, Triangulum-Galaxie
Selbstkontrolle	Komet Holmes, Kugelsternhaufen
Selbstlosigkeit	Nordamerikanebel
Selbstsicherheit	Antaresregion, Katzenpfotennebel, McNeil's Nebel, Mond, Schmetterlingsnebel, Triangulum-Galaxie
Selbsttreue	Nordamerikanebel
Selbstvertrauen	Andromeda-Galaxie, Komet Holmes, Mond, Plejaden, Pluto
Selbstverwirklichung	Erde, Sonne
Selbstwertgefühl	Centaurus A, Krebsnebel, Mars
Sensibilität	Antennen-Galaxie, Neptun

Sicherheit	Erde, Katzenpfotennebel, Kugelsternhaufen, Saturn
Sinnlichkeit	Lagunennebel, Mond, Venus
Sorgsamkeit	Erde, Hummernebel
Spaß	Sonne
Spiegelbild	Andromeda-Galaxie, McNeil's Nebel
Spürsinn	Katzenpfotennebel
Stabilität	Andromeda-Galaxie, Kugelsternhaufen, Merkur, Pac-Man-Nebel, Ringnebel
Standfestigkeit	Katzenpfotennebel
Standortbestimmung	Komet Holmes, Komet Lulin, McNeil's Nebel
Stärke	Antaresregion, Antennen-Galaxie, Bode's Galaxien, Hantelnebel, Pferdekopfnebel, Plejaden
Stärken erkennen	Krebsnebel, Sirius
Startenergie	Embryonebel, Hummernebel, Ringnebel
Startimpuls	Mars, Orionnebel
Stress	Pac-Man-Nebel
strukturiert arbeiten	Blasennebel, Saturn, Sonne
Talente erkennen	Blasennebel, Krebsnebel, Plejaden
Tatendrang	Antaresregion, Mars, Pac-Man-Nebel, Ringnebel, Triangulum-Galaxie, Trifidnebel
Teamdenken	Trifidnebel, Venus
Teamfähigkeit	Jupiter, Katzenpfotennebel, Kugelsternhaufen, Nordamerikanebel, Plejaden, Schmetterlingsnebel
Toleranz	Orionnebel
Trägheit	Jupiter
Transformation	Pluto, Schmetterlingsnebel
Traumfänger	Hantelnebel
Trost	Antaresregion, Irisnebel, Plejaden
Überlebenswille	Nordamerikanebel
Überprüfung	McNeil's Nebel, Ringnebel
Umgangsformen	Antennen-Galaxie, Venus
Umsetzung	Erde, Kugelsternhaufen, Neptun, Pac-Man-Nebel
Umweltbewusstsein	Erde, Helixnebel, Venus
Unabhängigkeit	Komet Lulin

Urvertrauen	Katzenpfotennebel, Neptun, Sonne
Veränderung	Bode's Galaxien, McNeil's Nebel, Orionnebel, Pferdekopfnebel, Pluto, Schmetterlingsnebel, Trifidnebel, Uranus
Verantwortung	Antaresregion
Verbundenheit	Antennen-Galaxie, Plejaden
Vergangenheit	Kugelsternhaufen
Verlässlichkeit	Komet Garradd
Verliebtheit	Venus
Vermitteln	Merkur
Vernunft	Nordamerikanebel
Versöhnung	Komet Lulin
Verständnis	Hantelnebel, Irisnebel, Pac-Man-Nebel, Venus
Vertrauen	Adlernebel, Antaresregion, Der dunkle Turm, Helixnebel, Hummernebel, Krebsnebel, Lagunennebel, Ringnebel, Sirius, Sonne, Trifidnebel
Verwirklichung	Erde, Triangulum-Galaxie
Vielseitigkeit	Antaresregion
Vision finden	Pac-Man-Nebel
Visionen in Ziele wandeln	Trifidnebel
Vitalität	Adlernebel, Pferdekopfnebel, Sonne
Vollkommenheit	Kugelsternhaufen
Wachsamkeit	Der dunkle Turm, Helixnebel, Pferdekopfnebel, Sirius
Wachstum	Hummernebel, Orionnebel, Pferdekopfnebel, Saturn
wahre Größe	Der dunkle Turm
wahrgenommen werden	Adlernebel, Sirius
Wahrnehmung	Helixnebel, Neptun
Wahrnehmung – Sinne	Lagunennebel
Wandlung	Mond, Orionnebel, Pluto, Trifidnebel, Whirlpool-Galaxie
Wärme	Antaresregion, Blasennebel, Komet Lulin, Krebsnebel, Orionnebel, Sonne, Triangulum-Galaxie

Warmherzigkeit	Komet Holmes, Pferdekopfnebel
Wegbegleiter	Hummernebel, Katzenpfotennebel, Krebsnebel, Orionnebel, Pluto, Schmetterlingsnebel
Wege – neue	Der dunkle Turm
wegweisend	Bode's Galaxien, Der dunkle Turm, Helixnebel, Komet Holmes
Weiblichkeit	Embryonebel, Mond
Weisheit	Jupiter, Saturn
Weitblick	Pac-Man-Nebel
Werte – höhere anstreben	Jupiter
Werte – innere	McNeil's Nebel
wertfrei	Antennen-Galaxie, Uranus
Wertschätzung	Der dunkle Turm, McNeil's Nebel, Mond, Neptun, Orionnebel, Plejaden, Ringnebel, Sonne, Triangulum-Galaxie, Uranus, Venus
Wesentliches erkennen	Komet Garradd
Willenskraft	Mars, Orionnebel
Wirkungsfeld erweitern	Andromeda-Galaxie, Neptun, Ringnebel
Wissen	Kugelsternhaufen, Whirlpool-Galaxie
Wissensaustausch	Plejaden
Wohlbefinden	Jupiter, McNeil's Nebel, Pferdekopfnebel
Wünsche wahrnehmen	Krebsnebel, Whirlpool-Galaxie
Wünsche werden wahr	Hantelnebel, Ringnebel
Yin und Yang	Mond, Trifidnebel
Zeitdruck	Lagunennebel, Whirlpool-Galaxie
zellenstärkend	Kugelsternhaufen, Ringnebel
Zentrierung	Blasennebel, Centaurus A, Hantelnebel, Irisnebel, Kugelsternhaufen, Ringnebel
zielorientiert	Antaresregion, Komet Lulin, McNeil's Nebel, Orionnebel, Plejaden, Schmetterlingsnebel, Sirius, Whirlpool-Galaxie
zielorientierte Kommunikation	Irisnebel, Merkur, Sirius

Zielstrebigkeit	Adlernebel, Komet Holmes, Orionnebel, Ringnebel, Saturn, Whirlpool-Galaxie
Zusammenarbeit	Jupiter, Schmetterlingsnebel, Triangulum-Galaxie
Zusammenführung	Centaurus A, Whirlpool-Galaxie
Zusammenhalt	Andromeda-Galaxie, Cirrusnebel, Kugelsternhaufen, Nordamerikanebel, Plejaden, Ringnebel, Schmetterlingsnebel, Triangulum-Galaxie, Trifidnebel
Zusammenhänge erkennen	Jupiter, Kugelsternhaufen
Zuversicht	Adlernebel, Hantelnebel, Orionnebel, Trifidnebel

Die Räume

Jeden Tag halten wir uns in Räumen auf, ob in der Wohnung, am Arbeitsplatz, beim Arzt oder im Restaurant. Räume haben eine Atmosphäre, die unsere Stimmung beeinflusst. Mit SternenEnergie®-Bildern im Großformat können wir die Schwingung in unseren eigenen Räumen verändern, um für uns persönlich etwas Gutes zu tun. Unser Umfeld, welches sich ebenfalls in diesen Räumen aufhält, wird ebenfalls unterstützt.

Mehr zu Raumbildern haben wir bereits unter »Anwendung« auf Seite 28 geschrieben.

Bei der Auswahl eines SternenEnergie®-Bildes für einen Raum ist es wichtig, die Menschen, die sich längere Zeit in diesen Räumen befinden werden, mit einzubeziehen. Am einfachsten ist es, wenn du eine Auswahl von etwa fünf infrage kommenden Bildern triffst. Bei einer Umfrage mit den ausgewählten Bildern, holst du dir bei den anderen Personen eine Meinung dazu ein. Aufgrund dessen kennst du die Bedürfnisse der anderen Personen und entscheidest dich für ein Bild. Den Personen braucht man die tiefere Wirkung der Bilder nicht zu erklären. Sie wählen unbewusst das Bild, das ihnen am meisten zusagt, also jenes, das auch sie unterstützen wird. Jede Person nimmt unbewusst das aus dem Bild, was benötigt wird, nicht mehr und nicht weniger.

In der nachstehenden Liste haben wir die wichtigsten Räume im Alltag aufgeführt und mögliche Bilder dazu. Es sind keine Vorgaben. Selbstverständlich können auch andere SternenEnergie®-Bilder in den Räumen aufgehängt werden. Auch das wird seine Richtigkeit haben.

Räume in der Wohnung

Eingangsbereich	Besucher sollen sich willkommen und wohlfühlen. Die gemeinsamen Stunden werden liebevoll begonnen und abgeschlossen. Der Eingangsbereich soll repräsentativ wirken und das Allbewusstsein fördern.	Andromeda-Galaxie, Der dunkle Turm, Hantelnebel, Helixnebel, Irisnebel, Katzenpfotennebel, Komet Lulin, Kugelsternhaufen, Lagunennebel, McNeil's Nebel, Pac-Man-Nebel, Pferdekopfnebel, Plejaden, Schmetterlingsnebel, Sonne, Whirlpool-Galaxie
Ess- und Wohnzimmer	Mit den SternenEnergie®-Bildern fördern wir eine gesunde Verdauung der Nahrungsmittel, aber auch der am Tisch besprochenen Inhalte. Wir nehmen wahr, welche Gerichte uns müde machen oder aktivieren. Jeder am Tisch erhält die Möglichkeit, sich über seine aktuellen Themen mit anderen auszutauschen. Es wird eine Atmosphäre geschaffen, die gegenseitiges Verständnis und Selbstvertrauen fördert.	Adlernebel, Andromeda-Galaxie, Blasennebel, Bode's Galaxien, Cirrusnebel, Erde, Helixnebel, Jupiter, Katzenpfotennebel, Komet Lulin, Komet Holmes, Kugelsternhaufen, Mond, Orionnebel, Pferdekopfnebel, Plejaden, Schmetterlingsnebel, Sonne, Triangulum-Galaxie, Trifidnebel, Whirlpool-Galaxie

Gemeinschaftsräume	Bilder, die die Zusammengehörigkeit begünstigen und den respekt- und liebevollen Umgang miteinander fördern. Es ist wichtig, dass sich die Mitarbeitenden konzentrieren können und Ruhe in einem turbulenten Büro finden.	Andromeda-Galaxie, Antennen-Galaxie, Bode's Galaxien, Der dunkle Turm, Erde, Hantelnebel, Jupiter, Kugelsternhaufen, Orionnebel, Pac-Man-Nebel, Pferdekopfnebel, Plejaden, Ringnebel, Sonne, Triangulum-Galaxie, Trifidnebel, Whirlpool-Galaxie
Schlafzimmer	Die Bilder sollen uns entspannen und beruhigen. Sie unterstützen uns beim Träumen. Wir finden Ruhe und Sicherheit, um Schlafen zu können. Wir fühlen uns geborgen.	Andromeda-Galaxie, Embryonebel, Hantelnebel, Helixnebel, Irisnebel, Kugelsternhaufen, Lagunennebel, Mond, Pac-Man-Nebel, Pferdekopfnebel, Plejaden, Schmetterlingsnebel, Sirius, Whirlpool-Galaxie
Kinderzimmer	Es gibt mehrere Bereiche, die abgedeckt werden sollten, wie z. B. der Schlafbereich, der Spiel- und Selbstfindungsbereich, aber auch der Bürobereich für Schularbeiten und aktive Lernaufgaben. So unterstützt man das Kind mit einem Raumbild, das neben Sicherheit, Wärme auch die Konzentration und damit das Lernverhalten optimiert. Bei Kindern hat es sich bewährt, aktiv im Alltag mit den SternenEnergie®-Karten zu arbeiten.	Adlernebel, Embryonebel, Hantelnebel, Helixnebel, Jupiter, Komet Lulin, Kugelsternhaufen, Lagunennebel, Mond, Orionnebel, Pac-Man-Nebel, Pferdekopfnebel, Plejaden, Schmetterlingsnebel, Sirius, Sonne, Whirlpool-Galaxie

Heim-Büro	Die Arbeiten sollen zügig und umfassend im Alltagsstress erledigt werden. Bitte lies hierzu den nachfolgenden Abschnitt »Räume in Unternehmen«.	Bode's Galaxien, Centaurus A, Hantelnebel, Helixnebel, Hummernebel, Irisnebel, Komet Lulin, Plejaden, Sirius, Sonne, Whirlpool-Galaxie

Räume in Unternehmen

Empfangsbereich	Wir zählen auch Messestand, Homepage und Werbung zu diesem Raum. Hier wollen wir unseren potenziellen Partnern und Kunden Raum geben, um uns kennenzulernen und unsere erfolgreiche Philosophie zu erleben. Personen sollen sich wohl und sicher fühlen. Sie sollen erkennen, dass sie am richtigen Ort sind.	Andromeda-Galaxie, Blasennebel, Hantelnebel, Irisnebel, Kugelsternhaufen, Lagunennebel, McNeil's Nebel, Pac-Man-Nebel, Pferdekopfnebel, Plejaden, Schmetterlingsnebel, Sirius, Sonne, Triangulum-Galaxie, Whirlpool-Galaxie
Flure	Flure in Unternehmen können als Begegnungszonen genutzt werden, um Hilfe anzubieten, Lösungen auszutauschen oder für einen kurzen Moment der Erholung, um sich danach wieder am Arbeitsplatz konzentrieren zu können, am besten mit Bildern, die Ruhe, Freiheit oder Weitblick bringen. Ebenso Lösungsorientiertheit oder Respekt gegenüber den anderen Mitarbeitenden kann in den Gängen gefördert werden. Beachte, dass auch Gäste durch die Flure gehen und sie den Zusammenhalt der Mitarbeitenden spüren sollen.	Blasennebel, Bode's Galaxien, Der dunkle Turm, Erde, Hantelnebel, Helixnebel, Irisnebel, Jupiter, Katzenpfotennebel, Komet Lulin, Komet Holmes, Kugelsternhaufen, Lagunennebel, Mond, Orionnebel, Pac-Man-Nebel, Pferdekopfnebel, Plejaden, Ringnebel, Schmetterlingsnebel, Sirius, Sonne, Whirlpool-Galaxie

Büro der Leitung	Selbstsicherheit zur Führung eines Teams oder Betriebs, Kraft und Mut, um zu entscheiden und diesen Entschluss auch durchzusetzen. Akzeptanz den Mitarbeitenden gegenüber und Förderung eines respektvollen Umgangs.	Blasennebel, Centaurus A, Helixnebel, Hummernebel, Irisnebel, Jupiter, Kugelsternhaufen, Mars, Pferdekopfnebel, Plejaden, Ringnebel, Sirius, Sonne, Trifidnebel, Whirlpool-Galaxie
Einzelbüro	In Einzelbüros ist es wichtig, dem Mitarbeitenden das Bewusstsein zu geben, dass er nicht alleine ist, sondern in einem Team arbeitet. In einem Einzelbüro besteht die Gefahr, nicht wahrgenommen zu werden. Man kann machen, was man will. Mit dem richtigen Bild fördern wir die Kommunikation, den Sinn für das Ganze und die Offenheit zu anderen Mitarbeitenden.	Bode's Galaxien, Centaurus A, Helixnebel, Hummernebel, Irisnebel, Jupiter, Kugelsternhaufen, Mars, Mond, Plejaden, Ringnebel, Sirius, Sonne, Trifidnebel, Whirlpool-Galaxie
Team- oder Großraumbüro	Der Fokus liegt unter anderem bei den Hauptthemen wie Kommunikation, Vorstellungsvermögen, vernetztes Denken und Zusammenarbeit.	Andromeda-Galaxie, Antaresregion, Antennen-Galaxie, Blasennebel, Bode's Galaxien, Cirrusnebel, Der dunkle Turm, Erde, Hantelnebel, Hummernebel, Irisnebel, Jupiter, Komet Garradd, Komet Lulin, Komet Holmes, Krebsnebel, Kugelsternhaufen, McNeil's Nebel, Mond, Orionnebel, Pferdekopfnebel, Plejaden, Ringnebel, Saturn, Schmetterlingsnebel, Sonne, Triangulum-Galaxie, Whirlpool-Galaxie

Produktions-betrieb	Die Arbeitsabläufe sollen im Fluss bleiben. Teamarbeit ist unerlässlich. Alle sollen auf das gemeinsame klare Ziel hinarbeiten. Ebenfalls sollen die Mitarbeiter ihren Augen kurze Erholung gönnen. Gerade bei Fließbandarbeiten ist der Blick fürs Wesentliche besonders wichtig. Bilder die beruhigen oder aktivieren, je nach Arbeit.	Andromeda-Galaxie, Antaresregion, Bode's Galaxien, Cirrusnebel, Helixnebel, Hummernebel, Jupiter, Katzenpfotennebel, Komet Garradd, Komet Holmes, Krebsnebel, Kugelsternhaufen, Pferdekopfnebel, Plejaden, Ringnebel, Saturn, Schmetterlingsnebel, Sonne, Triangulum-Galaxie, Whirlpool-Galaxie
Sitzungszimmer	In diesen Räumen wird sehr viel Wissen in konzentrierter Form besprochen und ausgetauscht. Wichtig ist es, die passende Sprache und zielgerichtete Kommunikation zu finden. Aktiv und motiviert nehmen die Anwesenden an der Sitzung teil. Das zentrale Thema wird nicht durch kleine Probleme verdrängt, sondern bleibt im Fokus. Sitzungen werden schnell, sachlich, informativ, lösungsorientiert und respektvoll abgehalten.	Adlernebel, Andromeda-Galaxie, Antaresregion, Blasennebel, Bode's Galaxien, Cirrusnebel, Der dunkle Turm, Irisnebel, Jupiter, Katzenpfotennebel, Komet Lulin, Komet Holmes, Kugelsternhaufen, McNeil's Nebel, Merkur, Orionnebel, Pferdekopfnebel, Plejaden, Sirius, Sonne, Whirlpool-Galaxie
Schulungsräume	Das Potenzial der Mitarbeitenden soll gefördert werden. Motivations- und Aktivitätsfeld soll aufgebaut werden, indem die Auffassungsgabe gestärkt wird. Die Lernenden sollen sich öffnen für neue Informationen.	Andromeda-Galaxie, Antaresregion, Antennen-Galaxie, Cirrusnebel, Hantelnebel, Irisnebel, Katzenpfotennebel, Kugelsternhaufen, Mond, Orionnebel, Pferdekopfnebel, Plejaden, Ringnebel, Saturn, Sirius, Sonne, Whirlpool-Galaxie

Pausenraum	Wir wollen uns wohl- und frei fühlen. Die Gedanken sollen sich von der Arbeit lösen, um sich mit Arbeitskollegen über andere Themen auszutauschen. Förderung der Teamfähigkeit, Lebensfreude, Kontaktfreude, Entspannung und Verständnis sind wichtige Inhalte. Unter den Mitarbeitenden entwickelt sich eine freundschaftliche Basis, denn damit wird optimale Teamarbeit geleistet und lösungsorientiert gearbeitet, weil sich jeder auf jeden verlassen kann und gegenseitige Hilfe vorhanden ist.	Antennen-Galaxie, Blasennebel, Cirrusnebel, Erde, Hantelnebel, Kugelsternhaufen, Pferdekopfnebel, Plejaden, Sonne, Whirlpool-Galaxie

Weitere Räume

Klassen- und Schulungszimmer	Die Lernenden haben Spaß am Lernen, sind wissensdurstig und aufnahmefähig. SternenEnergie® unterstützt das verknüpfte Denken und das Verständnis. Bei Prüfungen wird konzentriert und ohne Angst gearbeitet. Auf natürliche Weise werden die Lösungen leicht gefunden. Zusätzlich werden der Klassengeist und der respektvolle gegenseitige Umgang gefördert. Das gestärkte Selbstbewusstsein und die Individualität darf gelebt werden.	Antennen-Galaxie, Blasennebel, Cirrusnebel, Hantelnebel, Hummernebel, Irisnebel, Katzenpfotennebel, Komet Lulin, Kugelsternhaufen, McNeil's Nebel, Mond, Orionnebel, Pferdekopfnebel, Plejaden, Ringnebel, Saturn, Sirius, Sonne, Whirlpool-Galaxie

Therapie-Räume	Ohne Vertrauen ist keine Therapie möglich. Die Klienten/Patienten fühlen sich durch die SternenEnergie® gut aufgehoben, geborgen und geschützt. Prozesse zur Heilung werden angeregt und Genesung findet statt. Die Therapeuten erkennen das Individuum an. Durch die Bilder fühlen sich die Therapeuten gestärkt und unterstützt. Leicht wird die richtige lösungsorientierte Kommunikation gefunden.	Adlernebel, Bode's Galaxien, Centaurus A, Der dunkle Turm, Embryonebel, Helixnebel, Hummernebel, Irisnebel, Komet Lulin, Krebsnebel, Kugelsternhaufen, Lagunennebel, Mars, McNeil's Nebel, Mond, Orionnebel, Plejaden, Ringnebel, Saturn, Sirius, Sonne, Trifidnebel, Whirlpool-Galaxie
Gästezimmer	Der Gast soll sich willkommen und wohlfühlen. Leicht können sich die Gäste entspannen. Sie fühlen sich zufrieden und ausgeglichen. SternenEnergie® unterstützt einen tiefen, entspannten Schlaf.	Adlernebel, Der dunkle Turm, Embryonebel, Hantelnebel, Irisnebel, Komet Garradd, Komet Holmes, Kugelsternhaufen, Lagunennebel, Mond, Orionnebel, Pac-Man-Nebel, Pferdekopfnebel, Plejaden, Ringnebel, Sonne, Whirlpool-Galaxie
Restaurant	Die Kommunikation und Geselligkeit wird bei den Gästen erweckt. Sie fühlen sich wohl und kommen deshalb gerne mit Geschäftspartnern, Freunden, Gleichgesinnten und Familienangehörigen in dieses Restaurant. Das Essen wird geschätzt, dankbar angenommen und wird gut vertragen. Je nach Bild kann die Verdauung angeregt werden. Das Servicepersonal fühlt sich nicht gestresst durch viele Gäste, sondern kümmert sich liebevoll um jeden einzelnen Besucher.	Antennen-Galaxie, Bode's Galaxien, Erde, Helixnebel, Irisnebel, Jupiter, Katzenpfotennebel, Komet Lulin, Kugelsternhaufen, Mond, Nordamerikanebel, Orionnebel, Pac-Man-Nebel, Pferdekopfnebel, Plejaden, Sonne, Whirlpool-Galaxie

Verkaufsbereiche	Das Produkt erscheint im rechten Licht und wird unter dem richtigen Stern präsentiert. Verkaufsgespräche bzw. Verkaufsverhandlungen werden mit Leichtigkeit geführt, weil die kundenorientierte Sprache erkannt wird. Die Kunden fühlen sich im Mittelpunkt und wertgeschätzt.	Andromeda-Galaxie, Bode's Galaxien, Hantelnebel, Irisnebel, Komet Garradd, Kugelsternhaufen, McNeil's Nebel, Pac-Man-Nebel, Plejaden, Sonne, Whirlpool-Galaxie
Wartezimmer	Die Personen haben die Möglichkeit, sich auf das Kommende vorzubereiten. Sie setzen sich mit der aktuellen Situation auseinander. SternenEnergie® gibt ihnen dabei Unterstützung. Sie nimmt Ängste und Anspannungen. Eine natürliche Balance schwingt die Personen in die richtige Kommunikation ein und bringt Selbstbewusstsein und Optimismus.	Andromeda-Galaxie, Antaresregion, Antennen-Galaxie, Centaurus A, Erde, Hantelnebel, Helixnebel, Irisnebel, Jupiter, Komet Garradd, Komet Lulin, Komet Holmes, Krebsnebel, Kugelsternhaufen, Lagunennebel, McNeil's Nebel, Mond, Orionnebel, Pac-Man-Nebel, Plejaden, Ringnebel, Sirius, Sonne, Whirlpool-Galaxie

Anhang

Anwendungsbeispiele

Während unserer Arbeit mit SternenEnergie® haben wir viele Möglichkeiten entdeckt, wie die kosmische Energie eingesetzt werden kann. Einige davon möchten wir mit dir teilen. Vielleicht geben sie dir Hinweise, wie du SternenEnergie® auch nutzen kannst.

Verpflichtung (Karte)

Eine Frau war frisch verliebt und hielt sich lieber bei ihrem neuen Freund auf, als arbeiten zu gehen. Sie erkannte, dass es so nicht weitergehen konnte. Ich riet ihr, eine Karte zu ziehen. Sie zog den McNeil's Nebel. Ein paar Stunden später rief sie an und berichtete überglücklich, dass sie wieder konzentriert arbeiten könne. Einige Wochen später erzählte sie, dass sie seit dem Ziehen der Karte wie ausgewechselt sei. Sie sei immer noch über beide Ohren verliebt, aber wisse jetzt, dass sie ihren Verpflichtungen trotzdem nachgehen könne und immer noch genug Zeit habe für ihren Freund.

Loslassen (Karte)

Nachdem eine Frau eine Karte zog und das Bild auf sich wirken ließ, erzählte sie uns, dass vor ein paar Jahren eine ihr wichtige Person verstorben sei. Das Bild erinnere sie an diese Person. Sie zeigte die Karte »Irisnebel«. Wir sprachen länger über diese Situation, dabei wechselte ihr Gesichtsausdruck von Traurigkeit zu Fröhlichkeit. Am Schluss bedankte sie sich für das Gespräch und sagte, sie hätte noch nie so darüber sprechen können.

Teambildung (Raumbild)

In einem Büro arbeiteten acht Personen. Sie arbeiteten gut, aber jeder nur für sich. Die Angestellten wünschten sich, mehr ein Team zu sein, mehr Kommunikation untereinander und dass sie sich gegenseitig mehr unterstützen würden. Wir hängten die Andromeda-

Galaxie an die eine Wand und die Plejaden an die gegenüberliegende Wand. Monate später haben wir erfahren, dass sich die Mitarbeiter zu einem kommunikativen Team zusammengefunden haben. Aufgaben wurden lösungsorientiert miteinander besprochen, und gegenseitige Hilfe wurde angenommen. Keiner fühlte sich durch die Gespräche der anderen im gleichen Büro gestört. Gemeinsam werden nun Projekte erarbeitet und ausgeführt. Es war eine Freude für uns, zu sehen, wie sich das Team entwickelt hatte.

Kinderwunsch (Raumbild)

Eine junge Frau erzählte uns von ihrem Kinderwunsch, der leider unerfüllt blieb. Mit der Zustimmung ihres Mannes hängten sie sich das Bild des Embryonebels in ihr Schlafzimmer. Nach vier Monaten erhielten wir die Nachricht, dass sie schwanger sei.

Erfahrungsberichte

Maja (47, Coaching-Systemische Beratung)

»Es ist immer wieder interessant, zu hören und zu beobachten, wie unsere Gäste das Bild betrachten, das zweifelsohne eine große Faszination auslöst. Es werden Fragen gestellt oder es wird einfach ›nur‹ angesehen.

Für uns selbst ist die Energie klar, ausgleichend und wohltuend. Es IST, und es wirkt einfach – so einfach ist es.«

Antonios (28, Betriebsökonomie-Student)

»Mit dem Vorgänger-Kartenset von SternenEnergie® arbeite ich nun seit einem Jahr. Es hat mir einerseits bei der Wohnungssuche geholfen, und andererseits unterstützen mich die Karten beim Studium. Zu Beginn eines Semesters habe ich für jedes Modul eine Karte gezogen. Diese lege ich immer bei meinen Vorbereitungen der Präsenzveranstaltung und beim Lernen neben meine Unterlagen. Sogar während des Unterrichts und der Prüfungen liegt diese auf meiner Schulbank.

Als ich mit den Prüfungsvorbereitungen startete, sagte mir meine Intuition, welche Themen ich anschauen sollte. Doch Mitstudenten verunsicherten mich, und ich übte noch weitere Themen. Das war ein großer Fehler, denn an der Prüfung kamen prompt Fragen zu den Inhalten, die mir meine Intuition vorangekündigt hatte. Hätte ich bloß auf meine Intuition gehört, denn sie und die gezogene Karte (Hummernebel) hatten mir den Weg richtig gewiesen. Ohne die Lernunterstützung der Karte wäre ich in der gleichen Situation durch die Prüfung gefallen.

Bei einer anderen Prüfung hatte ich meine Bücher vergessen, die zur Anwendung erlaubt waren. Ich hatte nur einige Zusammenfassungs-Notizen dabei und meine SternenEnergie®-Karte. Die ersten drei Fragen konnte ich nicht beantworten, ließ mich aber nicht aus der Ruhe bringen und löste die nächsten Aufgaben, denn diese Fragen bezogen sich auf das Thema, welches ich in meiner Zusammenfassung notiert habe. Zum Schluss durfte ich ein Buch eines Mitstudenten benutzen, um die ersten drei Fragen zu erarbeiten. Kaum hatte ich das Lehrbuch in den Händen, fiel mir die Lösung auch wieder ein. Für einige mag das vielleicht naiv klingen, aber aus 1300 Buchseiten genau das Richtige zusammenzufassen… An solche Zufälle glaube ich nicht und bedanke mich bei der gezogenen Karte, nämlich der Whirlpool-Galaxie.

Der Schmetterlingsnebel verhalf mir in einem anderen Fach zu einer persönlichen Bestnote.«

Urs (51, Informatiker)

»Seit Jahren kann ich nur bei geschlossenem Fenster schlafen. Kälte bzw. Zug in Verbindung mit meiner rheumatischen Krankheit führen zu Schmerz, der mich aufwachen lässt. Michael schlug mir vor, aus seiner Bildersammlung das Sonnenbild zu nehmen und dieses auf dem Nachttisch aufzustellen. Seitdem dieses Bild auf meinem Nachtisch steht, kann ich sogar bei geöffnetem Fenster durchschlafen. Dank der daraus resultierenden besseren Luftqualität bin ich am Morgen frischer und über den Tag hinweg aktiver als vorher.«

Edith (57)

»Genial, wie mich die gezogenen Karten mit ihrer passenden Energie bei meinen aktuellen Themen unterstützen.«

Petra (60, Dipl. Betriebswirtin, Dipl. Coach)

»GEDANKEN erschaffen REALITÄT! Das ist ein altes Sprichwort. Tausende Gedanken kommen in blitzartiger Geschwindigkeit. Sind diese Gedanken immer unterstützend? Von welcher Quelle kommen sie? Sind sie unbewusst von gesellschaftlichen, elterlichen Strukturen übernommen, die ein Feld der Zweifel/Ängste und Sorgen erschaffen und nicht der reinen ›Liebe‹? In meiner Arbeit, ob im Coaching oder Familien- und Organisationsstellen, weiß ich um die Bedeutung der universellen Kraft unserer Gedanken. Nur wer ERKENNT, kann ÄNDERN. Die Sternbilder unterstützen diesen Prozess. Weshalb? Ganz einfach – wir wurden in bestimmte Sternbilder geboren. Die Sternfotos lösen unterstützende Gedankenprozesse aus. Nur wenn wir mit dem Herzen agieren, haben wir die ständige unterstützende Verbindung zu unserem Innern. Aus den Berichten meiner Kunden weiß ich um die Kraft der Sternbilder. So hat eine Kundin ihre Sternkarte nach der Sitzung täglich angeschaut. Sie fühlte sich sofort wieder verbunden und gestärkt, wie in der Sitzung. Wie Mahatma Gandhi sagte:

›Du und ich, wir sind eins,
ich kann dir nicht wehtun,
ohne mich zu verletzen.‹

Du und ich, wir alle können ein FELD der LIEBE erschaffen, dazu müssen wir besser die Quelle der eigenen Gedanken erkennen und wandeln. Die Karten erinnern uns bewusst, dass wir vernetzt sind und langfristig uns mit der Stufe der ›LIEBE‹ verbinden.«

Iris (34, TCM-Therapeutin)

»Das Kartenset ›Kraft des Universums‹ wird in meiner Praxis sehr geschätzt. Die intuitive Wahl eines Sternbildes unterstützt meine energetischen Behandlungen.

So wirken die Leuchtpunkte des Universums wie eine Art Akupunktur. Sie aktivieren Energiefelder und -bahnen, harmonisieren und stärken sie auf eine ganz eigene Art und Weise. Sie stellen eine wunderbare und faszinierende Verbindung von Makrokosmos und Mikrokosmos dar.«

Barbara (33, Master of Science, Sales Manager)

»In einer Situation, in der ich dringend meine innere Ruhe gebraucht habe und es mir alleine nicht möglich war, diese innere Ruhe zu finden, hat Michael mich gebeten, aus seinem Kartenset eine Karte zu ziehen. Diese Karte sollte ich an einen Platz stellen, am dem ich sie gut sehen konnte. Alleine der Blick auf diese Karte hat mich schon so beruhigt, dass ich wieder einen klaren Kopf bekam. Die Karte steht heute – Monate nach dieser Situation – immer noch an diesem Platz, und wenn immer ich einen Blick auf diese Karte werfe, weiß ich, dass sie mir geholfen hat, diese schwierige Situation zu lösen.«

Astronomische Begriffe

In den Bildbeschreibungen haben wir einige technische Angaben zu den Himmelsobjekten dokumentiert. Zum besseren Verständnis erklären wir kurz diese Fachbegriffe. Für detailliertere Angaben zum Objekt oder zu den Fachbegriffen selbst durchsuche das Internet.

Asteroid	Kleiner Stein- oder Eisenklumpen, der unwillkürlich innerhalb unseres Sonnensystems kreist.
Dunkelwolken	Große Wolken aus Gas und Staub, die das Licht der dahinterliegenden Sterne schlucken. Es kann zu Sternentstehung im Inneren solcher Wolken kommen.
Emissionsnebel	Interstellare Gas-Wolken, die selbst elektromagnetische Strahlung in verschiedensten Farben absondern.
Halo (astronomisch)	Kugelförmiges, nicht sichtbares Gebiet, in dessen Zentrum sich die Galaxie befindet. In dieser Zone wirkt die Energie der Galaxie noch immer. Sie enthält meist Kugelsternhaufen.
IC Katalog	Der Index-Katalog wurde 1908 als Erweiterung des NGC veröffentlicht und wurde von Johann Ludwig Emil Dreyer zusammengestellt. Er beinhaltet 5500 Objekte, die im NGC nicht verzeichnet sind. Messier-Objekte, die nicht im NGC aufgenommen waren, wurden im IC beschrieben.
intergalaktisch/planetarisch/stellar	Raum außerhalb der Galaxien/zwischen den Planeten/zwischen den Sternen innerhalb einer Galaxie.
Ionisation	Beim Ionisieren wird ein Elektron vom Atom oder Molekül getrennt. Dies geschieht aufgrund von Strahlungen oder hoher Temperaturen. Dabei wird der Nebel zum Leuchten gebracht.

Kugelsternhaufen	Kugelsternhaufen sind die ältesten Objekte im Universum und bestehen aus sehr vielen Sternen, die sich zu einer Kugelform angesammelt haben.
Lichtjahre	1 Lichtjahr = ~ 9,5 Billionen km
Lokale Gruppe	Die Lokale Gruppe ist die Galaxie-Ansammlung, dem unsere Milchstraße angehört. Mit einem Durchmesser von 5–8 Millionen Lichtjahren beinhaltet die Gruppe neben den beiden größten – Milchstraße und Andromeda – zahlreiche weitere, kleinere Galaxien. Es wird angenommen, dass die Mitglieder der Gruppe kräftemäßig aneinander gebunden sind.
mag	Mag ist die Abkürzung von Magnitudo (Helligkeitsklasse), die angibt, wie hell ein Himmelsobjekt von der Erde aus wirkt. Je kleiner die Zahl, desto heller ist das Objekt. Je nach Lichtverschmutzung sind von der Erde aus mit bloßem Auge Objekte bis etwa 6 mag sichtbar. Beispiel: Sonne –26,73 mag, Mond –12,73 mag
Messier-Katalog	Bezeichnung für 110 Himmelsobjekte, die Charles Messier in den Jahren 1764–1782 katalogisiert hatte. Diese Objekte waren damals mit bloßem Auge sichtbar. Wegen der Lichtverschmutzung können wir heute sicher nur noch die Plejaden mit bloßen Augen sehen.
NGC New General Catalogue	Dieser Katalog entstand in den 1880er-Jahren und beinhaltet Objekte, die hauptsächlich von William Herschel mit technischen Geräten beobachtet wurden. Bis ins frühe 20. Jahrhundert wurden darin 7840 Objekte verzeichnet, inklusive vieler Messier-Objekte.
Nova (Mrz. Novae)	Siehe Supernova

planetarischer Nebel

Dieser Nebel besteht aus Gas und Plasma. Der Name kommt aus der frühen Zeit der Astronomie, weil die Objekte an Planeten erinnern. Sie haben damit jedoch nichts zu tun. Sie bilden sich am Ende eines Sternlebenszyklus, wo sich die Oberflächenspannung löst und das Gas ringförmig ausdehnt und nach einigen Zehntausend Jahren verschwindet. Die meisten planetarischen Nebel beherbergen den verbrauchten und ausgebrannten Sternkern (weißen Zwerg).

Reflexionsnebel

Interstellare Staubwolken, die das Licht von nahen Sternen »reflektieren« bzw. streuen. Dadurch leuchten diese Nebel nicht von selbst, aber die enthaltenen Kohlenstoffverbindungen, auch als Diamantstaub bezeichnet, können das Licht der benachbarten Sterne, ähnlich wie die Emissionsnebel, in allen Farben schimmern lassen.

Satelliten

Ein natürlich entstandenes Objekt, das sich um ein anderes Himmelsobjekt in einer Umlaufbahn bewegt. Satelliten werden auch technische, vom Menschen hergestellte Flugobjekte genannt, die sich auf einer Umlaufbahn um die Erde oder Planeten bewegen.

schwarzes Loch

Eine Sonne, die am Ende ihres Lebenszyklus implodiert und auf eine definierte Größe von 1 km Durchmesser zusammenfällt. Der so entstandene Kern besteht immer noch aus der gesamten Masse der ursprünglichen Sonne. Durch diese hohen Kräfte wird eine Raumverkrümmung projiziert, die das All an diesem Ort einfach schwarz erscheinen lässt. Astronomen nutzen diese Gebiete, um ferne Himmelsobjekte mit dieser natürlichen Lupe näherzuzoomen. Mit der Zeit beginnt dieses energiereiche Gebiet, Sterne, Planeten und Sternstaub über Millionen von Lichtjahre hinweg anzuziehen. Es entsteht mit der Zeit eine Galaxie, die im Zentrum dieses massereiche schwarze Loch beherbergt. Dadurch, dass Material in dieses Loch gerät, gibt es physikalische und chemische Prozesse, die Wärme und Gammastrahlung erzeugen. Die Wärme erkennen wir am hellen Leuchten des Zentrums der Galaxie. Eine ruhige Galaxie, wie die unsrige, zeichnet sich dadurch aus, dass das Masseverhältnis schwarzes Loch zu der gesamten Masse rundherum annähernd im Gleichgewicht ist. Aktive Galaxien haben im Zentrum mehr Aktivität, da sich das System noch im Ungleichgewicht befindet.

Sonde	Sonden sind von Menschen ausgesandte, satellitenähnliche, unbemannte Flugkörper, die unsere Erdumlaufbahn verlassen, um ferne Planeten unseres Sonnensystems genauer zu erkunden. Auch raupenähnliche Roboter, wie die bekannten Marssonden (Mars Pathfinder) zählen zu dieser Gruppe.
Sonnenmasse	1 Sonnenmasse = 332 608 Erdmassen 1 Erdmasse = $5{,}98 \times 10^{24}$ kg
Supernova	Stern, der aufgrund innerer Explosionen plötzlich extrem stark an Helligkeit zunimmt. Diese Helligkeit ist meist über mehrere Tage oder Wochen sichtbar. Meist wird damit die Existenz des Sterns beendet. Die bekannteste ist der Krebsnebel.
Zenit	Punkt des Himmels, welcher sich genau senkrecht über dem Beobachter befindet.

Fototechnik

Wissenschaftliche Institute, wie »European Space Agency« (ESA) und »National Aeronautics and Space Administration« (NASA), verfügen heute über die unterschiedlichsten fotografischen Aufnahmeverfahren. Die uns bekannteste Methode ist die visuelle Fotografie. Im Privat- und Amateurbereich ist diese Farbfotografie führend. Die NASA und ESA nutzen im Bereich des sichtbaren Lichts ausschließlich Schwarz-Weiß-Technologien, da diese mit vierfach höherer Auflösung arbeiten. Für ein Farbbild werden mindestens vier Aufnahmen von einem Objekt gemacht. Dazu wird pro Foto ein spezieller Filter genutzt. Anschließend werden diese einzelnen Aufnahmen eingefärbt und zu einem bemerkenswerten Farbbild addiert. Die Institute nehmen aber zusätzlich weitere Informationen von den Himmelsobjekten im Infrarot- und Röntgenlicht-, aber auch im Tonwellenbereichen auf und summieren alle gesammelten Informationen zu sogenannten Falschfarbenbildern zusammen. Der Vorteil dieser Technik liegt aus wissenschaftlicher Sicht auf der Hand, denn wir erhalten sehr detailgetreue Informationen über das Objekt und seinen Aufbau.

Michael benötigte zur Anfertigung der hier im Buch beschriebenen und eingebundenen Himmelsbilder einen Hightech-Astrographen, welcher zur Klasse der Newton-Teleskope (d.h. Spiegelreflex-Bauweise) zählt und speziell für die Astronomie-Fotografie gebaut wurde. Zusätzlich wird eine mechanische Hightech-Nachführung benötigt, die die ständige Erddrehung für einen Zeitraum von drei bis vier Stunden wackelfrei ausgleicht. Dazu kommen das Wissen über den Sternenhimmel zu jeder Jahreszeit sowie Kenntnisse zu diversen Wetterphänomenen, von sogenannten Jetstreams (globale Stürme in hohen Atmosphären), die für ein klares Foto sorgen, bis hin zum genauen Moment des Taupunkts; dieses Wissen schützt vor Nässe und Eis auf dem Spiegel und innerhalb mechanischer Bauteile.

Leider gibt es in Mitteleuropa nur noch wenige ganz dunkle Plätze, an denen ohne Lichtverschmutzung der Städte weit entfernte Himmelsobjekte fotografiert werden können. Unter Lichtverschmutzung verstehen die Astronomen die zahlreichen und unnatürlichen Lichtbringer, wie Straßenbeleuchtungen, Leuchtwerbung u. v. m. Dieses Licht wird weit in den Himmel reflektiert. Aus diesem Grund können wir bereits in kleineren Dörfern und Städten den Sternenhimmel nicht mehr wirklich beobachten. Auf Astronomie-Fotos macht sich das ebenfalls bemerkbar. Der dunkle Nachthimmel erscheint grau, und wichtige Details der Himmelsobjekte gehen verloren.

Wegen dieser Lichtverschmutzung ist es nötig, in weit abgelegene Regionen zu reisen. In trockener und sauberer Luft lassen sich zudem klarere Astronomie-Fotos erstellen. Aus diesen Gründen unternimmt Michael viele Expeditionen in hochalpine Regionen über 3000 m Höhe. Dort, in eisiger Kälte und bei Temperaturen von –20 °C, entstehen die eigentlichen Himmelsbild-Fotos mit modernen, technisch ausgereiften Spiegelreflexkameras. Damit erhält Michael von Anfang an farbige Bildinformationen. Der Detaillierungsgrad kommt zwar nicht an die Fotos der Institute wie ESA und NASA heran, ist dafür farbecht. Das heißt, die Farben entsprechen unserer eigenen Wahrnehmung, also so, wie wir es sähen, wenn das Objekt 10 Meter vor uns wäre.

Ein weiterer wichtiger Punkt ist die Art und Weise, sowie die Geometrie, wie das Himmelsobjekt auf der Aufnahme platziert wird. Detailaufnahmen eines Bereichs im Himmelsgebilde sprechen uns weniger an, als das ganze im Raum liegende Himmelsobjekt. Aus dieser Erkenntnis heraus hat Michael seine Fotografie-Technik für SternenEnergie® erarbeitet, bei der das Objekt im Weitwinkel unter Berücksichtigung des optimalen Verhältnisses von Himmelsobjekt und Raum abgebildet wird.

Bei den meisten Himmelsbildern handelt es sich um Objekte, die für uns erkennbar eine größere Fläche bieten als der sichtbare Vollmond. All diese Objekte konnte Michael mit seinem Equipment selbst fotografieren. Die kleinen Himmelsobjekte, die nur als Stecknadelpunkte am Himmel erscheinen, wie unsere Planeten, sind fotografisch sehr viel aufwendiger von der Erde aus aufzunehmen. Die weit entfernten Planeten benötigen spezielle astronomische Instrumente, die es erst ermöglichen, diese Himmelskörper in ihrer Form abzulichten. Wir freuen uns besonders darüber, dass unser Freund seine Bilder von Pluto, Neptun, Uranus, Venus und Merkur, die in hervorragender Qualität erstellt wurden, uns zur Verfügung gestellt hat. Wir danken ihm dafür sehr.

Karin und Michael Manthey

Karin Manthey, 1979 in Uster ZH (Schweiz) geboren, interessiert sich bereits seit ihrer Kindheit für den Kosmos. Der Blick in den dunklen, sternenklaren Himmel war für sie immer faszinierend. Besonders die alljährlichen Sternschnuppen-Nächte im August taten es ihr an, sodass sie regelmäßig unter dem freien Himmel die Nächte verbrachte. Ihr Lebensweg war nicht einfach. Dies führte dazu, dass sie sich irgendwoher Energie und Kraft holen musste. Dabei war sie immer überzeugt, dass alles aus Energie besteht und man von allem Energie geschenkt bekommen kann, wenn man sich darauf einlässt.

Michael Manthey wurde 1975 in Hamburg geboren und ist dort aufgewachsen. Er sah in der Großstadt den Sternenhimmel kaum. Umso mehr genoss er nach seinem Umzug in die Schweiz ins Zürcher Oberland die sternenklaren Nächte. Von Karin ließ er sich die Tierkreiszeichen, Sterne und Planeten erklären. Zur Hochzeit wünschten sich die beiden Informatiker ein professionelles Teleskop, um den Sternenhimmel genauer zu beobachten. Über Jahre hinweg haben sie den Nachthimmel mit seinen Sternen und fantastischen Objekten ins Visier des Teleskopes genommen. Die Ruhe in der Natur, das Funkeln der Sterne und die Gefühle beim Beobachten durch das Teleskop haben Karin und Michael angeregt, mehr über das All zu erfahren.

In all den Jahren haben sich Karin und Michael stetig weiterentwickelt. Dabei wurden sie geprägt durch Ausbildungen, wie zum Beispiel Schamanismus, Geistheilung, Klopftechniken und Erwachsenenbildung. Weiter besuchte Michael einen Astronomie-Lehrgang auf dem 3100 m hohen Gornergrat bei Zermatt. Dabei hat Michael die Faszination der Astronomie-Fotografie gepackt und er hat diese für sich selbst weiterentwickelt. Seine Astronomie-Fotos begeistern unzählige Menschen und Personen aus Fachkreisen, sodass er immer wieder in (Fach-)Zeitschriften seine Bilder veröffentlichen durfte.

Wie vor 2500 Jahren der griechische Philosoph Platon philosophieren auch Karin und Michael über das Universum. Dabei interessieren sie besonders Fragen über die Auswirkungen des Universums auf den Menschen sowie die Frage der Verbindungen zueinander. Mit dem heutigen Wissen wurde ihnen schnell bewusst, dass da viel mehr sein musste als bloß wunderschöne Nebel, Galaxien und Sterne. Der ganze Kosmos besteht aus Energie. Diese Energie nennen sie SternenEnergie®.

Sie haben sich mit dem Universum verbunden, und in diesem Einklang hat Michael Fotos von weit entfernten Himmelsobjekten gemacht und im Urvertrauen des Universums haben sie gemeinsam ein Hilfsmittel für alltägliche Problemstellungen gefunden.

Durch Coachings für Privatpersonen und Firmen wurden Michael und Karin in ihrer Arbeit immer wieder bestätigt. Dieses Buch und das Kartenset zu erstellen, ist für die beiden eine besondere Ehre und Bestätigung in ihrem Wirken.

Die SternenEnergie®-Bilder aus diesem Buch sind in Großformat erhältlich. Weitere Informationen findest du unter:

www.SternenEnergie.ch

»Größer als alle Pyramiden,
als der Himalaya,
als alle Wälder und Meere
ist das menschliche Herz.

Es ist herrlicher als die Sonne
und der Mond und alle Sterne,
strahlender und blühender.
Es ist unheimlich in seiner Liebe.«

Heinrich Heine (1797-1856)
deutscher Dichter, Erzähler und Romancier

Danke

Die Idee, ein Buch über SternenEnergie® zu schreiben, kam uns bereits vor zwei Jahren. Wir konnten das Projekt nie in Angriff nehmen, immer kam etwas dazwischen. Wer kennt das nicht? Doch die Sterne wollten es mit uns anders. Innerhalb weniger Wochen wurde das Buchprojekt nun doch umgesetzt, und das auch noch neben unseren 100%-Arbeitspensen in unseren Jobs. Nur Dank der Hilfe zahlreicher wunderbarer Menschen haben wir es geschafft, in so kurzer Zeit dieses Buch zu schreiben.

Wir möchten uns bei all denjenigen bedanken, die uns auf unserem Weg begleitet haben.

Den Verlegern, Heidi und Markus Schirner, danken wir für ihr Vertrauen in uns und unsere Tätigkeit. Dank ihnen wird der dunkle Sternenhimmel in diesem Buch leuchten.

Unseren Lektorinnen, Sandra Frey und Sarah Neumann, danken wir von Herzen für ihre Arbeit. Es war uns eine Freude, mit euch zusammen das Buchprojekt durchzuführen.

Lieben Dank, Aldo Berti, für dein wundervolles Vorwort. Es bedeutet uns sehr viel. Du hast uns seit den Anfängen von SternenEnergie® begleitet und den ersten wichtigen Stein gesetzt, damit SternenEnergie® ins Rollen kam. Deine Seminare waren für uns sehr lehrreich und haben uns viel gegeben. Danke für deine Kraft und Energie auf unserem Weg. Deine Stimme zu hören, ist wie Balsam für die Seele und bringt Ruhe in unseren immer aktiven Kopf. Die Segeltörns mit dir waren immer besonders erlebnisreich und wunderschön, Ferien, die wir nie vergessen werden. Wir freuen uns schon auf den nächsten Törn mit dir. Lieben Dank für alles. (www.aldo-berti.de)

Liebe Jeanne Ruland, ohne deine Power und Freude wären wir noch lange nicht so weit. Dein Glaube an uns gab uns Kraft und Mut, dieses Projekt umzusetzen. Während des Schreibens hast du uns immer wieder mit Energie aus der Ferne versorgt. Dass du uns auch ein Vorwort geschrieben hast, ist für uns eine Ehre – vielen Dank dafür. Das Seminar in Zürich mit dir ging uns allen sehr tief und gab Michael die Chance, seine Wurzeln zu erkennen. Dass du SternenEnergie® ins Programm integriert hattest, hat uns sehr gefreut. Danke Jeanne, für deine Begeisterung, die du weitergibst und ohne die es dieses Buch nicht gäbe. (www.shantila.de)

Danke, Murat Karaçay, für deine Unterstützung bei der Bildaufbereitung für das Kartenset und das Buch. Dein wundervoll gestaltetes Cover und die Kartenrückseite haben uns sehr gefreut. Herzlichen Dank an euch beide. (www.spiritualmedia.de)

Mami und Papi, vielen lieben Dank für eure Mega-Hilfe und Unterstützung. Besonders in den letzten Monaten habt ihr uns viel häusliche Arbeit abgenommen. Eure Inputs und tolle Gespräche haben viel zu SternenEnergie® beigetragen. Durch euch lernen wir immer wieder: »Mit Liebe ist alles machbar.« Es ist schön mit euch und wir freuen uns schon jetzt auf die nächsten Dog- oder Tichu-Runden. Danke, dass ihr da seid.

Mam und Max, wir danken euch, für das wunderbare Hochzeitsgeschenk. Dieses erste Teleskop hat uns ein Tor in eine neue Dimension geöffnet. Hunderte von Stunden haben wir am Teleskop den Sternenhimmel beobachtet und über Verbindungen zur Erde philosophiert.

Euch, liebe Petra und liebe Katrin, danken wir von Herzen für euer Dasein. Mit euch haben wir viele lehrreiche Stunden verbracht. Eure Ideen und tollen Gespräche haben uns weitergebracht. Ihr habt Michael eine erste Plattform gegeben, die SternenEnergie® den Menschen näherzubringen. Danke für alles. (www.petra-florin.ch, www.freudeamleben.ch)

Bei dir, liebe Daniela, durften wir unsere persönliche innere Größe kennenlernen. Deine Kurse haben uns berührt und verändert. Mit deiner Hilfe konnte Michael die Verbindung mit seinen inneren Helfern herstellen. Durch eigene Schamanenreisen ist Sternen-Energie® entstanden. Wir danken dir von Herzen, dass du dein Wissen weitergibst. Es ist immer wieder schön, zu dir in die Berge zu kommen. (www.dreiweltentanz.ch)

Lieber Gert, seit unserer gemeinsamen Astronomie-Nacht in unserem ersten Astronomie-Kurs in der Schweiz, gehen wir zusammen durch dick und dünn. So manche Herausforderung konnte dank deinem technischen Geschick und unserem Mut in kurzer Frist gelöst werden. Unsere jährlichen Astronomie-Wochen im hochalpinen Gebirge sind und bleiben Highlights. Danke auch für die vielen Kilometer, die du für uns gefahren bist.

Ich bedanke mich bei der Vereinigung der Sternfreunde e.V. für die Wertschätzung der geleisteten Arbeit und die immer wiederkehrenden, gemeinsamen Events. Dank eurer gegenseitigen Unterstützung im Verein bin ich mit meinen astrotechnischen Fähigkeiten da, wo ich heute bin. (www.vds-astro.de)

Liebes ColorOes-Team, mit euch haben wir für unsere SternenEnergie®-Raumbilder einen optimalen Partner an unserer Seite. Eure perfekten Arbeiten überzeugen uns immer wieder aufs Neue. Für die gute Beratung, zahlreichen Ideen (wie etwa überdimensionale Flipcharts) und schnellen Lösungen danken wir. (www.coloroes.ch)

Lieber Markus E., wir danken dir für die Zeit, während der du uns begleitet hast. Es war nicht immer einfach mit uns, du hattest viel Geduld und uns immer wieder Mut gemacht. Wir haben viel gelernt, auch wenn unsere Ziele unterschiedlich waren. Es braucht nicht viele Worte um zu kommunizieren. 68 + 1 x Danke

Es ist nicht selbstverständlich, dass Arbeitgeber den Mitarbeitern einen Nebenjob zugestehen. Deshalb schätzten wir das bei unseren Arbeitgebern sehr.

Danke an unsere Chefs, Urs und Nicolas, sowie unseren Teams für ihre Unterstützung, Verständnis und Sympathie.

Lieber Manny, dir ein ganz besonderes Dankeschön für deine Geduld mit mir. Das Schreiben hat total Spaß gemacht und unsere Beziehung bereichert. Viel haben wir gelacht und unsere Erfahrungen ausgetauscht. Die vielen durchgemachten Nächte haben wir mit gegenseitigen aufmunternden Worten und natürlich mit SternenEnergie® gut überstanden. Danke für deine Liebe. Ich liebe dich.

Liebe Karin, ich danke dir für dein großes Engagement, mit dem du unser Buchprojekt in dieser kurzen Zeit umgesetzt hast. Ich danke dir für die tollen Dialoge, das Hinterfragen und die daraus resultierenden Erkenntnisse. Liebe Karin, ich bin sehr glücklich, mit dir gemeinsam durchs Leben gehen zu dürfen. Schön, dass es dich gibt. Danke für all deine Liebe, dein dich liebender Manny.

Quellenverzeichnis

Bücher

Autor	Buchtitel	Verlag	Jahr
Joachim Hermann	Atlas Astronomie	Deutscher Taschenbuch Verlag	2005
Ken Taylor	Kosmische Kultstätten der Welt. Von Stonehenge bis zu den May-Tempeln	KOSMOS	2012
Karl Oechslin	Sternbilder zum Anfassen. Strichfiguren und zugehörige Geschichten. (ISBN 3-907083-14-8)	Berichte der Naturforschenden Gesellschaft Uri, Heft 22	2002
Heather Couper	Draußen im All. Spektakuläre Satellitenfotos	GERSTENBERG	2007
Agrippa von Nettesheim	Die Magischen Werke	marixverlag	2012
Aldo Berti	Geistheilung und Energiearbeit. Basiswerk der energetischen Medizin	Schirner Verlag	2005
Jeanne Ruland	Krafttiere begleiten dein Leben	Schirner Verlag	2004
Dr. Diethard Stelzl	Kosmische Symbole. Das Arbeitsbuch	Schirner Verlag	2008
Ingrid Kraaz von Rohr/Wulfing von Rohr	Die Farben deiner Seele	Schirner Verlag	2006
Iwona Porozynski	Alles im Traum bist Du. Ein Traumlexikon	Schirner Verlag	2007
Udo Becker	Lexikon der Symbole	HERDER spektrum	1998
Manfred Lurker	Wörterbuch der Symbolik	Alfred Körner Verlag	1991
Petra Florin und Katrin Hackenschmidt	Unterlagen Numerologie		2013

Internetadressen

Thema	Adresse	Abrufdatum
National Aeronautics and Space Administration »NASA«	www.nasa.gov	Im Mai 2013
European Space Agency »ESA«	www.esa.int/ESA	Im Mai 2013
Astronomische Daten	www.astrokramkiste.de	Im Mai 2013
Astronomische Daten	www.wikipedia.org	Im Mai 2013
Planetenkunde	www.blinde-kuh.de/weltall/planetenkunde.html	Im Mai 2013
Astrologische Daten	www.wiki.astro.com	Im Mai 2013
eLexikon	www.peter-hug.ch	Im Mai 2013
Griechische Götternamen	www.zadik-lamas.de/Frames/GoetterFrame.htm	Im Mai 2013
Farbendeutung	www.life-institut.ch/Farben.htm	Im Juni 2013
Numerologie	www.123sig.de/Religion_u__Mythol_/Zahlen-Symbole/zahlensymbole.html	Im Juni 2013
Numerologie	www.rodurago.net/index.php?site=numerologie-zahlenmystik&link=zahlen-uebersicht	Im Juni 2013

Bildnachweis

Autor	Bezeichnung	Herkunft
© Luca Foscili	Erde	Fotolia_52134726
© Peter Hermes Furian	Blume des Lebens	Fotolia_46744085
© elyomys	Planetensymbole	Fotolia_38452836
© Andrea Prock	Mensch Umriss	www.bilder.tibs.at/repository/gsund/figuren/mensch_umrisse.jpg

Autor	Bezeichnung	Herkunft
Freund von Michael (anonym)	5 Planetenfotos Merkur, Venus, Uranus, Neptun, Pluto	
SternenEnergie® © Michael Manthey	38 Astronomie- und Sternbilder Adlernebel, Andromeda-Galaxie, Antaresregion, Antennen-Galaxie, Blasennebel, Bode's Galaxien, Centaurus A, Cirrusnebel, Der dunkle Turm, Embryonebel , Hantelnebel, Helixnebel, Herz des Skorpions, Hummernebel, Irisnebel, Katzenpfotennebel, Komet Holmes, Komet Garradd, Komet Lulin, Krebsnebel, Kugelsternhaufen, Lagunennebel, McNeil's Nebel, Mars, Mond, Nordamerikanebel, Orionnebel, Pac-Man-Nebel, Pferdekopfnebel , Plejaden, Ringnebel, Saturn, Schmetterlingsnebel, Sirius, Sonne, Triangulum-Galaxie, Trifidnebel, Whirlpool-Galaxie Sternbildkarte	www.Sternwarte.faegswil.ch www.SternenEnergie.ch
© Karin Manthey	Symbole der Galaxie, Nebel, Kugelsternhaufen, Sterne, Komet Symbole der Chakren Symbole der Farben	www.SternenEnergie.ch
© Karl Oechslin	Vom Sternbild zur Strichfigur	Sternbilder zum Anfassen
© Microsoft	Symbole Sonne, Mond	www.microsoft.com

Empfehlungen

Aldo Berti	Coach, Heilpraktiker, und Psychotherapeut (HPG)	www.aldo-berti.de
Jeanne Ruland	Der Weg zu dir selbst	www.shantila.de
Daniela Rupp	Schamanismus	www.dreiweltentanz.ch

Empfehlenswerte Lehrfilme

Themen	http-Adresse	Abrufdatum
Die Entstehung des Sonnensystems	www.youtube.com/watch?v=QhtbDe5F2E8	Im Juni 2013
Kosmologisches Bewusstsein	www.youtube.com/watch?v=GeKiAZ4JQ8k	Im Juni 2013
Größenvergleich unserer Planeten und unseres Zentralsternes zu den grossen Fixsternen	www.youtube.com/watch?v=gkgR98uuyzw	Im Juni 2013
Der Aufbau unseres Sonnensystem	www.youtube.com/watch?v=Ij80QX8lpJM	Im Juni 2013
Erde und Mond: Ein Doppelspiel im All	www.youtube.com/watch?v=w9dv4JDMSxU	Im Juni 2013

SternenEnergie® – die Himmelsbilder

Passend zu diesem Buch gibt es die beschriebenen Himmelsbilder für die aktive Arbeit mit SternenEnergie® als …

Kartenset »SternenEnergie® Kraft aus dem Universum«

Für die praktische Arbeit mit SternenEnergie® sind alle 44 hier im Buch beschriebenen Bilder im Postkartenformat erhältlich. Auf der Rückseite sind Stichworte zur schnellen Deutung und die Himmelsposition ersichtlich.

44 Karten mit Anleitung
ISBN 978-3-8434-9047-4

Großformatige »SternenEnergie® Raumbilder«

Die großformatigen Himmelsbilder, die im Buch als »Raumbild« beschrieben sind, können vollentspiegelt als Poster oder exklusiv aufgezogen auf Aluminiumplatte über www.SternenEnergie.ch in verschiedenen Größen bestellt werden. Lasse SternenEnergie® in deinen Räumen wirken, und belebe dich und deine Mitmenschen im Alltag in privaten, öffentlichen und geschäftlichen Räumen.

www.SternenEnergie.ch